Qué estoy
haciendo aquí

Benjamín Prado

Qué estoy
haciendo aquí

Papel certificado por el Forest Stewardship Council®

Primera edición: mayo de 2026

Printed in Spain – Impreso en España

ISBN: 979-13-87846-45-9
Depósito legal: B-4419-2026

Compuesto en Arca Edinet, S. L.
Impreso en Unigraf,
Móstoles (Madrid)

A L 4 6 4 5 9

Adelante, hacedlo, que yo lo contaré.

SHARON OLDS

Qué estoy haciendo aquí

Eso mismo me pregunto yo: ¿qué estoy haciendo aquí, en una casa que no conozco y con esta gente extraña? Fuera, la noche es fría y la nieve que se ve en las montañas parece caída directamente de la luna llena. A mi alrededor todo son cámaras y micrófonos, pantallas, luces, personas que van de un lado a otro dando y recibiendo instrucciones, con papeles en las manos, cinturones llenos de aparatos electrónicos y auriculares en los oídos; cargadas con maletines, ordenadores, teléfonos portátiles, cables, focos... El asistente de vestuario me pone cada vez que salgo a la calle lo que ellos, con la terminología propia de su oficio, llaman un «abrigo de confort», y si llueve alguien me cubre con un paraguas. Me veo en un espejo y soy diez años mayor que yo, porque las maquilladoras y el peluquero, con los que he estado sentado frente a un espejo rodeado de bombillas alrededor de dos horas, me acaban de caracterizar como un hombre de esa edad. Cuando voy a empezar, todo el equipo trata de infundirme valor, me hacen gestos de ánimo o una caricia y me desean suerte. Repaso mentalmente lo que tengo que hacer, pero las palabras dan vueltas en mi cabeza igual que si estuvieran en otro idioma. Hay una electricidad en la atmósfera parecida a la que queda flotando en el aire después de una tormenta. Alguien manda callar, con una orden categórica. El ambiente se tensa, las miradas se afilan y hasta el oxígeno da la impresión de ser más denso. Todo el mundo me observa o quizá me vigila, lo mismo que si estuviese a punto de saltar de un trapecio a otro dando saltos mortales. Me dan ganas de salir corriendo, pero ya es demasiado tarde, no hay vuelta atrás. La regidora impone otra vez silencio y la ayudante del director grita: «¡acción!». Y el mundo se detiene. Y yo empiezo a actuar.

Un momento, un momento: ¿he dicho «actuar»? Debería haber dicho «hablar de mi último libro», ¿no creen? O «recitar». ¿Es que no soy poeta y novelista? Pues sí, pero el caso es que estoy en el rodaje de una serie de televisión, donde hago del padre del protagonista; es decir, que una vez más estoy haciendo algo que no había hecho en mi vida y a lo que no estoy muy seguro de cómo, desde dónde y, sobre todo, por qué he llegado, así que no tengo más remedio que volver a preguntarme lo mismo que me pregunto cada vez que me veo metido en otra camisa de once varas: pero ¿qué estoy haciendo aquí? La respuesta es que en mi vida todo ha ocurrido, al menos en gran parte, por casualidad y, en muchas ocasiones, sin que yo hiciera gran cosa para que sucediese, por mucho que después, ya metido en harina, sí que pusiera el alma, o por lo menos la vergüenza torera, en intentar hacerlo bien y sacarlo adelante. Y si no lo conseguía, pues aquí paz y después gloria; más triste es no probar: mejor temerario que timorato.

El cine consiste en que llegas al plató, te maquillan, te peinan, ensayas, grabas una escena y al acabarla el director grita: «¡Fantástica! ¡Habéis estado increíbles! ¡Vamos a hacerla de nuevo!». Así que vuelvo a subir con resignación y por séptima vez la escalera de piedra del chalé de la sierra de Madrid donde se verá mi primera aparición en la serie. Calculo que serán unos quince escalones de granito, o sea que, en total, habré ascendido el equivalente a una pirámide maya y, a mis sesenta y dos años, empiezo a sentir fatiga. «¡Pero si queda genial!», me dicen; «da la impresión de que jadeas porque te sientes violento al llegar tarde a la fiesta y has venido a la carrera». «Ya, ya, cuéntale luego eso al de la ambulancia, mientras me pone el oxígeno y una pastilla de nitroglicerina bajo la lengua», pienso, y vuelvo una vez más sobre mis pasos, me pongo de nuevo en situación, repaso el diálogo, salgo del chalé acompañado por un asistente que me controla y da pie, llamo a la puerta, cruzo el jardín a paso vivo y lanzando mil y una disculpas a quienes me esperan.... «¡Perfecta! Vamos a repetirla». Luego será aún peor, cuando representemos una cena de Nochevieja en la que parte de la acción se desarrolla mientras tomamos las doce uvas al ritmo de las campanadas del reloj de la Puerta del Sol: ese episodio se repite cinco veces, así que, a doce por toma, me tengo que comer sesenta uvas. Si le añades a eso que las jornadas de trabajo son de seis de la tarde a seis de la madrugada y, sobre todo, que las bebidas son falsas —unos jarabes disfrazados de vino— y cada día me cuesta Dios y ayuda que me den un poco del de verdad que tienen por ahí escondido, para entonarme, te das cuenta del sarao en el que me he metido. «¿Y aquí hasta cuándo se puede dimitir?», pregunto, en un descanso. «Ya es tarde —me responden—, has firmado un contrato y, de hecho, te has comprometido a participar también en la segunda temporada, si es que se hace». Me armo de paciencia y pongo cara de mártir. «Me habéis engañado —bromeo—, vuestras promesas son una droga, seguro que ya la están experimentando con ratones en los laboratorios».

Esta aventura empezó en verano. Estaba en mi casa de Rota (Cádiz), a donde voy desde hace veintitantos años cada julio y agosto a ser feliz y disfrutar del mar, la familia y los amigos, cuando me llamaron de una productora para decirme que quería hablar conmigo Rodrigo Sorogoyen, un director cuyos largometrajes eran ya muy celebrados, como suele decirse, por el público y la crítica —alguno de ellos había arrasado en los premios Goya— y al que rodeaba la aureola que distingue a los genios. No nos conocíamos de nada, pero yo admiraba enormemente sus películas, y por eso cuando me ofreció a quemarropa colaborar con él en la serie que estaba preparando y que, según me contó, era un proyecto de gran envergadura, le dije: «Pues ni te imaginas lo que lamento tu llamada, porque soy un seguidor entusiasta de tu trabajo y, a pesar de ello, voy a tener que decirte que no: estoy acabando contrarreloj una nueva novela —era *El anillo del general*, la séptima de las diez que debían de conformar las aventuras del profesor Juan Urbano—, la tengo que entregar en enero, voy con retraso, como de costumbre, y ahora mismo no sería capaz de compaginarla con nada, y menos de ponerme a escribir un guion que, por lo que me cuentas, seguro que no podrá esperar. ¡Qué lástima y qué rabia!». Le oí reír con ganas al otro lado de la línea. «No, no, veo que no me he explicado bien o que tú me has entendido mal —me respondió—. No te quiero como guionista, sino como actor». Y al acabar la conversación en la que me dio algunas pistas sobre el argumento y tres o cuatro rasgos de mi personaje, que me cayó bien, le dije que de acuerdo: tomaría un avión a Madrid, haría una prueba y, si no salía del todo mal, me tiraría a la piscina, aunque fuera muerto de miedo.

Porque eso, el miedo, siempre ha estado ahí, hiciera lo que hiciese, sobre todo cuando una y otra vez me salía del territorio conocido de la literatura para entrar, como veremos, en el de la música, el teatro o el periodismo: el temor a fracasar, a que te acusen de impostor, de tocar demasiados palos, de diluirte, de no estar a la altura... Con la edad, sin embargo, esas inquietudes se relativizan y dejan de afectarte en gran medida, entre otras cosas porque empiezas a vivir más de puertas adentro que de cara a la galería. Quien conserve la vanidad tras cumplir los cincuenta es un inmaduro, así que, a partir de entonces, cuando ya no aspiras a conquistar y seducir, sino a no rendirte y a que te quieran, uno ya hace las cosas más para sí mismo, para aprender algo que no sabes, pasarlo bien y atreverte a salir de la famosa zona de confort, que es un sitio donde yo siempre me he sentido incómodo. Y además, qué demonios: a la vejez, viruelas.

Una de las grandes ventajas de tener diferentes profesiones, en mi caso de mantenerme activo durante cuatro décadas, por ahora, en los ámbitos de la escritura —con más de treinta libros publicados entre novelas, poemarios y ensayos—, el periodismo escrito, de radio y televisión o el mundo del espectáculo, es la de haber tenido la inmensa suerte de conocer a personas extraordinarias, en ocasiones legendarias, que además de premiarte con su amistad y ser un ejemplo impagable en todos los sentidos, te llevaban a conocer a otras igual de fascinantes y te permitían vivir entre tus héroes como en un sueño, sin llegar a creer semejante fortuna. Ser amigo diario de Rafael Alberti durante quince intensos años que acabarían mal, sobre todo para él, tras una boda sombría, implicaba que, aparte de la maravilla de disfrutar de un ser absolutamente delicioso, una noche cenabas con Julio Cortázar, un día compartías mesa con Gabriel García Márquez, Idea Vilariño o Carlos Fuentes; otro, pasabas la tarde con José Bergamín en el Café de la Ópera —cómo adivinar que, no mucho más tarde, en el verano de 1983, asistiría a su entierro en Fuenterrabía—, te juntabas con Mario Benedetti en una cafetería madrileña de la plaza de España o asistías a una velada memorable con Matilde Urrutia, la musa y viuda de mi poeta preferido, Pablo Neruda, escuchando de la misma boca que él besaba el relato de la muerte de su marido en medio del drama que se vivía en Chile, cuando los militares sediciosos del general Augusto Pinochet ya controlaban el país, tras bombardear el palacio de la Moneda y asesinar al presidente Salvador Allende y se avecinaba el saqueo de las casas del matrimonio en Valparaíso e Isla Negra, que yo visitaría un par de veces, en su momento; conociendo sus sospechas de que el Premio Nobel, en realidad, hubiera sido envenenado con una inyección de cianuro; oyendo su relato en primera persona del viacrucis que tuvo que sufrir tras quedarse sola y ser la heredera de la memoria del genio prohibido. Era como ver a La Gioconda salir de su cuadro para contarte en qué circunstancias la pintó Leonardo da Vinci y aclararle a la humanidad, por fin, si mientras posaba

13

para él se encontraban en la Emilia-Romaña o junto al lago de Como.

Si quieren otro ejemplo, ser hermano del alma, desde hace cuarenta y tres años cuando escribo estas líneas, del compositor Joaquín Sabina, que es una de las personas que más quiero, de las más buenas que conozco, con la que más me he reído hasta de nuestras sombras y la única capaz de llevarle a Almudena Grandes a domicilio y dejarle en su salón, como regalo de aniversario, a García Márquez —ahora lo contaré—, no sólo me ha dado el premio de su inteligencia, su carácter divertido y su generosidad casi ilimitada, sino que, al proponerme escribir desde 1988 algunas canciones juntos, que terminaron por ser varios álbumes enteros, me metió por la puerta más grande —para mí no hay otro como él en nuestro idioma, casi ni el mexicano José Alfredo Jiménez— en el negocio de la música popular, que siempre me fascinó y cuya estética a lo Bob Dylan he seguido religiosamente, hasta el punto de que él mismo, con un rasgo de ironía algo malvada —¿para qué están, si no, los amigos?— suele referirse a mí como «una estrella del rock sin ningún disco». Nuestros días en Praga escribiendo *Vinagre y rosas*, o en Rota y junto a otro amigo del alma, Leiva, *Lo niego todo*, son una de las experiencias más parecidas a la felicidad que he tenido. Por cierto, que una de las canciones de ese último disco se llama «¿Qué estoy haciendo aquí?» y, ahora que lo pienso, me parece que es un título, a lo mejor sin las interrogaciones, que le podría ir como anillo al dedo a esta autobiografía.

Aquel día con Gabo tampoco estuvo nada mal: Joaquín nos había advertido a los íntimos que iba a aparecer por sorpresa con él en casa de Almu —siempre la llamaré así— y Luis García Montero, donde ella celebraba su cumpleaños, y nos pidió, sabiendo lo que idolatrábamos al genio de *Cien años de soledad*, que por favor no se le agobiara, ni le lleváramos libros para firmar, porque eso le cohibía a él y no nos interesaba al resto, dado que solía ponerse a la defensiva

14

ante las fotos y los autógrafos, cosa que yo sabía de una noche en que Alberti me llevó a cenar con él, y cuando le dimos un par de ejemplares de su última obra, *El general en su laberinto*, para que nos los dedicara a una amiga del poeta y a mí, exclamó, tras acabar laboriosamente la dedicatoria y con un tono de diva de ópera cansada: «¡Ya está. Aunque no sé si decir que sean dos libros más o dos menos». Así que cuando fuimos apareciendo por aquel piso de la calle Larra, yo tarde para no perder la costumbre, y nos lo encontrábamos de pie, en medio de la sala de estar, con una copa en la mano, le saludábamos, él te decía algo amable, tal vez ligeramente protocolario, y tras media docena de frases de cortesía nos disculpábamos y pedíamos permiso para ir a saludar a otro invitado. Y cuando tomó asiento nos turnábamos disciplinadamente para charlar unos minutos con él cada uno, contarle algo que le divirtiese y dar un paso atrás, asegurándonos así de no monopolizarlo. Cuando ya sólo quedábamos los más íntimos, se le veía feliz. A la mañana siguiente, alguien de su agencia nos contó que les había telefoneado de muy buen humor y que les dijo: «Ayer estuve en una jarana donde me divertí como hace mucho que no me divertía. Fue realmente fabuloso: ¡no me hicieron ni caso!».

Por supuesto, él estaba acostumbrado a ser el centro de atención allá donde fuera. Las otras veces que lo vi, siempre parecía agobiado por su celebridad, un poco en guardia. Y, desde luego, no era tan simpático como su amigo transformado en rival Mario Vargas Llosa, el que le había dado el puñetazo más célebre de la historia de la literatura. El autor de *Crónica de una muerte anunciada* se sabía una estrella y en público se andaba con pies de plomo, seguro de que cualquier cosa que dijese en una reunión sería contada por todos y cada uno de los asistentes. Y era una máquina de hacer dinero. En una cena que compartí con él y con su agente, Carmen Balcells, a quien yo había visto muy a menudo en casa de Alberti, de quien también era representante, se comió poco, se bebió más, hablé con los dos de nuestras supersticiones respectivas, un territorio donde cualquiera de los tres podíamos echarle un pulso a los demás —la Mamá Grande, como la llamaba Rafael, sólo firmaba contratos las fechas acabadas en siete y frecuentaba, además, a una pitonisa y a una astróloga— y, a los postres, repitieron entre los dos la anécdota de la noche en que él, que se sentía un poco melancólico, le preguntó: «¿Me quieres?», y ella respondió: «Pero ¿cómo no voy a quererte, si representas el treinta y seis por ciento de mi facturación?». Pero, sobre todo, ambos hablaron de adelantos y liquidaciones, y yo que estaba al lado puedo asegurar que las cifras eran mareantes.

La última vez que lo vi, ya no parecía el mismo, repetía las cosas, tenía lagunas evidentes, confusiones o pequeños olvidos, y estaba obsesionado con ir a la Moncloa a entrevistarse con el presidente del Gobierno, que por entonces era José Luis Rodríguez Zapatero. «¿Cómo puedo hacer para que me reciba?», preguntaba. Y todos le contestábamos lo mismo: «Llama y le harás feliz, le encantará conocerte. Es un buen lector y, por lo tanto, será devoto tuyo». Y el maestro sonreía y levantaba las manos para suplicar que no se le adulase, pero complacido.

En mi colección de billetes de escritores no falta el de cincuenta mil pesos colombianos que me traje de Bogotá, donde acababa de ponerse en circulación el mismo día de mi llegada a la ciudad, en agosto de 2016, y que lleva su imagen. El genio de *El amor en los tiempos del cólera* llevaba dos años muerto. A menudo lo miro y vuelvo a sentir nostalgia de lo pasado y gratitud por lo vivido.

Escribir unas memorias te permite recordar anécdotas simpáticas como esa y otras muchas que irán apareciendo por estas páginas, pero tiene un inevitable aroma a despedida y también un ángulo de tristeza: demasiadas amigas y amigos desaparecidos a los que echo muchísimo de menos, gente como Jaime Gil de Biedma, Javier Marías y Octavio Paz, con quienes disfruté y aprendí tanto; o a la que quise de todo corazón y jamás dejaba de visitar cuando iba —muy a menudo— a Barcelona o viajaban ellos a Madrid, como Juan Marsé y Joan Margarit; o íntimos a quienes intentaba cuidar y con los que hablaba prácticamente a diario, de esa manera en que lo hacen los amigos, no porque tengan nada concreto que decirse, sino para comprobar que todo va bien o contarse uno a otro los planes del día, como el propio Rafael Alberti o Ángel González, siempre dispuesto a disfrutar de una última copa que le hiciera exclamar, al levantarse: «¡Vaya por Dios, se me ha subido el alcohol a los pies!». Que ninguno de ellos esté ya aquí ha dejado vacía una gran parte del mundo para mí, y la otra mitad se ha vuelto melancólica. Sin embargo, le doy gracias a la vida por haberme otorgado el privilegio de conocerlos.

Porque fue así y de forma literal: un grupo de afortunados jóvenes poetas, como Luis García Montero, Felipe Benítez Reyes y yo mismo, los conocimos muy al comienzo de nuestras carreras literarias y lo hicimos muy de cerca; llegamos a tener con algunos de ellos relaciones estrechas y sostenidas en el tiempo, en las que hubo mucho trato y no fue nada ceremonioso: esos maestros que antes nos parecían tan inalcanzables a los que empezamos a soñar con escribir a finales de los setenta y principios de los años ochenta del siglo xx resultó que eran personas accesibles, que compartían con los jóvenes historias, confidencias y a menudo mesa y mantel, sin dejar en absoluto de ejercer sobre sus discípulos un magisterio amable. No se olvide que cuando los poetas de mi generación empezamos a escribir seguía viva una parte muy importante de la del 27, la llamada Edad de Plata de nuestras letras —e imagínense aquí lo que significa esa medalla de subcampeones si los primeros, el Siglo de Oro, son Cervantes, Quevedo, Lope de Vega, Góngora, Calderón de la Barca...— y que después de haberlos estudiado en el colegio o el instituto, tener sus obras en un altar y considerarlos una especie de personajes mitológicos, uno podía ir a hacerles una visita a sus casas, tener su teléfono apuntado en la agenda, coleccionar sus libros dedicados, sentarse a comer junto a ellos en un restaurante. Era como salir a dar una vuelta después de estudiar *Edipo rey* y la *Orestíada* para tu examen de Griego y encontrarte en el bar de la esquina con Sófocles y Esquilo. En mi caso, tuve una relación casi familiar con el mencionado Rafael Alberti, pero también contactos de diferente magnitud con Jorge Guillén, Gerardo Diego, María Teresa León, Vicente Aleixandre, Jorge Guillén, Ernestina de Champourcin, Dámaso Alonso, Rosa Chacel, José Bergamín o Francisco Ayala, con este último bastante extendida, puesto que vivió hasta los ciento tres años.

Por cierto, que el narrador de *Muertes de perro*, *El boxeador y un ángel* o *Recuerdos y olvidos* era un hombre irónico y de una sequedad a menudo desconcertante, quizá debido a la timidez, y dotado de un temperamento peculiar que atribuíamos a su condición de granadino. Le gustaba citarte en su domicilio a la caída de la tarde, para tomar un güisqui y lanzar algunas pullas contra sus colegas y tus amigos, por lo general malvadas y agudas a partes iguales. Hay que añadir, para completar el retrato, que a menudo tenía detalles de humor negro. Cuando estaba a punto de convertirse en una persona centenaria, le envolvía el aura ultraterrena de los supervivientes y se encontraba en la cumbre de su prestigio como intelectual, se habían convocado numerosos actos en su honor para celebrar semejante hazaña biológica. Uno de ellos contaría con la presencia de las máximas autoridades del Estado y el Gobierno, con los presidentes de la Real Academia Española y de casi todas las de Latinoamérica. El lunes de la semana en que iba a tener lugar ese acto solemne, que se celebraría cuatro días después, es decir, el viernes, Luis García Montero y yo estábamos almorzando con él cerca de su piso de la calle del Marqués de Cubas cuando, de pronto, Ayala exclamó: «¡Se me está ocurriendo una broma estupenda!». «¿Y cuál es, Paco?», le pregunté. «¡Morirme el jueves!».

Esas personas eran excepcionales pero fueron desapareciendo igual que todas las demás, porque el reloj no se detiene para nadie, pero nos dieron una lección, tanto en lo personal como en lo profesional, que nos ha influido y encauzado a quienes estuvimos muy próximos a ellos en su última etapa, que además tenía en muchos casos la emoción del regreso, de los reencuentros: sus vidas habían sido mágicas, pero terribles, estaban marcadas en su conjunto por la tragedia de la Guerra Civil; las y los republicanos, por la derrota y por un exilio que duró hasta treinta y ocho años —o cuarenta y cinco, en el caso extremo de la filósofa María Zambrano—; y quienes apoyaron la sublevación militar, por las sospechas que levantaba su innegable connivencia con la dictadura: era muy difícil estar con Luis Rosales sin que asomase en algún momento a la conversación el fantasma de García Lorca, que en 1936 estaba refugiado en su casa cuando le fueron a detener para matarlo. Una vez le oí decir, mientras nos explicaba su lucha a brazo partido contra varios de sus compañeros de la RAE, sobre todo con Camilo José Cela, para que no se dejase a Alberti, como aquellos querían, sin el Premio Cervantes: «¡Bastante tengo yo con llevar a cuestas el cadáver de Federico como para que ahora me echen también a las espaldas el tuyo, Rafael!». Al escritor gaditano, supersticioso por naturaleza, la frase le hizo poca gracia.

Pero mientras, sobre todo Luis García Montero y yo, disfrutábamos de los maestros de la Generación del 27, también empezábamos a tener una relación sólida con los que integraban la del 50, a la que nos sentíamos estéticamente más próximos: Jaime Gil de Biedma era al que más admirábamos y Ángel González a quien más amábamos, porque, aparte de un poeta magnífico, era un ser adorable.

Cuando fuimos jóvenes era de ellos dos de quienes más hablábamos los tres amigos que desde el principio hemos compartido este viaje con mayor complicidad y que a estas alturas de la historia seguimos siendo uña y carne, además de pasar juntos todos los veranos: me refiero de nuevo a Felipe Benítez Reyes, a Luis y a mí. En este tiempo han pasado muchas cosas, hemos perdido gran parte de lo que más queríamos, sufrido vaivenes sentimentales y visto enterrar a nuestros padres y madres, pero nos queda el consuelo de recordarlo juntos. No es poca cosa.

A Jaime Gil de Biedma lo había visto por primera vez en Granada, donde Luis y yo llegamos tras un interminable viaje por carretera con Rafael Alberti, al que acabábamos de dejar en el aeropuerto. Una hora más tarde, nos encontramos en una terraza de la ciudad, según habíamos convenido, con el autor de *Moralidades* y *Poemas póstumos*, acompañados también por los otros dos miembros de la llamada «otra sentimentalidad», Javier Egea y Álvaro Salvador. Yo me sentía realmente intimidado por su fama de hombre cortante a quien no había manera de acceder si le caías mal a primera vista: sin duda, las tres veces que más nervioso me he sentido en mi vida fueron cuando conocí en Sevilla a Bob Dylan, en Bilbao a mi ídolo de la infancia, el guardameta José Ángel Iribar, y en Granada a él.

Tan aficionado al güisqui como Ángel González, que llamaba a las seis de la tarde «la hora Hemingway», es decir, la de la primera copa, Jaime llegaba, si no recuerdo mal, de una cura de desintoxicación en alguna clínica del litoral mediterráneo, muy posiblemente en los alrededores de Málaga, y nada más tomar asiento pidió con cara de resignación que le trajesen una botella de Vichy Catalán. El camarero le informó de que no tenían: «¿Y qué agua mineral con gas sirven ustedes?», le preguntó. «Ninguna, señor, sólo la tenemos natural». «Bueno», dijo el maestro, haciendo el gesto de quien se doblega por fuerza mayor ante los imponderables de la existencia, «en ese caso, póngame un escocés doble, sin hielo y en vaso bajo. Nadie podrá negar que lo he intentado».

Una cosa llevó a la otra y llegamos a la mañana siguiente con todas las distancias sin guardar. A Javier Egea, pletórico porque Jaime, tras mucho insistirle, al final le había echado un par de piropos a su *Paseo de los tristes*, mencionando incluso ese poema que empieza con el verso «ahora llegas vestida de cobrador del agua» y acaba con «y se rompe el amor como un recibo viejo», se le metió en la cabeza que fuéramos en coche a una casa abandonada de Víznar desde cuyo jardín, según él, se veía mejor que desde ningún otro sitio el lugar donde fue asesinado Federico García Lorca y está su tumba desconocida. Al llegar a nuestro destino, mientras saltábamos la pequeña valla que salvaguardaba la propiedad, Jaime preguntó, escamado: «Pero ¿tú estás completamente seguro de que aquí no vive nadie?». «¡Hombre! ¿Y cómo no voy a estarlo, si vengo aquí cada dos por tres a fumarme un cigarrillo y a pensar?». Pero lo cierto es que no habíamos recorrido ni una cuarta parte del jardín cuando se oyó un grito imperioso que provenía de alguna de las ventanas del edificio: «¡Aurelio, suelta los perros, que han entrado ladrones!». Y, efectivamente, se escuchó de inmediato un ruido de cerrojos y los aullidos de una jauría que salía tras nosotros a cazarnos. Es muy difícil para mí leer *Las personas del verbo* sin acordarme de su venerable autor corriendo por aquella finca como alma que lleva el diablo, con su elegante traje de color crema, moviendo los brazos con una sincronía de mediofondista y regañando a Egea mientras se metía como una exhalación en el automóvil que nos había conducido hasta allí: «¡Querido, ya me disculparás, pero es que eres un auténtico botarate!».

Durante muchos años, dirigimos algunos de nosotros o nuestro editor y compinche de mil batallas, Chus Visor, de forma alternativa, un curso de verano en la Universidad Complutense, en El Escorial, que era famoso por ser el más concurrido y entretenido de los programados, lo primero gracias a los amigos célebres que se dejaban llevar y lo segundo porque las sesiones desembocaban sin excepción, cada noche, en la discoteca local más cercana, donde la juerga, el baile y las conversaciones llegaban hasta el amanecer y los amaneceres sorprendían extrañas parejas en las habitaciones de los hoteles Felipe II y Palacio de los Infantes.

Una de las veces que me tocó a mí organizar esa semana entre cultural y jipi, la de agosto de 2005, se me ocurrió dedicársela, precisamente, a la Generación del 50 e invité al seminario a casi todos sus supervivientes —Jaime nos había dejado en 1990 y Carlos Barral un año antes; Juan Benet en 1993; Claudio Rodríguez y José Agustín Goytisolo en 1999; Carmen Martín Gaite en 2000...— para que fuesen entrevistados en público, cada cual en una de las sesiones del encuentro, por un discípulo de su predilección. Allí estaban Francisco Brines para confesarse con Carlos Marzal; Ángel González, recién llegado de su casa norteamericana de Albuquerque (Nuevo México), con quien iba a conversar Luis García Montero; Antonio Gamoneda, de quien se encargaría Luis Muñoz; Mercedes Salisachs, que hacía pareja con Ignacio Elguero igual que Josefina Aldecoa con Clara Sánchez; José Manuel Caballero Bonald, del que se ocuparía Felipe Benítez Reyes y, por supuesto, Ana María Matute, con quien charlaría Almudena Grandes frente a los centenares de alumnos que llenaban el aula hasta la bandera, tanto matriculados como espontáneos, y ya bordeaban las dimensiones de una muchedumbre, porque cada día se nos colaban más y más jóvenes propios y ajenos, provenientes de los otros seminarios y atraídos por el rumor de que donde uno se lo pasaba realmente bien, tanto en el aspecto académico como en el otro, era en el nuestro.

Entre los poetas, no todos tenían la misma relación, ni compartían afinidades creativas. Por encima de éstas, había un dúo de viejos camaradas que tenía en el expediente mil batallas compartidas por encima de sus evidentes diferencias de estilo, que era el que formaban Ángel y Pepe Caballero, pero al que se sumaba con gusto Paco Brines, al que ellos afeaban que fuese abstemio y él que fueran heterosexuales, todo dentro de la broma y el cariño mutuos. Gamoneda —que se pasó tres noches adulando a su paisano González y repitiéndole que si no había participado en un tributo que le hizo la ciudad natal de ambos, Oviedo, fue porque lo impidió «una mano negra», pero cuando murió tres años más tarde escribió un artículo mezquino contra él— la verdad es que a los demás no les caía demasiado bien, entre otras cosas porque nunca habían tenido prácticamente ningún trato y, para colmo de males, porque sostenían que había reescrito su historia para hacerse pasar por un luchador antifranquista que, según ellos, nunca había sido. La cosa empeoró la noche en que, después de cenar, el autor de *Lápidas* y *Arden las pérdidas* le pidió a su esposa que fuera a la habitación a por sus medicinas y, mientras la observaba alejarse, con el andar costoso de una anciana ya bastante encorvada, dijo: «¡Mírala, pobre mujer, qué mal está de los huesos! Claro, y cómo no lo iba a estar, después de pasarse treinta años subiendo cada noche a mi madre en brazos al piso de arriba, para acostarla».

Pero, sin duda, la gran reina del curso, que yo había titulado «Tiempo de respuestas», obviamente en referencia a la novela de Luis Martín Santos, *Tiempo de silencio*, fue la irresistible Ana María Matute, que era pura magia, con su candidez y su dulzura, aún más meritorias en alguien que había sufrido experiencias traumáticas como la brutalidad de un marido violento y la pérdida temporal de su hijo a causa de la consiguiente separación del energúmeno; que había padecido hondas depresiones y pasado las de Caín durante la Guerra Civil y en toda la dictadura, que siempre la tuvo bajo vigilancia y la acorraló con censuras y prohibiciones. Ella misma me contó que hubo un momento en que no se atrevía a salir a la calle de Barcelona donde vivía porque no la viesen los dependientes de todas las tiendas de ultramarinos en las que debía dinero, y que la salvó Cela: enterado de la situación, el autor de *La familia de Pascual Duarte* y *La colmena* se presentó en el barrio, fue pagando en cada comercio las cuentas pendientes de su colega y a continuación se presentó en su casa: «Vamos —le dijo—, haz tu maleta, que te vienes con mi señora y conmigo a Palma de Mallorca y te estás con nosotros el tiempo que haga falta. No admitiremos un no por respuesta». Ella, como es normal, besaba el suelo por el que pisaba el futuro premio Nobel, que, tal y como se verá más adelante, era un hombre contradictorio, realmente capaz de lo peor y lo mejor. Conmigo fue el Camilo bueno, como se verá más adelante. Con Matute, ya se ha visto que fue el mejor.

Sin embargo, en 2005 los tiempos oscuros estaban lejos y la autora de las monumentales *Los hijos muertos* y *Olvidado rey Gudú* llegó eufórica a El Escorial. «Pero ¿y tu hijo? ¿No te acompañaba?», le pregunté. «¡Noooooooo, afortunadamente se ha sentido indispuesto a última hora y se ha quedado en Barcelona!», me respondió, batiendo palmas y mirando a las alturas como quien le da gracias al cielo. «Y ahora, ¿qué te parece si repostamos un poquito?», remató. Su hijo no la dejaba propasarse, desde luego que por su bien, y de ahí que en aquella ocasión ella celebrase su libertad como una niña con zapatos nuevos. En las comidas, sentada junto a Pepe y Ángel, no hacía más que repetir: «¡Qué feliz soy con vosotros!». Y mezclaba licores explicándonos que hacerlo era «como mezclar estilos arquitectónicos en una catedral», afirmando que «el güisqui es barroco y la ginebra, herreriana», mientras nos contaba que para ella sólo había dos clases de médicos: «los que te dejan beber y los que no».

Una noche, sin embargo, se le fue la mano un poco más de la cuenta y, a sus entonces ochenta años recién cumplidos, eso conllevaba sus riesgos: una caída, una intoxicación o un desequilibrio de salud. «Ana María, ¿te parece que nos retiremos ya?», le sugerí. «Sí, sí, tienes razón, voy a acostarme, que estoy un poco mareada». La acompañé al ascensor, tomándola del brazo. No era fácil llegar, se le caía el bolso, se le caían unos libros, se le caía el bastón, se me caía ella... Yo andaba atendiendo una cosa y la otra para que nada llegase al suelo, igual que si fuese uno de esos prestidigitadores o malabaristas de circo del número de los platos chinos. Cuando llegamos a su cuarto, no había manera de que atinase con la llave. «¿Me dejas que lo intente yo? Estas cerraduras tienen su aquel», le dije, para ayudarla y buscarle una coartada. Cuando abrí, ella seguía un poco tambaleante. Le pregunté si quería que la ayudara a meterse en la cama. Me miró con ojos de gata seductora, me puso una mano en el pecho y dijo con voz aterciopelada: «Querido, eres un encanto, pero esta noche no». Gente bonita hasta el final.

Por cierto, que la serie de la que he hablado al principio, titulada *Los años nuevos*, fue un éxito, tuvo una gran audiencia, se exhibió en pantalla grande en el Festival de Venecia, se estrenó, cosa rara para un producto televisivo, en varios cines y logró una catarata de elogios. ¿Será el principio de otro nuevo camino para mí? No lo sé, no lo creo y tampoco me preocupa: si viene la tentación, se le abre la puerta; si no, ya puedo decir que al menos una vez lo hice y lo disfruté, precisamente porque no sabía si iba a ser también la última. Pero antes de ella, hubo muchas más. Y esa es la historia que voy a contar. Es el momento, después de las noticias inquietantes que acaba de darme el médico: es ahora o nunca.

El poeta

El profesor tenía un aspecto intimidante: perfil aguileño, cara cortada a cuchillo, mirada entre rapaz y burlona, patillas de bandolero recién llegado de la sierra y un bigote de puntas afiladas modelo espadachín del siglo XIX; en definitiva, una suma de rasgos inquietantes que le hacían parecerse al teniente coronel Antonio Tejero Molina, quien no mucho después, el 23 de febrero de 1981, asaltaría con sus tropas de la Guardia Civil el Congreso de los Diputados y protagonizaría con sus tiros al aire y su tristemente famoso «¡quieto todo el mundo!» la intentona golpista que, paradójicamente, contribuyó a asentar la democracia en España. Cuarenta y tres años más tarde, yo lo convertiría en uno de los personajes secundarios de la novela *El anillo del general*. Nada de lo que le ocurre a un escritor está a salvo de sus libros.

Sin embargo, Fernando Borlán, que así se llamaba aquel docente que tanto me había alarmado y puesto en guardia cuando lo vi en los pasillos del instituto en el que yo entraba por primera vez para hacer el COU, es decir, el curso previo a la universidad, era todo lo contrario de lo que parecía: un ser entusiasta, culto, liberal, buen poeta con mucho más talento que ambición y, hay que reconocerlo, un punto disparatado. Impartía la asignatura que ni que decir tiene que a mí más me interesaba, Literatura, y nada más entrar en clase lanzó un discurso que nos dejó a cuadros: «¡Los exámenes son un invento pequeñoburgués y fascista! Las cosas no hay que memorizarlas, sino comprenderlas. No se trata de aprender, sino de saber. Este sistema educativo es un acto de barbarie, os hace repetir listas, fechas, títulos y apellidos que olvidáis en cuanto acaba la evaluación. Aquí no va a ocurrir tal cosa. Leeremos mucho, debatiremos aún más y vamos a escribir entre todos una obra de teatro. Quien se implique, se esfuerce y demuestre que ha entendido lo que hayamos estudiado y comentado, sacará un sobresaliente. El resto perderá una gran oportunidad».

El elefante acababa de entrar en la cacharrería. Fue poner él un pie en el aula y retroceder lo consabido, lo reglamentario, lo que se daba por normal. Nos conquistó en un abrir y cerrar de ojos. Era un líder y le seguimos. Era excéntrico para la vida y metódico para la escritura, inquieto y emprendedor; se presentó ante nosotros armado con un entusiasmo contagioso y una incansable vocación de enseñanza: un romántico en toda regla. Siempre nos alentaba, llegado el caso nos defendía y sacaba lo mejor de cada cual. Su amor por el oficio te inculcaba que conseguir lo que se quiere no es más importante que querer y cuidar lo que has conseguido. Era un chamán, un revolucionario, un médium. No sé qué era, pero era otra cosa.

Debía de haber pasado alrededor de un mes de su advenimiento cuando una mañana, de repente, se acercó a mi pupitre, se quedó observándome con la sonrisa ladeada de quien sabe de ti algo que tú ignoras, me señaló casi autoritariamente con el dedo y soltó, para mi asombro y creo que para el del resto de quienes allí estaban: «¡Tú tienes que escribir poesía, no te queda más remedio!». Le pregunté por qué, pero la verdad es que ni en ese momento ni tampoco más adelante se entretuvo en responderme, ni me dio una explicación. «Para empezar —siguió, mientras yo sentía clavados en mí los ojos de toda la clase— tienes que leer inmediatamente *Poeta en Nueva York*, de Lorca, y *Sobre los ángeles*, de Rafael Alberti. ¡Corre a buscarlos!». Esta escena se produjo un jueves y, como consecuencia de ella, el sábado me cambió la vida.

En Las Rozas, a dieciocho kilómetros de Madrid —que es donde he nacido, vivía por aquel entonces y he vuelto a instalarme tras pasar treinta años en la capital—, sólo había una minúscula papelería donde comprábamos cada septiembre el material escolar, desde los libros de texto hasta las gomas y los lápices o cualquier cosa que necesitáramos, que su propietaria, una mujer encantadora y muy eficiente, te conseguía en menos que canta un gallo. Así que al salir del instituto le pedí lo que me había recomendado el profesor Borlán y el viernes a última hora de la tarde, efectivamente, allí estaban aguardándome una edición crítica de *Poeta en Nueva York* y un tomo que contenía *Sobre los ángeles, Sermones y moradas*, la elegía *Con los zapatos puestos tengo que morir* y el homenaje al cine mudo que es *Yo era un tonto y lo que he visto me ha hecho dos tontos*, cuyo título, por cierto, proviene de *La hija del aire*, de Calderón de la Barca, que muchísimos años después yo adaptaría para su representación en el Teatro de la Comedia: la vida está formada por círculos que se cierran.

Los dos primeros títulos del volumen de Alberti me dejaron sin habla. Yo siempre había leído mucho y desde tan pronto —sin que nadie supiese el porqué, a los tres años lo hacía de corrido, una particularidad que, medio siglo más tarde, heredaría Ariel, uno de mis cuatro hijos— que el día en que mi madre me llevó por primera vez a la escuela, el maestro que debía de enseñarme las letras se desentendió del problema, con el argumento de que haría sentirse inferiores a mis compañeros, y me pasaron directamente a segundo. Así que cuando *Sobre los ángeles* cayó en mis manos, ya había devorado cientos de tebeos y novelas de toda índole y época —las dos primeras sin ilustraciones fueron las dos únicas que tenía mi padre, *Peter Pan*, de J. M. Barrie, y *Rebeca*, de Daphne du Maurier, que me dio un miedo terrible—, sobre todo en el colegio Virgen de Europa, donde pasé diez años y que tenía una gran biblioteca donde yo iba saltando de Pío Baroja a Rosalía de Castro o del Duque de Rivas a Jacinto Benavente, Miguel de Unamuno o Emilia Pardo Bazán, sin orden ni concierto, pero disfrutando a lo grande. Sin embargo, jamás había experimentado algo similar a lo que sentí con los versos de García Lorca y Alberti. Tuve la sensación de que el lenguaje había sido hasta entonces en blanco y negro y, de repente, pasaba al tecnicolor. Ambos me deslumbraron y, en consecuencia, pasé a otro nivel: quise ser como ellos, dejar de ser un espectador para subirme al escenario. Nunca me he arrepentido y creo que acerté, porque a la hora de elegir un destino se da en el clavo cuando lo que imitas te conviertes en lo que eres.

Al día siguiente, cuando acabó la comida familiar, a mi padre se le antojó tomar de postre un helado, así que me mandó al bar de la esquina, que estaba a unos cien metros de nuestra casa y en la misma acera, a por una de esas barras de tres sabores, nata, vainilla y chocolate, que nos gustaban a él, a mis hermanas y a mí. Por cierto, señalaré entre paréntesis que en aquellos tiempos Las Rozas era un lugar tan doméstico y abarcable que yo jamás tuve que llevar una moneda en el bolsillo: sencillamente, ibas a cualquiera de las tiendas del pueblo, pedías lo que te apeteciese y los propietarios se decían entre ellos: «Apúntale tal o cual cosa al chico de Angelines». El caso es que aquel sábado aún caluroso de principios de septiembre, subí la calle de cuatro zancadas, entré en el local, a esas horas desierto, al que me habían mandado y por raro que parezca allí estaba, en una mesa del fondo y completamente solo... Rafael Alberti.

Me quedé mirandole sin creer lo que veía, preguntándome si estaba ahí de verdad o era una construcción de mi mente que se esfumaría en cuanto dejase de fantasear. Y no exagero, porque aquel hombre ni siquiera parecía un ser real; tenía una aureola de criatura imaginaria, como les sucede a muchos personajes muy famosos, y él lo era: fueses adonde fueses, no paraba de firmar autógrafos, hacer dibujos, estrechar manos, tomarse fotos... Su popularidad trascendía el ámbito de la literatura, porque era uno de los grandes escritores de la Generación del 27, sin duda, pero también un mito civil y político, una figura de la resistencia al fascismo durante la Guerra Civil; uno de los símbolos del exilio, gracias a obras que yo aún desconocía pero que muy pronto me iba a saber desde la a hasta la zeta, como *Baladas y canciones del Paraná, Retornos de lo vivo lejano* o *Pleamar*; y también era un anagrama de la Transición, con su campaña electoral por el recién legalizado Partido Comunista, en la que daba sus mítines en verso o su elección como diputado por Cádiz y, desde el instante en que puso de nuevo el pie en España, tras pasar veinticuatro años en Buenos Aires y catorce en Roma, todo ello impulsado por aquella fotografía icónica en la que aparece bajando del avión en el aeropuerto de Barajas y por sus tranquilizadoras y oportunas declaraciones, en las que lanzó, con una intuición de brujo, la sentencia que resumía a las mil maravillas el espíritu de esos momentos de reconciliación: «Me fui con el puño cerrado y vuelvo con la mano tendida».

Su presencia también tenía algo de aparición por ser tan inconfundible: la melena blanca de astrólogo o de mago, esa que según el narrador Francisco Umbral se había dejado crecer «para cederle espacio a la blancura»; la retadora camisa de fantasía; los pantalones tejanos de campana; los ojos entre castaños, verdosos y amarillos o el acento a la vez andaluz, porteño e italiano. Ningún otro escritor era así.

—Hola —le dije, acercándome todo lo que me dejó el miedo a ser inoportuno y a que mi presencia le molestara—. Usted es Rafael Alberti.

La noticia no le pilló por sorpresa. Me miró con desconfianza y yo diría que con un grado de fastidio.

—Hola, ¿cómo te va? Sí, pero ya me marchaba... Estoy esperando a unos amigos que vienen a recogerme, estarán a punto de llegar —respondió, con unas ganas evidentes de que la cosa acabara ahí y le dejara tranquilo con sus cosas: tenía en la mano un cuaderno naranja y blanco, con un dibujo chino en la portada.

—Ah, vale. Bueno, es que he leído unos libros suyos.

Me observó con un milímetro más de atención, tal vez intentando calibrar mi edad.

—¿Y cuáles?

—El que se llama *Sobre los ángeles*...

Noté que se ponía de nuevo a la defensiva. Pronto iba a saber la razón: al ser aquella considerada su obra maestra, él le tenía cierta manía; cuando le hablaban de ella, contestaba: «Sí, sí, pero yo he escrito muchos más libros, algunos de canciones, otros más surrealistas...» Y al decir eso, creo que se refería a *Sermones y moradas*, redactado de forma paralela al otro y solapado por él hasta el punto de no haberse editado nunca individualmente, sólo en obras completas o en tomos que reuniesen varios títulos, como el que yo había comprado.

—¿Y qué te ha parecido? —preguntó, más por simple educación que por otra cosa.

Yo, ni corto ni perezoso y con la arrogancia, descaro o temeridad característicos de la adolescencia, le contesté, para asombro de los dos:

—Bueno, no está mal... Pero a mí el que me ha encantado es el otro.

—¿Qué otro?

—*Sermones y moradas*.

Le brillaron los ojos y sonrió a medias. Eso le había gustado.

—Oye, pero ¿y tú cuántos años tienes?

—Voy camino de los dieciocho —exageré.

—Venga, siéntate, que te invito a un *gin-tonic*.

Y nos hicimos inseparables durante quince años.

No tengo ni la más remota idea de lo que pudo ver Rafael Alberti en mí, pero el hecho es que congeniamos y mi vida tomó otro rumbo. A su lado, no paré de aprender y de divertirme. «¿Con un señor tan mayor, siendo él casi octogenario y tú un crío?», me preguntan a menudo. Tienen razón, nos separaba una gran distancia y él era mucho más joven que yo por todas esas razones que no explican los documentos de identidad ni los análisis clínicos. Su modo de celebrar cada minuto de la vida, cada conversación, cada viaje, cada alimento que le servían, cada don de la naturaleza, era una lección digna de no ser olvidada. Entre los muchos poemas en los que he hablado sobre él, hay dos que se titulan «El vividor», en el buen sentido de la palabra.

He contado algunos episodios de nuestra relación y de sus aventuras a lo largo y ancho de aquella España de finales del siglo XX en el libro *A la sombra del ángel*, que en su momento levantó una tremenda polémica por contar el secreto a voces de los últimos años del maestro, cuando se metió, por pura vanidad o engañado, en la boca del lobo y ya todo fue para él como ese título de la novela de Osvaldo Soriano: triste, solitario y final. Su nombre se convirtió en una marca registrada, tal vez pensando que eso lo transformaría en una máquina de fabricar dinero; su obra fue manipulada y purgada; sus bienes, algunos de ellos obras de arte muy valiosas y que habían sido donados años antes al pueblo de Cádiz, desaparecieron sin dejar rastro; se le apartó de su familia y sus amigos; crecieron las sospechas de falsificación de sus dibujos y sus últimos textos autobiográficos, entre ellos una supuesta tercera entrega de *La arboleda perdida* acerca de la que expresó serias dudas en público su propio editor; y entre unas cosas y otras, de él ya sólo se hablaba como fuente de escándalos. El resultado es que hoy en día está en un olvido que su poesía no se merece. Yo le guardo un cariño y una gratitud enormes, por lo bien que me trató siempre; cada minuto con él fue un tesoro que nunca se oxidará y de algunos intentos de revivir el debate sobre él, disfrazar a los ladrones de policías y justificar, veinticinco años después, lo que no tiene un pase, me he reído en privado y, de puertas afuera, he dado la callada por respuesta: para qué perder un minuto con vendedores de humo y traficantes de rencores, existiendo tantas cosas agradables y hermosas que recordar.

Al principio, Rafael y yo nos veíamos los fines de semana en Madrid, porque de lunes a viernes por la mañana yo estaba en Sevilla, haciendo de ocho a tres el servicio militar, entonces aún obligatorio, y por las tardes fingiendo que iba a estudiar Filología Hispánica en la Facultad de la Real Fábrica de Tabacos. Gracias a la intercesión de mi padre con un alto mando amigo suyo, me habían destinado a las oficinas de la Capitanía General, en la plaza de España, tras hacer el campamento en el temible Cerro Muriano de Córdoba. No pisé más que lo imprescindible el cuartel, que estaba en la planta baja, mientras que yo desempeñaba mi cometido burocrático en la segunda, al servicio de los oficiales que tenían allí sus despachos, excepto cuando me tocó cambiarme el uniforme de paseo por el verde de campaña y hacer alguna que otra guardia nocturna con mi fusil y mi bayoneta de soldado anacrónico, sentado a una mesa en cuyos cajones siempre había un par de novelas del oeste y teniendo conversaciones vacías con un cabo bastante patético que siempre andaba por ahí haciendo la ronda, un alfeñique que caminaba entre los reclutas con andares de vaquero y que siempre repetía lo mismo: «Este país, este país... ¡Como yo oiga a algún tonto del haba decir "este país", me lo crujo! ¿Qué pasa, que no se puede decir "España"? ¿Que España es un nombre feo? ¡Vamos, hombre, que al torrija que diga "este país" lo tengo pelando patatas hasta que la cabra de la Legión cante ópera». En la última frase estaba la trampa: si alguno se reía, se acercaba a un palmo de su cara, dejaba pasar unos segundos teatrales, le gritaba «¡firmes!» y le decía, con el tono y los gestos de quien se contiene para no abofetear a otro: «¿Qué pasa? ¿Es gracioso lo que he dicho? ¿O a lo mejor es que te ríes de mí? ¿Qué quieres, que te meta dos días de arresto?».

Cada tarde, a la hora de la comida, recogía mi salvo-conducto —al entrar, el pase había que dejarlo en consigna— y me iba al piso que tenía alquilado con otros tres compañeros, al otro lado del Prado de San Sebastián. Los días normales, que eran la mayoría, hacía mi trabajo administrativo para un capitán que cada mediodía aparecía por allí con medio litro de orujo en el cuerpo —yo creo que si hubiera encendido una cerilla, se habría vuelto un lanza-llamas— y me contaba sus desgracias conyugales, los problemas de sus muchos hijos y el que tenía con un teniente-coronel que le había vendido «a precio de ganga» una fórmula matemática para acertar los catorce resultados de las quinielas y hacerse rico, pero que no funcionaba, porque ningún fin de semana pasaba de los ocho o nueve. «Y claro, no es que vaya a pensar yo que me ha timado, Dios me libre de tal cosa; pero, aunque lo creyese, pues imagínate, chaval, qué hago, tratándose de un superior...». Mientras escuchaba sus peroratas, rellenaba informes y preparaba diligencias cuyas causas eran, a menudo, dignas de una película de Luis García Berlanga: había que arrestar el fin de semana a un caballo de las cuadras por propinarle una coz a su cuidador; justificar el servicio de un chófer encargado de llevar a la esposa de un alto mando al supermercado como «tareas de patrullaje extramuros» o cuadrar por las malas las cuentas de la granja de intendencia apuntando en la columna de gastos el precio de tres gallinas «que se tuvieron que adquirir al volarse otras tantas del corral, sin destino conocido». Todo ello, naturalmente, por orden de la superioridad.

Pero, antes de llegar a Capitanía General, lo mejor habían sido las clases teóricas que recibimos en el Cerro Muriano. Una tarde, el teniente encargado de impartirlas, que solía mirarme con recelo al verme leer sin descanso en mis escasas horas libres, le preguntó a un joven ya algo mayor, que estaba acabando Química en Barcelona y había ido pidiendo prórrogas para avanzar en la carrera, qué haría él «si cayese aquí cerca, en Carmona o en Dos Hermanas, una bomba atómica de mil o dos mil kilotones». El muchacho se encogió de hombros. «Nada, mi sargento», respondió». «Pero ¿cómo que no harías nada?», rugió el otro. «¡Si acabo de explicar el procedimiento! ¡Hay que estar más pendientes!». El chico trató de razonar: «No es que yo no hiciese nada, sino que no habría nada que hacer. Dice usted mil o dos mil kilotones y la de Hiroshima tenía dieciséis... La onda calorífica llegaría en unos segundos, la radiactiva y la explosiva...». «¡A callar! ¡Meterse debajo de una mesa, eso es lo que hay que hacer! A cubierto y a esperar que pase el temporal». «Pero, mi sargento...». «¡Ni mi sargento ni gaitas! ¡Si yo digo que debajo de una mesa, te metes y punto! ¿Está claro? Un kilotón de hostias te daba yo a ti».

Mientras estuve en aquel campamento de instrucción, las veces que podía llamar por teléfono desde una cabina de monedas le contaba a Alberti esas historias, que le encantaban. Hablar con él era como cambiar de elemento, me daba la impresión de vivir a la vez en dos planetas antagónicos. «Si te dejan ir a Córdoba, ve a ver una columna que queda de la casa de Góngora», me recomendaba, y luego era capaz de recitar unos versos de la *Fábula de Polifemo y Galatea* o de las *Soledades*, que sabía de memoria, como tantos poemas del Siglo de Oro, el Modernismo, la Generación del 98... Era una enciclopedia andante.

Cuando pasó el mes reglamentario en Cerro Muriano, que fue el de diciembre, y tras el permiso de Navidad, me instalé ya en Sevilla y cada viernes tomaba el tren nocturno a Madrid. Viajaba en litera, en uno de esos vagones con seis camas en los que dormías con cinco desconocidos, y gracias a la generosidad de mi padre, que posiblemente solucionaba con el dinero que siempre me estaba dando en mano o ingresando en una cuenta bancaria su falta de efusividad sentimental, muy propia de los hombres de su época, aunque él la mantenía un poco por cubrir el expediente y no parecer blando según los estándares de aquellos tiempos.

Pero la procesión iba por dentro y si llegabas a casa y, por la razón que fuera, no ibas a darle un beso al cuarto donde se sentaba a escuchar la radio, le decía a mi madre: «A ver si educas a tu hijo, que entra en casa igual que un caballo a un establo». Las referencias agrícolas y ganaderas eran muy propias de él, seguramente por provenir de una diminuta aldea de Asturias: Freal, muy cerca de Navia, donde nació el poeta Ramón de Campoamor, autor de ripios tan deliciosos como este: «Me dijo sí de tan discreto modo / que no lo oyó ni Dios, que lo oye todo».

Si yo estoy aquí es porque mi abuelo materno era empleado ferroviario y porque un día mi padre fingió que sabía conducir una motocicleta. Lo primero explica el carácter nómada de mi familia: don Manuel Prado era un gallego de Lugo que hizo oposiciones a la Renfe y cuando alcanzó el cargo de jefe de estación fue destinado a Palencia, donde conoció a su futura esposa, mi abuela Ramona, y nació su primer hijo, mi adorable tío Manolo. A continuación, lo mandaron a Ávila; luego a Valladolid, donde nació mi madre; y, finalmente, a Las Rozas (Madrid), donde vinimos al mundo mis dos hermanas y yo, en casa, una de esas construcciones que representaban el espíritu de la autarquía con que se quería paliar el desabastecimiento de un país arrasado por los golpistas. La construcción incluía un edificio principal de dos pisos, abajo el salón, el baño, la cocina, tres habitaciones, de las que una hacía las veces de sala de estar, más otra muy pequeña, la única interior, que fue «el cuarto de estudio» y después un aseo; y arriba otra doble con balcón; luego teníamos un pequeño jardín donde siempre hubo una higuera, un ciruelo, dos membrillos y una parra; y al otro lado del patio, una estancia planeada para tener animales, tal vez una vaca y unas gallinas, pero que en nuestro caso estaba dividida en una segunda cocina, una bodega y un comedor que se usaban en verano

—decían que por debajo pasaba una corriente de agua y por eso era un lugar más fresco—. Era una propiedad modesta, pero es el lugar donde más feliz he sido en mi vida. Cuando mucho después, tras la muerte de mi madre, me instalé allí una temporada, los fantasmas me obligaron a irme: nos veía a toda la familia allí, bajo el emparrado, iluminados por rayos de sol verdes, comiendo y riendo como si para nosotros nunca fueran a existir la pérdida, los hospitales y los cementerios. Pero volvamos a 1949 y veremos allí a mi madre, soltera ya de cierta edad para los cánones de aquella España mojigata, a punto de quedarse para vestir santos, según ella misma decía; una muchacha de una clase media que aún no existía, educada en un selecto colegio de monjas, que aparece en todas las fotografías de juventud resplandeciente de belleza, ataviada con vestidos a la medida y sombreros de moda; que había pasado de niña criada entre algodones a muchacha romántica a la que le sobraban pretendientes pero ninguno le gustaba. «Mira que te vas a quedar compuesta y sin novio, por tiquismiquis», la sermoneaba mi abuela. Esa era la situación cuando un día oyó un ruido en el porche, fue a asomarse a la ventana... y ahí estaba mi padre, tratando de ponerse a cubierto de la lluvia que caía en ese momento con vocación de diluvio. *Cobijo contra la tormenta*, se llamaría treinta y tantos años más tarde mi cuarto libro de poesía y el primero con el que obtuve un cierto éxito. El título estaba basado en una canción de mi héroe, Bob Dylan.

¿Y por qué estaba allí ese extraño «guapo como un galán de cine», que se daba, efectivamente, un aire al actor Clark Gable, el galán de Hollywood que había roto la taquilla unos años antes con *Lo que el viento se llevó*? La respuesta es que nunca le interesaron ni las extensas tierras de cultivo ni el ganado de los que vivían como reyes sus padres y sus ocho hermanos en Asturias, así que decidió ir a buscarse un futuro a Madrid. Debió de llegar a la capital muy a finales de los años cuarenta, un momento duro para abrirse paso en aquella ciudad con agujeros de bala en los muros, cartillas de racionamiento y el aire envenenado por el horror de lo ocurrido durante la Guerra Civil, por la escasez de un país en ruinas y por la tarea de exterminio y purga que seguían llevando a cabo los vencedores. En ese ambiente, encontrar oficio y sustento era como buscar una aguja en un pajar.

Tras deambular días o semanas de un lado para otro en busca de una colocación, tocando puertas tras las que no había nada para él, alguien le habló en un bar de la zona de Atocha, por donde él se movía, de unas pruebas para un trabajo que requería saber conducir motos de gran cilindrada. Él no se había subido a una jamás, pero pensó que «no debía de ser muy distinto de ir a caballo», así que, ni corto ni perezoso, practicó un par de horas con el motocarro de un amigo —que le tuvo que explicar lo que era un embrague y que había que usarlo para cambiar de marcha— y se presentó al examen: a veces, ser insensato es una manera de ser optimista.

No sabía a lo que iba, aunque supuso que sería una plaza de repartidor o mensajero, y le daba igual, con tal de encontrar una ocupación; pero al llegar a la dirección que le habían dado le extrañó que fuera un cuartel y verse rodeado de militares. Tuvo suerte, porque uno de ellos era de Oviedo y al reconocer el acento inconfundible de mi padre lo llamó aparte para hacerle unas preguntas. Sin embargo, tras romper el hielo con unas cuantas frases nostálgicas sobre la *tierrina*, cambió el tono de forma radical y le sometió a un interrogatorio sobre sus orígenes, sus ideas, el bando en el que había estado su familia «durante la Cruzada» y su opinión del Movimiento Nacional y del Caudillo. Sin duda, tuvo que responder lo que convenía y no debió de hacerlo mal en el ensayo sobre dos ruedas, porque cuando volvió allí al día siguiente, tal y como le habían ordenado, le dijeron que había superado la primera fase del proceso y se le había elegido para realizar los entrenamientos y prácticas durante un periodo de prueba, a cuyo término se tomaría la decisión oportuna. Le indicaron también que su misión era confidencial, «como todo lo que concierne al ejército» y, por tanto, no podía hablar de ella absolutamente con nadie. Al cabo de unos días le ofrecieron, para facilitarle las cosas, instalarse en el acuartelamiento, donde dispondría de una cama y podría desayunar, almorzar y cenar en el comedor, con la tropa. Ni que decir tiene que a él le vino a las mil maravillas ahorrarse la pensión en la que estaba hospedado. Y tener bajo control sus entradas y salidas, y limitadas estas a las horas de paseo que establecían las ordenanzas, tampoco le contrarió mucho: su protector se lo llevaba consigo, cada atardecer, a tomar unas sidras al paseo de la Florida. Al cuarto o quinto vaso, se le soltaba la lengua y se dejaba inundar por la nostalgia de Asturias, a donde pensaba retirarse cuando le llegara la jubilación, y hablaban de los lugares que los dos conocían: Cudillero, Luarca, Taramundi, Llanes, Andés, Castropol, Salas, La Caridad, Tapia de Casariego...

A pesar de la intranquilidad que le provocaba tanto misterio, mi padre se sentía bien, entre otras cosas porque allí había descubierto las que a partir de entonces serían sus dos grandes pasiones: conducir y la mecánica. En apenas unos días aprendió a manejar la moto con la que hacía su adiestramiento, primero en un circuito improvisado, donde le enseñaban a sortear obstáculos o a mantener la línea de formación con otros vehículos, y después por carretera y en la ciudad, para curtirse en todos los terrenos, siempre en pareja con alguno de sus compañeros. Durante el «proceso de adaptación», aquel oficial que era paisano suyo deslizaba una y otra vez en la charla, sibilinamente, cuestiones sobre el régimen y sus «diez años de paz», para comprobar la adhesión al nacionalcatolicismo del aspirante. En aquella España de la dictadura, esas indagaciones y suspicacias eran el pan nuestro de cada día.

La siguiente etapa le sorprendió e inquietó más: iban a enseñarle a disparar en un campo de tiro, porque en el desempeño de sus funciones llevaría una pistola. ¿Pero es que acaso iba a convertirse en militar, de la noche a la mañana? Esa pregunta obtuvo una respuesta que tampoco le aclaró mucho las cosas: no lo sería en sentido estricto, pero sí en cierto sentido. Mientras hacía puntería con dianas y blancos móviles, el oficial de Oviedo, con el que frecuentaba los bares de la zona, seguía pidiendo antecedentes: ¿Había luchado alguno de los suyos en la zona roja, era republicano, tal vez comunista, fue detenido o ejecutado, estaba en prisión o en el exilio? Mi padre contaba la verdad: que en su casa eran todos de derechas y partidarios del Movimiento Nacional.

Una mañana, su protector le llevó a un hangar, le enseñó una flota impresionante de veintidós Harley Davidson blancas y le preguntó qué le parecían. Mi padre le dijo que era lo más bonito que había visto nunca. «Pues una es para ti, ya la puedes tratar como a la niña de tus ojos». Después le llevó a un vestuario donde le entregaron dos uniformes, unos correajes, un casco, su arma y una insignia con la leyenda «Compañía de Escolta Motorizada» enmarcando un escudo rojo con un laurel verde alrededor, una corona dorada encima, una columna de Hércules en cada uno de sus dos cantones y abajo una reproducción del mismo vehículo que iba a usar, hecha en color oro. Finalmente, le comunicó con mucha ceremonia cuál iba a ser su tarea: formaría parte de la guardia privada del Generalísimo, la que debía protegerlo durante sus desplazamientos. Esa misma noche —le dijo, estrechándole calurosamente la mano para felicitarle por su buena suerte—, él y sus compañeros se instalarían en un edificio cercano al palacio de El Pardo, donde estaba fijada la residencia del dictador.

La vida está hecha de extrañas conexiones, una cosa lleva a otra por caminos a veces inimaginables y resultó que aquella azarosa carambola del destino iba a propiciar que mis padres se conocieran no mucho tiempo después, cuando ya habían sido numerosos los viajes alrededor del coche blindado de Franco, que a veces era el Rolls-Royce Silver Wraith, otras el Cadillac Eldorado o uno de los Buick Eight descapotables —donde hizo que le instalaran asientos giratorios para poder disparar en todas direcciones si era atacado— y casi nunca el Mercedes Benz 540 G4 de seis ruedas que le regaló Hitler, con el que paseó por Madrid al presidente estadounidense Dwight Eisenhower, y sólo utilizaba para asistir a alguna montería, en cuyo caso ellos echaban mano también de otras motos, creo que de la firma Sanglas.

Mi padre mencionaba todo eso y no dejaba nunca de recordar las multitudes reunidas en las cunetas de la carretera para saludar el paso del tirano al que atribuía el papel de salvador, como tantos, y una generosidad castrense. «Un día —contaba, por ejemplo— llegamos a Galicia, después de circular durante horas bajo la lluvia, y al llegar se acercó a nosotros, nos saludó uno por uno y le dijo a quien salió a recibirlo: "Que se les dé a estos hombres, inmediatamente, la mejor cena y el mejor alojamiento que sean posibles"». Y eso, a él, le parecía digno de un emperador justiciero.

En aquel destacamento, las normas se seguían a rajatabla, y la primera de ellas, establecida para combatir una de las obsesiones del tirano, que era la de caer en una emboscada y ser víctima de un atentado o un secuestro, dejaba claro que, pasara lo que pasase, la comitiva jamás tenía que detenerse: si alguno de sus veintidós miembros sufría un percance del tipo que fuera, una indisposición o un fallo mecánico, los otros seguirían adelante. Su miedo a que uno de sus guardianes fuera un infiltrado y le tendiese una trampa los convertía a todos en sospechosos, en traidores potenciales. Así que aquel día en que mi madre oyó rugir un motor en el porche de su casa, mi padre estaba allí porque su moto había sufrido una avería al pasar junto a la vivienda y él se metió allí para ponerse a salvo de la tormenta. ¿Qué vio ella tras el cristal? Pues a un joven de veintiocho años y uno ochenta de alto, con unos ojos verdes increíbles, el pelo negro fijado con gomina, bigote nacionalsindicalista y una sonrisa devastadora; que iba vestido con uniforme de gala y botas parecidas a las de los jinetes de las competiciones hípicas y tenía al lado una Harley Davidson con aspecto de animal mitológico que a ella le parecería el caballo blanco de un príncipe medieval de cuento de hadas. La cosa, naturalmente, acabó en boda.

Al regresar de Sevilla, mi relación con Alberti se hizo casi diaria. Rafael llamaba temprano y proponía alguna excursión literaria: ir a Soria, a la tumba de Leonor, la mujer niña de Antonio Machado; a Segovia, para visitar el huerto de san Juan de la Cruz; a Ávila para ver en una iglesia un supuesto dedo incorrupto de santa Teresa de Jesús; a Salamanca, por sus ecos de Fray Luis de León y Unamuno o a Vera del Moncayo, en la provincia de Zaragoza, donde está el monasterio en el que Gustavo Adolfo Bécquer se recogía a escribir. Otras veces lo acompañaba a uno de sus recitales apoteósicos, deslumbrado por su magnetismo escénico y su poder de convocatoria. O disfrutaba, en actos y cenas inolvidables, como ya he contado, de gente a la que nunca soñé con conocer. Yo me había matriculado en la Universidad Complutense, para cursar Filología Hispánica, pero la carrera se fue quedando atrás, desatendida: cuando estás deslumbrado, no ves nada más que la luz.

En una de aquellas comidas, Julio Cortázar, cuyos cuentos me habían maravillado, se interesó amablemente por mí y me preguntó: «¿Vos también escribís?». Le contesté que me gustaría, pero que era difícil, con la sombra del maestro encima. «Bueno, pero eso es una suerte, no un impedimento —dijo—, así que vos tranquilo y *apilá*; *apilá* no más». Aquel hombre agigantado, de manos y ojos enormes,

43

que aparentaba diez años menos de los que tenía, hablaba por entonces, casi obsesivamente, de Nicaragua, cuya revolución sandinista apoyaba al cien por cien, y recuerdo una frase que dijo mientras debatían ambos sobre la literatura comprometida, que según Rafael era combatida «a golpe de revista y antología» desde la casa del premio Nobel y compañero de generación Vicente Aleixandre: «La política es un peligro, qué duda cabe, pero sólo para los malos escritores», sentenció el autor de *Rayuela*. Por cierto, que a los postres me atreví a preguntarle si la Maga, el personaje alrededor del que orbita la novela, estaba inspirado en la poeta Alejandra Pizarnik, que ya era una de mis favoritas, y me respondió, con una paradoja muy suya: «Pues aún no la conocía cuando escribí el libro; pero sí, de alguna forma, tal vez era ella». Los genios lo son todo el tiempo y en cualquier situación, al parecer.

En cuanto a mí, era cierto que había comenzado a escribir en el instituto, siempre bajo la tutela del profesor Borlán, unos poemas ingenuos y a la vez pretenciosos que querían imitar, por una parte, las canciones más surrealistas del Bob Dylan eléctrico, al que ya idolatraba, y por otra, los versos de *Poeta en Nueva York* y *Sobre los ángeles*. La primera vez que leí uno en público, por insistencia suya, fue en el Rincón del Arte Nuevo, el mismo garito donde conocería más adelante a Sabina. Era un local con una barra a la entrada, donde los habituales nos quedábamos casi siempre a tomar cervezas y hablar, y un diminuto escenario al fondo, desde el que uno de los cantautores residentes solía preguntar, hacia la tercera o cuarta interpretación de su repertorio: «¿Se oye bien ahí detrás?». Y cuando algún inocente le contestaba que sí, él soltaba: «A vosotros aquí también se os escucha muy claro».

Yo seguía mi aprendizaje a velocidad de crucero, leía cualquier cosa de la que me hablaran Borlán o Alberti, algunas las sacaba de la misma biblioteca pública de Las Rozas donde pronto organizaría un recital suyo, otras me las compraban mis padres o las conseguía yo mismo con lo que sacaba haciendo algunos trabajos esporádicos, desde repartir publicidad hasta dar clases a los hijos de algunos conocidos a los que les habían quedado asignaturas para septiembre o ayudar a una profesora de la Complutense a hacer fichas para uno de sus trabajos de investigación y para un diccionario de autores españoles contemporáneos. Esa catedrática, llamada Fanny Rubio, me tomó bajo su protección, me nombró ayudante suyo cuando la hicieron coordinadora de los cursos de verano de su universidad en El Escorial y me dio mi primer empleo más o menos serio: al entrar a formar parte de la directiva del prestigioso Círculo de Bellas Artes, me ofreció un puesto en el área de literatura. En aquella venerable institución, que acababa de ser rescatada de la ruina por varias administraciones públicas y aún conservaba de su época de casino recreativo la pista de baile de la alta sociedad y la sala de billar exclusiva para socios, cobraba una cantidad simbólica y tenía muchos quehaceres, pero a cambio pasé momentos inolvidables y el edificio se convirtió en mi segunda casa, hasta el punto de que más de una vez, al volver de una de esas noches de fiesta que no se acaban nunca, dormí bajo llave, en el sofá que había en mi despacho, una siesta reparadora. La estancia era diminuta pero estaba en la torre más alta, tenía cuatro ventanas en forma de arco en cada una de sus paredes, estaba junto a la estatua de la diosa Minerva que preside toda la construcción y ofrecía vistas a los otros grupos escultóricos de los tejados cercanos: el Ave Fénix que era la imagen promocional de la compañía aseguradora de ese mismo nombre; la llamada Estatua del Ahorro, que remataba el antiguo Banco Hispano; la Victoria Alada de la firma Metrópolis... Por cierto, que, con los años, se han añadido algunos personajes más a esa mitología de los hermosos cielos de Madrid, entre ellos un Atlas con el mundo a la espalda, que se puso en el Hotel NH, y una Diana Cazadora que dispara sus flechas contra aquel pájaro de Zeus que renace cada cuatrocientos años, para evitar que se lleve raptado a su amante secreto, Endimión. El Ayuntamiento hizo grabar en el suelo de la calle que separa una obra de la otra algunas flechas que no dieron en el blanco. A veces la política se pone poética y hace lo contrario: da en el clavo.

Siempre he dicho que el Círculo de Bellas Artes es el mejor lugar en el que he prestado mis servicios, tal vez junto a la cadena SER, en la Gran Vía, cuya terraza con vistas a todo Madrid es inigualable. En tercer lugar, ya más a lo lejos, estaría la sede de la Agencia Española de Cooperación Internacional para el Desarrolo, AECID, donde entré para dirigir a lo largo de seis años una revista histórica, *Cuadernos Hispanoamericanos*, que se había convertido básicamente en una plataforma de textos académicos —nada que objetar, es una opción respetable— y luché para hacerla más viva, más actual y de nuevo internacionalmente prestigiosa, en la que colaboraban en cada número las y los autores más importantes de nuestro idioma, donde también se daba fe de las nuevas tendencias de cada país y que yo, aprovechando los viajes trasatlánticos a los que me invitaban con frecuencia —siguen haciéndolo, pero cada vez me da más pereza subirme a un avión cuyo vuelo tarde más de tres horas— para promocionar mis libros o hablar en diferentes congresos, llevé de gira por gran parte de Latinoamérica. Todo ello hasta que, tras un cambio de Gobierno a la derecha, los recién llegados al ministerio de Asuntos Exteriores me echaron sin contemplaciones y se sobrentiende que por motivos ideológicos, puesto que no había otros posibles y ningún sesgo partidista, faltaría más, le había yo dado a la publicación. Hablaremos de eso en su momento. Por cierto, que sobre filias y filiaciones suelo repetir algo que dije en su día cuando a alguien le escandalizó —vivimos en la era de los aspavientos y la sobreactuación— mi cariño por ese hombre delicioso, deferente, deslumbrante y divertido que era Mario Vargas Llosa y que no perdiese oportunidad de confesar mi profunda admiración por sus novelas, dadas las obvias y muy conocidas distancias que había entre su modo de ver las cosas, más cercano a las teorías neoliberales, y el mío, que está en las antípodas de esa doctrina, algo que no tiene ninguna importancia cuando ese con quien no estás de acuerdo es tan tolerante y encantador como lo era él: a mí lo único que me importa de las banderas es que el abanderado sea buena persona.

Pero volvamos a la época de mis diecisiete o dieciocho años. Mi formación seguía su curso, las lecturas aumentaban y poco a poco iban desapareciendo muebles de mi habitación —para escándalo y disgusto de mi madre—, que yo sustituía por estanterías que me fabricaba artesanalmente: no había presupuesto para carpinteros. Muy pronto, mi cuarto, el mismo en el que siempre había dormido con mi abuela Ramona, fue una biblioteca con una cama que a mí me parecía un barco con el que cruzar de una sola vez todos los mares de la realidad y de la fantasía. Y eso no ha cambiado, afortunadamente: muchas de las mudanzas que he hecho, y han sido numerosas, estaban causadas porque en la casa de la que nos marchábamos ya no me cabían los libros y la nueva, que parecía imposible de llenar, también se llenaba. ¿Qué será de ellos cuando yo no esté aquí para cuidarlos?

Mi primera obra publicada, con la que mantuve una relación distante hasta que empecé a editar tomos de obras completas —primero *Ecuador*, luego *Acuerdo verbal*— y pude reescribirla entera, fue *Un caso sencillo*, apareció en 1986 y también fue, al menos en cierto modo, el resultado de una casualidad. La había escrito, sobre todo, durante los fines de semana que Rafael y yo pasábamos en el chalé que le dejaban unos conocidos en Galapagar, cerca de El Escorial, donde él decía que al atardecer había «la segunda luz más hermosa de España después de la de Cádiz», él para trabajar al sol del balcón en la segunda parte de

La arboleda perdida y yo para ir haciendo esos versos que me atrevía a enseñarle por las noches y que él, aparte de sugerirme ese título basado en un cuento de Gustave Flaubert, se entretenía ilustrando con pequeñas acuarelas que yo perdería, como tantas cosas, en mi primer divorcio. Más que darme consejos, me hacía algunas observaciones, siempre respetuosas y nada invasivas, formuladas con cuidado para no desanimarme, pero que yo ponía los cinco sentidos en tratar de asimilar, o me contaba historias aleccionadoras de cuando él mismo empezó a juntar versos. Por supuesto, también me leía cada capítulo de sus nuevas memorias, que publicaba semanalmente en el diario *El País*, y charlábamos sobre él, a menudo para que, tirando del hilo, pudiese caer en algo que se le hubiera quedado en el tintero.

Un caso sencillo se publicó en una nueva colección de Granada, dirigida por Luis García Montero, a quien había conocido por puro azar unos años antes, creo que en 1983, al poco tiempo, en cualquier caso, de que le concedieran el Premio Adonáis por *El jardín extranjero*. Recuerdo que había leído una breve noticia en un periódico donde se hablaba del galardón y de aquel joven de veinticuatro años, tres más que yo, y que me habían llamado la atención dos o tres declaraciones suyas recogidas en el artículo, con las que me identifiqué en gran medida. «Tengo que comprarlo», pensé.

Un fin de semana no muy lejano, Isabel, que era mi novia del instituto, y yo nos liamos la manta a la cabeza, nos subimos en el segundo coche —esta vez de primera mano— que me había comprado mi padre, después de que con el anterior ella y yo hubiéramos dado, el día que lo estrenaba, tantas vueltas de campana que estábamos vivos de milagro, y decidimos ir a Granada, donde yo había estado por primera vez cuando hice el servicio militar en Sevilla y aprovechando un permiso había ido allí en una moto Vespa, para recorrer el viacrucis lorquiano: la Huerta de San Vicente, la calle Angulo, los campos de Víznar y

Alfacar... Quedé tan hechizado que sigue siendo uno de los lugares a los que más regreso y donde me siento más feliz.

En esta nueva estancia, tras visitar la Alhambra, hacer turismo por el paseo de los Tristes y la Alcaicería, subir al Albaicín y el Sacromonte y comer en Casa Juanillo, mi restaurante predilecto de la ciudad, nos sentamos a tomar un respiro en la terraza del Café Suizo; y no habían pasado ni tres minutos cuando Luis se sentó justo en la mesa de al lado. Le pregunté si era quien me parecía, porque había visto su foto en la prensa; hablamos hasta el anochecer de Alberti, al que él, Javier Egea y Álvaro Salvador habían llevado a recitar, hacía poco, al diminuto escenario del bar La Tertulia, y de Jaime Gil de Biedma, de quien los dos éramos devotos. Nos caímos bien y quedamos en vernos a la mañana siguiente. El resto es historia y nuestra amistad dura ya, en el momento de escribir estas líneas, más de cuarenta años.

Siempre que encontrábamos una manera y una disculpa, Luis iba a Madrid o yo a Granada y dormíamos en casa de los padres del otro. Mi madre enseguida le tomó cariño, entre otras cosas porque él es muy bueno haciéndose el formal —cosa que no era—. En una ocasión, la oí decirle en la cocina, muy alarmada por mi forma de vestir: «Pero ¿tú has visto esas botas de vaquero que lleva, que tienen la punta de plata? Yo, cuando me las enseñó, pensé que eran un artículo de broma; pero luego, al ver que salía con ellas a la calle... ¡Ay, qué desgracia, habla tú con él, hijo, a ver si te hace caso!».

Los García Montero, por su parte, me trataron siempre como a alguien casi de la familia, un falso séptimo hijo que andaba como Pedro por su casa en su vivienda del paseo de la Bomba y los llamaba a él «mi general», porque lo era del Ejército de Tierra, y a ella «mi madre del sur». Nunca perdí la relación con esa gente maravillosa y cuando, ya de mayor, iba a Granada a alguna lectura o conferencia, jamás dejaba de ir a visitarlos, estuviera o no Luis, les llevaba unos pasteles, comíamos en el salón de siempre, con la vajilla de cristal color caramelo de toda la vida, la colección de obras completas de la editorial Aguilar en el aparador... Aquel lugar estaba en el pasado, en él siempre tenías veinte años y aún no habías perdido nada.

Para ascender de coronel a general, que era un paso importante en el escalafón, por razones de orgullo profesional y también económicas, dado que, al jubilarse, la pensión aumentaba significativamente con el cambio de grado, don Luis, que no entraba en el cupo reglamentario de los que alcanzaban ese rango de forma automática, no encontró más atajo que marcharse a San Sebastián y tomar el mando en los cuarteles de Loyola. Eso le proporcionaría los méritos extra que necesitaba para promocionar, pero conllevaba un riesgo mortal: estamos hablando de los años más feroces del terrorismo de ETA, cuando la violencia de la banda armada era brutal y los atentados continuos. Pero él era un burgalés recio y cuando fuimos a visitarlo se empeñó en salir a tomar un café a una plaza que le gustaba, sin llevar escolta y, una vez sentados, hablando a voces, porque era un poco sordo, rodeado de individuos que, seguramente por pura aprensión, me parecía que nos lanzaban miradas aviesas: «Pues y ya te digo, a mí estos hijos de puta no me amedrentan; si quiero salir a la calle, salgo, y si me meten cuatro tiros, pues qué se le va a hacer, el riesgo va en la paga». «Sí, sí, mi general —le rogaba yo—, pero ¿no podrías hablar un poco más bajo?».

Cuando salió *Un caso sencillo* no lo hizo solo, sino junto a otros tres números de la colección Maillot Amarillo, firmados por Rafael Alberti, Joaquín Sabina y Justo Navarro, y nos lanzamos a hacer presentaciones en Granada, Madrid, Guadalajara... Creo que en esa gira me acostumbré a los grandes auditorios, porque las dos estrellas eran seguidas por multitudes fervorosas que siempre eran amables y cariñosas con aquel tercero en discordia que era yo y que nadie sabía de dónde había salido. Muchísimo después, ya cumplidos los sesenta, publicaría en mi libro *Paradero desconocido* un poema, «Salto de página», en el que le doy las gracias a toda esa gente que siempre ha estado ahí, escuchando, ayudándome a tener este sueño. Por cierto, que la profesora a quien está dedicado, Marta Ávila, me ha ayudado con tal generosidad y cariño en la corrección ortotipográfica y en la revisión palabra a palabra de estas memorias, que quiero citarla aquí, salvando todas las distancias pero exactamente igual que hizo Rafael Alberti conmigo en las suyas: «Mis primeras jornadas no han podido ser más fructíferas, consistiendo en la construcción de estos libros tercero y cuarto de *La arboleda perdida*, preparados minuciosamente con Benjamín, quien me ayudó a repasar todas las múltiples páginas del texto, dándoles al fin el orden definitivo», dice en las últimas lineas de ese volumen, en uno de los fragmentos que luego fueron mezquinamente eliminados de su autobiografía por una mano negra. A veces se escribe con sangre y a veces se tacha con veneno.

«[…] Jamás me he fiado de quien no ama los libros / —en la literatura, como en las religiones, / no se teme a quien cree en otro dios / sino a los que no creen en ninguno— / y en ti encontré a una igual, un camarada. / A su modo, / la tinta es un lazo de sangre / y tú y yo, como niños que al unir sus heridas / se juran lealtad. / Nos hemos sido fieles y cuando el tiempo vino / a quitarme todas mis ilusiones, / siempre me quedó una: que siguieras ahí. […]». Desde que lo publiqué, suelo acabar con él todas mis lecturas.

Camino a Guadalajara, donde iba a hacernos de presentador y anfitrión mi profesor Fernando Borlán, porque yo quería compartir con él todas mis alegrías, íbamos Rafael y yo a buscar a Joaquín en mi humilde utilitario, cuando el maestro, siempre competitivo y, por lo que yo le contaba, más o menos enterado de la fama que ya empezaba a tener Sabina, fue todo el viaje desde la casa de uno a la del otro diciendo: «Claro, ahora vendrá tu amigo, se traerá su guitarra, ¡y sólo le aplaudirán a él!». «No, hombre, no va a hacer eso, viene a leer, como nosotros, y a disfrutar de tu compañía, ya sabes la admiración y el respeto que siente por ti», le doraba yo la píldora. «Pero no seas ingenuo, *Beniamino*, esos *cantahistorias* son todos iguales, no van a ningún lado sin la guitarrita, ¡te lo digo yo, que se lo he visto hacer mil veces a Paco Ibáñez!». «Pero Paco es un caso aparte —le respondí—. Cuando estuvimos con él en Toulouse no es que tocara canciones en los bares donde parábamos, ¡es que luego pasaba la gorra!». Pero él movía la cabeza con resignación y no daba su brazo a torcer: «Te digo yo que tu amigo se pondrá a cantar y ahí ya se jodió el Perú, los demás estamos listos». Por supuesto, Joaquín no hizo tal cosa, sino todo lo posible y lo imposible por cederle a él todo el protagonismo, cosa que tampoco necesitaba quien era un animal escénico de gran calibre, y más si se empleaba a fondo y sacaba toda la artillería, como aquella tarde en la que se sintió amenazado. Eso sí, lo cortés no quita lo valiente y al acabar el recital le dijo a Joaquín en la cena, con un tono condescendiente: «Oye, podrías haberte traído la guitarra, que al público le gustan mucho esas cosas», para añadir a continuación: «Además, yo creo que lo tuyo es mejor cantado».

Antonio Machado recomienda «que el trabajo escriba y la inspiración corrija». Sobre lo segundo no opino, pero respecto a lo primero sí que puedo tener la conciencia tranquila, seguro de haber echado toda la leña que tenía al fuego en mi búsqueda de un buen poema, convencido de que tiene razón otro de mis iconos, Rainer María Rilke, cuando le dice al destinatario de sus *Cartas a un joven poeta*: «¿Tiene que escribir? Excave en usted en busca de la respuesta y, si esta fuese afirmativa, [...] entonces construya su vida en función de esa necesidad, porque hasta la hora más nimia e indiferente de su existencia tendrá que ser un testimonio de ese impulso». Igual que jamás me ha interesado, más allá de lo inevitable, el dinero ni me obsesiona la fama —aunque sí me importa y deseo el éxito para mis libros—, siempre he sido ambicioso en lo profesional, he luchado como el que más por un lugar al sol en el mundo de la literatura. Para tratar de lograrlo puedo recurrir a esa exageración de quienes dicen que lo han leído todo, porque en cierta medida eso no está tan lejos de la verdad, y me he robado horas de sueño a mí y tiempo a mis familias por estar encerrado a la caza y captura de un verso, un párrafo o una rima que no llegaban, que se escondían.

Mis dos siguientes libros, publicados uno a principios y otro a finales de 1991, fueron *Asuntos personales* —un título que me regaló Joaquín, como más adelante haría con el de mi novela *Mala gente que camina*— y *El corazón azul del alumbrado*, y aunque los veo como capítulos iniciales de un aprendizaje, leídos ahora me dan muchas pistas de quién era entonces y de lo que quería. En *Ecuador* y luego en *Acuerdo verbal* no los reescribí de arriba abajo, como *Un caso sencillo*, sólo parcialmente, lo que significa que ya me identifico más con ellos, pese a que es difícil que escoja cualquiera de sus poemas en mis lecturas. De hecho, en las sucesivas ediciones de aquellas poesías completas recuperé algunos que en su momento no había acabado, que estaban a medio hacer en sus correspondientes cuadernos y que tampoco me resultó tan difícil retomar: sólo era cuestión de ponerme en mi antigua piel y llevarlos a buen puerto como si fuera uno de esos autores que acaban una novela inconclusa de Dickens o Hemingway. Eso sí, Luis García Montero, que cuando es malo es el mejor, sostiene que, en realidad, esas variaciones y añadidos los hago con el único fin de demostrar que todo se me ocurrió a mí antes que a él: ten amigos para esto.

En 1995, mis tres libros habían salido en colecciones modestas y yo ambicionaba, como casi todos los poetas de mi generación, dar el salto a las editoriales que entonces tenían más prestigio, Hiperión y Visor, así que decidí probar suerte y me presenté, sin encomendarme ni a Dios ni al diablo, al premio sin dotación económica pero con prestigio literario que convocaba la primera. Como contaré más adelante, por entonces ya tenía entre manos mi primera novela, *Raro*, y trabajaba de sol a sol, desde hacía ocho años, en el periódico de tirada nacional *Diario 16*. Además, ya tenía un hijo. El poco tiempo libre que me quedaba lo dedicaba a escribir lentamente *Cobijo contra la tormenta*, un título que tenía dos particularidades: una más normal, la de provenir de una canción de Bob Dylan, «Shelter from the Storm», y otra más inusual: que le había pedido permiso para usarlo a su propio creador, mi héroe de siempre y para siempre, cuando lo conocí en Sevilla, le estreché la mano y pude charlar con él unos minutos, aunque fuera rodeado de guardaespaldas. También hablaremos de eso y de mis encuentros con otras estrellas del reino de la música: Paul McCartney, Keith Richards, Neil Young, Leonard Cohen, Patti Smith, Kurt Cobain, B. B. King. Me digo una y otra vez que debería reunir esas entrevistas y también recopilar las que le hice a algunos de mis poetas esenciales. Pero queda tanto por hacer y el margen es ya tan estrecho...

Gané el Premio Hiperión y *Cobijo contra la tormenta* tuvo una buena acogida que, de algún modo, creo que abrió la puerta a lo que ocurriría con el siguiente, *Todos nosotros*. Y mira que la cosa había empezado regular: una tarde, el director de Hiperión, Jesús Munárriz, me llamó a *Diario 16* para comunicarme que le acababan de llegar los primeros ejemplares desde la imprenta y que tenía media docena para entregarme. Me dio un vuelco el corazón, era un gran día para mí y necesitaba hacerme con ellos en tres, dos, uno y ya. Sin embargo, para cuando pudiera acabar mi tarea en el periódico —que estaba donde Cristo dio las tres voces—, salir de la redacción y llegar a la Puerta de Alcalá, de la que la editorial está a dos pasos, iban a haber cerrado, de manera que le pedí que me dejase al menos una muestra en el bar de al lado. Y, a partir de ese momento, ya no di pie con bola: no me quitaba de la cabeza el libro, quería tocarlo, oír el sonido de sus hojas, oler la tinta fresca en sus páginas... Creo que el hecho de que para leer no se use sólo la vista ha hecho fracasar lo digital en la literatura, donde por el momento el número de ejemplares que se venden de una obra es testimonial, cuando en otros ámbitos las redes se lo han llevado todo por delante, por ejemplo la música, el cine o los medios de comunicación escritos. Por no hablar de la compañía de mascotas fieles que hacen los tomos alineados en las estanterías de casa, el clima que le añaden a las habitaciones, la posibilidad de tenerlos firmados... Lo único que puede plantarle cara a la técnica es el romanticismo.

Cuando llegué a la cafetería donde me habían dejado el libro, vi que estaba en un sobre y, por supuesto, no lo quise abrir en aquel local desangelado: un momento así requería su tanto por ciento de solemnidad. Me fui al Café Gijón, hoy ya desaparecido, donde era tan fácil imaginar en la mesa de al lado a Galdós o Valle-Inclán. Encontré sitio junto a la ventana, pedí un vodka con zumo de naranja para celebrarlo y tras el primer trago ceremonial, ahora ya sí, saqué mi *Cobijo contra la tormenta* de su envoltorio. Qué bonito estaba, con su cubierta rosa pálido y la ilustración que me había hecho uno de los dibujantes de *Diario 16*, Gerardo Amechazurra: Dylan y Joan Baez en la época de la Rolling Thunder Revue, esa gira en la que Bob se pintaba la cara con la pintura japonesa que usan los actores de *kabuki*. Le eché un vistazo a la contracubierta y a mi retrato de autor, una foto en la que salía con melena de apóstol y cazadora de motorista, bebí otro trago y empecé a leer. Y se me vino el mundo encima.

Había erratas por todas partes, sólo en el primer poema faltaban algunos versos y a veces párrafos enteros. Aquello era una catástrofe. Me quise morir. Todo mi gozo en un pozo. Y como las desgracias nunca vienen solas, apareció por el local Chus Visor, a quien entonces yo conocía de pasada, aún no era el amigo íntimo que empezó a ser pronto, pero ya me caía muy bien, con su falta de solemnidad y su tendencia a la broma, su acento algo teatral del barrio de Legazpi y su modo de ser a un tiempo chulo y cariñoso. Me hizo señas de que me acercase a la barra para tomar una cerveza y cuando llegaba a su lado abrió los brazos, en un gesto muy suyo con reminiscencias de desplante torero, y me preguntó: «¿Qué te pasa, hombre? Se te ve mala cara». Y cuando se lo conté, me dio la puntilla: «Eso te ocurre por no haberlo publicado conmigo. Venga, déjate de chorradas, tómate un doble y ya hablamos para el siguiente libro». Siendo justos, no podía quejarme; hacía poco que había presenciado cómo a un poeta de cierto renombre que le había preguntado en su librería: «Pensándolo bien, ¿cómo es que nunca me has editado tú a mí nada?», le respondió, poniendo cara de sorpresa, casi de alarma: «Ah, ¿qué no lo sabes? Yo pensé que te lo habrían dicho. Pues porque eres muy malo, tío».

Tengo que añadir que en Hiperión se portaron de maravilla y en cuanto llamé a Jesús Munárriz a la mañana siguiente, para ponerle al cabo de lo que ocurría, me aseguró que iba a tirar esa edición completa y a hacer otra de inmediato, y cumplió su palabra. Sólo me pedía una cosa: que la presentación, anunciada para cuarenta horas más tarde e imposible de aplazar, la lleváramos a cabo con la edición defectuosa, para que no pareciese que bautizábamos una obra invisible. Así se hizo y, según me han contado, hoy en día ciertos bibliófilos y coleccionistas buscan con interés aquellas muestras que no se eliminaron, calculo que quince o veinte a lo sumo, las que decoraban la sala en la puesta de largo de *Cobijo contra la tormenta*. Hay gente para todo. El libro no fue mal recibido. Me hizo especial ilusión un artículo inesperado que escribió sobre él la narradora Adelaida García Morales, de quien había leído tres pequeñas novelas brumosas que me encantaban: *El sur, La lógica del vampiro* y *El silencio de las sirenas*, la primera de ellas célebre por la adaptación al cine que hizo de ella su entonces pareja, el director Víctor Erice. En su artículo, publicado en *El País*, decía que mis poemas lograban lo que demanda de la literatura de cualquier género Joseph Conrad: «la plasticidad de la escritura, el color y las imágenes de la pintura y la magia del arte supremo de la música». Pedí su número y la llamé para darle las gracias. Me sugirió que la visitase en su domicilio de la Fuente del Berro y nos hicimos amigos. Era una persona especial, con un drama en la mirada; frágil y, de forma más que notoria, presa en la telaraña del desencanto y como difuminada por la niebla de los tranquilizantes; tenía una tristeza vertical, hacia el fondo, y el aspecto de quien se encuentra al borde de un abismo. Hablaba lentamente, con un tono aromático, como si hiciera café con las palabras. La gente se reía de ella cuando la mencionabas y la llamaba loca, porque las patologías mentales aún eran un tabú social y también porque de la ignorancia a la crueldad hay un paso.

Adelaida y yo solíamos llamarnos por teléfono y, cuando tenía una tarde libre, me pasaba por su chalé, situado en una zona cara que había vivido mejores tiempos, y hablábamos, sobre todo, de su salud: era una mujer abatida, con un insomnio que trataba de atemperar a base de somníferos e infusiones y cuya conversación giraba obsesivamente en torno a sus horas de duermevela, las veces que se había levantado o puesto a leer en medio de la noche, incapaz de conciliar el sueño… Padecía una visible depresión, salía poco a la calle y casi siempre estaba enclaustrada entre aquellas cuatro paredes, donde vivía con uno de sus hijos. No mencionaba apenas a su exmarido, salvo para quejarse de su falta de ayuda, y siempre lo hacía, en cambio, con una especie de apasionamiento en voz baja, del filósofo Eugenio Trías, sobre quien trata en clave su novela *El silencio de las sirenas* y a quien ella consideraba su gran amor, aunque los hijos de ambos lo rebajarían en sus futuras declaraciones a la categoría de platónico. Yo intentaba cambiarle el clima, le daba noticias del mundo literario, le comentaba mis impresiones de sus nuevas obras y trataba de entretenerla un rato; pero el velo de tristeza, melancolía y abatimiento que la cubría y le daba un aspecto de personaje gótico, a medio camino entre los de Julio Romero de Torres y los del García Lorca de *Bodas de sangre*, nunca se disipaba.

La recuerdo charlando trabajosamente, pero sin ganas de que me fuera, en un salón algo desvencijado que iba quedándose a oscuras, con aquel tono grave, un poco declamatorio y a la vez monótono, que parecía sacar del fondo de sí misma a cuentagotas y con gran esfuerzo para evocar sus años como alumna de Filosofía y Letras o sus estudios en la Escuela de Cinematografía; su fascinación juvenil por el anarquismo, que le inculcó el profesor Agustín García Calvo, que también lo fue mío en la misma Universidad Complutense o su experiencia de traductora para la Organización de Países Exportadores de Petróleo en Argelia. También se refería a menudo a sus autoras y autores favoritos: Jane Austen, las hermanas Brontë, Wittgenstein, Kafka, Walter Benjamin... En ocasiones, daba la impresión de estar un poco entre dos aguas, medio dormida, tal vez narcotizada por los medicamentos que la ayudaban a sobrellevar un estado de ánimo tan quebradizo. En el pasado había sido modelo de *prêt-à-porter* y aún se le distinguían los vestigios de su belleza en el rostro de elegancia sobria, lastrado menos por la edad que por el abuso de los sedantes.

Cuando sacabas el tema de su éxito ya lejano, aquel momento de esplendor en que sus obras agotaban treinta ediciones, eran traducidas a numerosos idiomas y recibían los parabienes de la crítica y galardones tan prestigiosos como el Premio Anagrama, hacía un gesto de impotencia y lamentaba que su buena fortuna hubiera cambiado. Sus nuevos trabajos, que por entonces sacaba, lo mismo que yo, en el sello Plaza & Janés, en una colección ideada y dirigida por el editor Enrique Murillo, pasaban más bien sin pena ni gloria o, en algún caso, sufrían reseñas lacerantes que ella mencionaba tal vez para martirizarse. Era, en resumen, un ser herido, conmovedor y a la deriva.

Le perdí la pista cuando se fue a vivir a Dos Hermanas (Sevilla), creo que en casa de algún pariente, y yo empecé a hacer continuos viajes de promoción, sobre todo a Latinoamérica, que a menudo duraban semanas. Supe más tarde que murió al límite de la indigencia y me llegó el rumor de que su último acto desesperado fue acercarse al ayuntamiento de aquella localidad a pedir una ayuda de cincuenta euros para comprar un billete de autobús. Leo ahora unas declaraciones que hice al diario *ABC* con motivo de su fallecimiento, y me reafirmo en lo dicho: aquella mujer rota «era muy fácil de dañar, pero también muy fácil de querer», estaba tan poco acostumbrada a recibir cariño «que cualquier detalle de afecto la sorprendía». Era una persona delicada, insegura y nostálgica a la que la vida parecía quedarle grande. Tras su desaparición, la narradora Elvira Navarro publicó *Los últimos días de Adelaida García Morales* y Erice armó un escándalo, denunció que la autora de esa ficción suavemente biográfica se había apropiado del nombre de su antigua esposa, mantuvo que la miseria y postergación que se le atribuían no eran tales porque él y otros familiares la habían ayudado «en la medida de lo posible» y desacreditó el libro de forma categórica. A mí, sin embargo, me pareció muy interesante y agradecí que se reivindicara y volviera a ponerse sobre la mesa el nombre de una escritora que no se merece el olvido.

Cobijo contra la tormenta hizo algo importante para mí, que fue darme confianza y hasta un cierto grado de seguridad, al menos toda la que puede tener alguien con tantas dudas y que, paradójicamente, no se conforma con medias tintas y apunta alto. El caso es que a partir de ahí ya pisé más fuerte, porque sentí que estaba en mi propio camino. Aún no me sentía preparado para soltar la mano de mis maestros, que aparecían y desaparecían en mis poemas, dialogaban conmigo o eran objeto de conversación entre dos voces más oídas hasta entonces en las novelas norteamericanas de los *beatniks*, en las del realismo sucio o en algunas del existencialismo francés que desembocaba en Marguerite Duras, que escuchadas en un poema. Todo eso terminó por convertirse en una especie de marca de fábrica, lo mismo que las estructuras de canción que le daba a ciertas partes del poema. Y nada era impostado, sino algo natural, lo silvestre que crecía en mi mundo, del que nunca he salido ni deseado escapar, aunque sí lo haya ampliado según crecían mi biblioteca y mis lecturas. Entre eso y que pronto empezaría a escribir letras y a hacer giras con grupos de rock y cantantes —lo que propició que hubiese quien me mirara por encima del hombro—, me fui abriendo paso y construí un lugar por el que aún hoy, casi treinta años después, les gusta pasar —lo sé porque los veo en mis lecturas y les firmo mis obras en las ferias— a las y los jóvenes poetas de la era de internet, los algoritmos y la inteligencia artificial. Lo digo sin vanidad, que a mi edad es un defecto que ha caducado de sobra, porque cumplir años es irse quedando sin pecados capitales. pero con orgullo; porque ser una vieja gloria, como explica uno de mis poemas de *Paradero desconocido*, ya de 2023, tiene su parte feliz y porque en eso también le hice caso a Alberti, que a menudo me repetía: «No compitas con los jóvenes, no te conviertas en un cascarrabias ni los menosprecies: aprende de ellos». Es mi segundo consejo suyo favorito, después de: «Tómate siempre muy en serio tu obra y muy en broma a ti mismo». Qué sano eso, en estos tiempos llenos de solemnidad y faltos de irreverencia.

La verdad es que nunca le he pedido a nadie el carné de identidad ni me han importado sus años, y aunque casi siempre he tenido amigos mucho mayores que yo, den por seguro que la diferencia de edad resultaba anecdótica. Para mí Ángel González, por ejemplo, era sin duda un modelo a seguir, una inspiración tanto por su manera de ser como por su forma de escribir, pero antes que nada fue una persona a la que quise de corazón, alguien que era como de la familia, a quien acompañar al médico, sentarse a su lado en la ambulancia cuando hubo que llevarle a Urgencias, hacerle la compra cuando estaba en cama u ofrecer compañía cuando se encontraba solo en Madrid. O sea, casi siempre. El silencioso autor de obras tan ineludibles como *Áspero mundo, Otoños y otras luces* o *Sin esperanza, con convencimiento*, al que tanto le agradaba pasar desapercibido en las reuniones y mantenerse en un segundo plano en medio de la algarabía, un cigarrillo en una mano y una copa en la otra, no tenía más remedio que hablar conmigo porque a menudo estábamos él y yo cara a cara y, por lo tanto, no encontraba donde camuflarse. Eso sí, una vez metidos en harina no solía tener prisa por marcharse, alargaba las noches y al día siguiente te llamaba y te decía: «Benja, en mi opinión, anoche salimos del último bar tambaleándonos como dos caballeros».

Ángel era bueno, discreto, humilde, y todos lo adorábamos. Yo lo pasaba muy bien en las fiestas de amigos, donde a los postres solía animarse a pedir una guitarra para entonar, con poca voz y buenas maneras, coplas populares de su Asturias o boleros, a menudo a dúo con Sabina; y también disfrutaba mucho de nuestras veladas para dos, contándole historias de mis parientes y paisanos suyos de Freal, Navia, Tapia de Casariego, Andés o Luarca y escuchándole anécdotas sobre su niñez y juventud, que luego contó admirablemente Luis García Montero en *Mañana no será lo que Dios quiera*.

Bajo su coraza de seriedad y su evidente timidez, Ángel guardaba un sentido del humor irónico que le convertía, aunque fuera en pequeñas dosis y en momentos ade-

61

cuados, en alguien muy divertido. Recuerdo una noche en la que me estaba contando cómo en su familia se resumían todos los horrores de la Guerra Civil, ya que un hermano había sido paseado por los fascistas y sus restos estaban en alguna fosa común sin identificar; su hermana, maestra, fue represaliada y desposeída de su oficio; y su otro hermano se exilió en Chile. A este último estuvo muchos años sin verlo y cuando se reencontraron en Santiago resultó que se había convertido en un seguidor acérrimo del dictador Augusto Pinochet. «¿Y tú qué le dijiste?», le pregunté. «Poca cosa —me respondió—, simplemente le comenté: hombre, pues si era para esto, casi mejor te podrías haber ahorrado el viaje».

Con las privaciones que había pasado, no es que fuera en modo alguno tacaño, pero sí que miraba el dinero con cierto cuidado, quizá porque gastaba bastante en alcohol, en tabaco y en comer fuera todos los días; algo normal, esto último, si veías el aspecto desolador de su nevera. En nuestras salidas siempre se barajaban dos opciones, las de los restaurantes más cercanos, porque a su edad tampoco podía caminar deprisa ni recorrer grandes distancias. Él solía proponer el más económico y yo prefería el otro, donde servían unas anchoas con queso idiazábal magistrales. Una tarde, mientras iba dando un paseo hacia la terraza en la que nos habíamos citado, me llamó Chus Visor para contarme que un conocido suyo le acababa de anunciar que me habían dado un premio con una dotación económica bastante jugosa. «¿Un premio? Pero si yo no me he presentado a nada...». «No, es que se concede a una obra ya publicada, es el Ortega y Gasset de Humanidades y te lo has llevado por *Los nombres de Antígona*». Fue toda una sorpresa. Ese ensayo, donde contaba las vidas de cinco escritoras, Carson McCullers, Anna Ajmátova, María Teresa León, Isak Dinesen y Marina Tsvietáieva, había sido recibido con frialdad; de hecho creo que es el único de mis libros, a día de hoy treinta y tantos, que jamás se ha reeditado, así que aquella fue la única alegría que me llevé con él y, en consecuencia, había que celebrarlo.

Nada más ver a Ángel se lo conté y le anuncié que, naturalmente, le invitaba a cenar, por supuesto en el restaurante más caro de los dos, y que pediría una botella del mejor vino: la ocasión lo merecía. Así lo hice y de mil amores; no hay nada como tirar la casa por la ventana cuando hay un amigo dentro contigo. Trajeron el reserva, nos lo sirvieron con gran pompa y brindamos. No me supo bien. «Oye, Ángel —dije—, ¿no te parece que este vino está en mal estado?». Le dio otro sorbo. «Yo no noté nada raro». Lo volví a probar. «¿En serio? A mí, la verdad, me da la impresión de que sabe avinagrado». Le hice una seña al encargado. «Perdone, es que... A ver, yo no tengo ni idea, ¿eh? Pero juraría que este tinto está picado». El *maître* chasqueó los dedos para que le trajeran una copa, lo probó y exclamó, con un tono entre obsequioso y escandalizado: «¡Caballero, tiene usted toda la razón! Este vino no está en buenas condiciones». Y volviéndose a los camareros que seguían con curiosidad la escena, ordenó: «Traigan inmediatamente otro, de calidad superior, y llévense este». Y entonces vi cómo Ángel se precipitaba sobre su copa, con una rapidez y agilidad nunca vistas en él, y sorbía, con un ansia de explorador que encuentra un oasis en medio del desierto, lo que quedaba en ella, antes de que se la retirasen. Le sabría a rayos, pero un verdadero señor nunca desaprovecha la posibilidad de conseguir un trago gratis.

En invierno, Luis, Chus, el editor y novelista Juan Cruz y yo nos alternábamos en el cuidado de Ángel cuando estaba sin compañía en Madrid; nos poníamos de acuerdo para hacer una especie de turno rotativo y cenar con él las noches en las que no había quedado con nadie. A veces me lo llevaba también al apartamento que compré después de mi divorcio y tomábamos algo, usando cajas llenas de libros a modo de mesa y sillas, dado que aún tardaría un tiempo en poder comprar muebles. Como mi invitado comía mal pero, en todo caso, dentro de lo que cabe, le gustaban algo más los platos de cuchara, aprendí a hacer algunos para él, que era tan frugal que se le había ido poniendo aspecto de Don Quijote con traje. Un día, Pepe Caballero me dijo: «¿Te has fijado en que cuanto más escuchimizado está Ángel, más le tira la chaqueta? Si él adelgaza una talla, su ropa encoge dos». Y ese milagro era cierto.

En verano se iba una temporada a Oviedo, naturalmente, pero también a pasar unos días con nosotros a Rota, donde se instalaba en casa de Almudena y Luis. Allí nos veíamos al caer las tardes y organizábamos fiestas a las que puede asistir en diferido cualquiera que vea la película sobre García Montero titulada *Aunque tú no lo sepas*, donde se grabó una de esas reuniones de amigos felices junto al mar. Sin embargo, por muy a gusto que estuviera, Ángel era rehén de su carácter discreto y cuando llevaba allí ocho o diez días, empezaba a sentir que molestaba y se quería volver a Madrid. «Pero hombre, Ángel, ¿y qué vas a hacer allí, con tanto calor, si está la ciudad vacía y casi todo cerrado?». La solución que encontramos fue que cruzara la calle y se viniera a mi casa otra semana o lo que él quisiera, y así lo hizo los últimos años.

Convivir con él era de lo más fácil. Antes de irse a la cama, buscaba algún libro en las estanterías del salón o de mi cuarto, lo leía a toda velocidad y era tan bondadoso que si no le gustaba se echaba la culpa a sí mismo: «Debe de ser que no lo entendí», se justificaba. Por las mañanas se levantaba pronto y solía encontrármelo en el diminuto jardín, acabándose una novela o charlando con mi hija Dylan, que por entonces andaba por los ocho años y que siempre que salíamos a la calle con él insistía en llevarlo de la mano, «para que no se caiga». Por no pedir, no se preparaba ni un café, supongo que para no molestarnos con el ruido de la cafetera, sino que esperaba pacientemente a que yo me levantase y nos lo tomábamos juntos. Como prueba del algodón, se puede contar que era tan bueno que, tras conocerlo en una cena, habló bien de él hasta Borges, que no lo hacía de casi nadie: en sus diarios, el escritor Roberto Alifano, amanuense del autor de *Historia universal de la infamia*, cuenta que este le dijo, al concluir aquel encuentro en Buenos Aires: «Su amigo es un buen poeta y todo un caballero. No es como Lorca, que quería ser siempre el centro de atención, parecía una mariposa, iba de un lugar a otro, imitaba voces, saltaba, si había un piano se ponía a tocar. Yo estuve con él un par de veces y me abrumó con su histrionismo. En cambio, me ha resultado muy grata persona Ángel González, un hombre bien ubicado y respetuoso. Lo felicito por tener un amigo así». No es poca cosa el halago, viniendo de alguien que aseguraba que después de haber leído el Quijote en inglés, el original en castellano le pareció «una mala traducción», y que cuando le preguntaron por *Cien años de soledad*, dijo que a la novela de Gabriel García Márquez «le sobran cuarenta y seis años».

Lo que no le gustaba mucho a Ángel era ir a la playa y menos aún ponerse el bañador que le habían comprado Conchita y Chus Visor; pero yo usaba todas las artimañas habidas y por haber para convencerle, la peor de todas ellas explicarle que de ningún modo pensaba dejarle solo y entonces, si él no se animaba, la niña tendría que quedarse sin su mañana de olas y castillos de arena. La primera vez que bajamos se sentó en una tumbona, con aspecto de marciano recién salido de su platillo volante, y empezaron a llegar mis inigualables vecinas, todas ellas aficionadas a la cerveza y a su poesía. «Don Ángel, ¿una manzanilla?», le decía Karmela. «Tómese una gambita de Huelva, maestro», la secundaba Maite. Al rato, él estaba tan en la gloria que, echándome una de aquellas miradas suyas por encima de las gafas, me dijo, con una copa en la mano derecha y un langostino de Sanlúcar de Barrameda en la otra: «Benja, esto no es una playa, ¡esto es el Palace!».

En una ocasión, Ángel, Joaquín y yo nos acercamos en mi coche a un bar del embarcadero, a beber algo y fumar unos cigarrillos antes de ir, una vez más, a compartir mesa y mantel con Luis y Almudena, que iba a cocinar mi menú favorito entre todos los que ella preparaba: *vitello tonnato*, carne de ternera cortada en filetes muy finos y cubierta con lo que ella y yo llamábamos «mayonesa con aes»; es decir, con atún, alcaparras y anchoas. Siempre que iba de viaje a Italia —y en esos años estuve muy a menudo en Roma y, sobre todo, en el triángulo que forman Módena, Bolonia y Rávena, donde me fascinaba visitar la tumba de Dante en la Basílica de San Francesco—, buscaba un restaurante donde sirvieran ese plato, lo pedía y en cuanto tenía ocasión la llamaba para decirle la pura verdad: que el suyo era infinitamente mejor.

Pero volvamos a los tres amigos a quienes esa noche ella esperaba para cenar, y a su pequeña excursión. Sentados a la orilla del océano Atlántico y viendo cabecear en el muelle los mástiles de los barcos, pasamos un rato delicioso que había que interrumpir por no llegar tarde a la cita. Y ahí empezó el problema, causado por mi falta de sentido de la orientación, tan agudo que fui capaz de extraviarme hasta allí en Rota, donde paso cada verano desde hace media vida.

Cuando llegó la hora de partir, nos acomodamos los tres en el coche, yo al volante, Ángel en el asiento de copiloto, con su eterno cigarrillo entre los dedos, y Joaquín atrás, con el vaso de güisqui a medio consumir que se lleva de todos los bares; subimos una cuesta, pasamos bajo el faro antiguo de la ciudad y junto a la taberna irlandesa O'Grady's, con sus puertas verdes de madera, giramos por una o dos calles y... aparecimos delante del mismo sitio.

—Oye, Benja, esto es otra vez el O'Grady's —dijo Joaquín—. ¡No me digas que te vas a perder a cien metros de tu casa!

—No, hombre, no, qué perderse ni qué niño muerto... Es que doblé en la esquina mala, pero ya estamos orientados, ¿lo ves? Sólo era torcer por aquí en lugar de por allí y asunto resuelto.

Pero el caso fue que, por alguna razón inexplicable, ahí estaba de nuevo el O'Grady's.

—No me lo puedo creer... ¡Socorro, este tío nos ha secuestrado! —gritaba Sabina, con medio cuerpo asomado por la ventanilla. González fumaba y callaba.

—¡No me pongas nervioso, hombre, que además es peor! Un fallo lo tiene cualquiera —me defendí—. Pero ya está, todo solucionado, damos la vuelta a esta plaza, tiro bajo ese arco...

... Y ahí estaba otra vez el O'Grady's. Joaquín siguió lanzando imprecaciones, mientras Ángel se sonreía con risa de conejo. Me armé de paciencia, volví a empezar desde el principio, regresé hasta el muelle, me metí por una rotonda y, como ya se imaginarán, aparecimos, dónde si no, en el mismo bar de las otras cuatro ocasiones, mientras Joaquín pedía un taxi a gritos.

Y entonces, Ángel, que no había abierto la boca hasta ese momento, me puso la mano conciliadora en el hombro y dijo: «Escúchame, Benja, ¿qué te parece si me dejas aquí para que me tome una copa y me recoges dentro de un par de vueltas?».

Tocado y hundido.

La muerte nos lo quitó en 2008, antes de que llegase su hora y por la espalda: al menos yo lo sentí de ese modo. Es verdad que había vuelto a sentirse indispuesto y hubo que llevarlo al hospital, pero no en peor estado que otras veces: yo lo había hecho ya tres o cuatro, algunas en ambulancia, y cuando tenía alguna crisis lo acompañaba a los médicos —su broma para eso era decir que me portaba con él «como un padre», cosa difícil, ya que me sacaba treinta y siete años—. En una de esas ocasiones, me había contado que tenía algunos problemas en los ojos y me ofrecí inmediatamente a llamar a un especialista de su seguro para concertar una cita. Busqué oftalmólogos cercanos a su casa, llamé al que consideré mejor y aunque una recepcionista me explicó que tenían una considerable lista de espera, insistí en que se trataba de una persona mayor y, por lo tanto, de un asunto urgente. También deslicé que era una eminencia, un famoso escritor de los que se estudian en los colegios y académico de la RAE. Me hicieron un hueco.

El día señalado, Ángel entró a la consulta explicando, como siempre, que en realidad él residía en los Estados Unidos y sólo quería una valoración inicial de lo que pudiera tener, dado que tendría que tratarse allí, a su regreso a Albuquerque (Nuevo México). El doctor le invitó a tomar asiento y le preguntó qué síntomas tenía.

—Pues mire —empezó—, de un tiempo a esta parte tengo problemas con la visión periférica, es como si todo estuviera borroso al mirar de lado.

—Continúe, por favor —dijo el médico.

—Además, siento una cierta sensación de mareo al bajar los ojos.

—Así que tiene vértigos... Prosiga.

—Pues el caso es que también veo una especie de nieve negra al cerrar los ojos, como unos copos algodonosos que caen y caen, muy despacio.

En ese instante, el doctor le mandó callar con un gesto de las manos.

—Oiga —dijo—, pero ¿a usted le pasa algo en la próstata?

—¿En la próstata? Que yo sepa, nada en absoluto. ¿Por qué me lo pregunta?

—¡Hombre, pues porque yo soy urólogo!

Salimos de allí en silencio. Le pregunté al maestro si estaba enfadado. Su respuesta fue la de un señor como Dios manda:

—No te preocupes, Benja, un fallo de apreciación lo tiene cualquiera. Tomemos algo y lo olvidamos todo.

—Gracias, Ángel —dije, conmovido por comprensión y su bondad machadiana. Pero, naturalmente, él no había acabado.

—Eso sí —añadió, a modo de descabello—, dado que donde pone «urólogo» tu ves «oftalmólogo», mejor el próximo día soy yo el que te lleva a ti a que te revisen las gafas.

Aquel fatídico enero de 2008 se sintió mal y en Urgencias, dado su historial clínico, decidieron por prudencia dejarlo en observación. Yo tenía un viaje programado al día siguiente, iba a Rota a pasar unos días, con una amiga. Pero fui a verlo a la habitación donde lo habían ingresado y lo encontré bien, tanto que cuando le dije que, por supuesto, suspendía mis pequeñas vacaciones, le pareció ridículo.

—¡Pero si estoy perfectamente! Mañana, si no hoy mismo, van a darme el alta. No te preocupes por nada, ve a la playa y nos vemos en cuatro días. Lo único que te pediría es que me traigas algún libro: no tengo nada que leer.

Bajé al coche, le subí lo que llevaba, que era una antología de poemas míos recién publicada en Perú, más por dejársela dedicada que para que perdiese el tiempo con ella, y un par de novelas que había apartado para llevarme a Cádiz. Se las di, esperé a que tomase la cena y nos despedimos con dos besos, como siempre.

A la mañana siguiente, por si acaso, volví a parar en el hospital, antes de meterme en carretera. Me estuvo comentando alguna cosa de los libros y volvió a asegurarme que se sentiría estupendamente si no fuera por el hecho de no poder fumar. Esa tarde irían a verlo Joaquín, Chus y Luis, según me habían avisado. Y su esposa también estaba a punto de llegar. Me fui más tranquilo. En tres días volveríamos a encontrarnos en la Kontiki, la cafetería y restaurante que había al lado de su casa.

El trayecto de Madrid a Rota es largo, casi setecientos kilómetros, y casi todos ellos fui hablando de él, de nuestras aventuras juntos con los amigos de tantos años, de un viaje memorable a Estados Unidos en el que todos lo pasamos de maravilla y pudimos comprobar que era cierto el escaso dominio del inglés del que siempre alardeaba —según él, allí con solo tres expresiones podías entenderte sin ningún problema con todo el mundo: «oh, my god», «are you joking?» y «I can't believe you»— o de la vez que fuimos juntos a leer poemas a Córdoba, en el año 2006, y coincidimos en el escenario con el poeta canadiense Mark Strand, que primero nos deslumbró con sus versos y luego nos enamoró con su conversación, que extendimos hasta la madrugada. Antes de irme a dormir, se me ocurrió pasarme por la cafetería y fue una buena idea, porque tuve el placer de desayunar con Mahmud Darwish, un escritor y héroe de Palestina al que siempre he leído con admiración. Me pareció un hombre tímido, que se transformaba en sus recitales, como pude comprobar en aquella lujosa edición del festival Cosmopoética, en el que, según él recuerda en su libro *La huella de la mariposa*, todo el mundo le hablaba «del pasado de los árabes y del futuro de la poesía» y donde también participaba, por cierto, un premio Nobel que, como veremos, pronto iba a jugarme una mala pasada: el caribeño Derek Walcott, que al parecer le había hecho la noche previa dos preguntas correlativas que lo dejaron atónito: «¿Cuándo lees un poema antiguo te acuerdas de qué versos eran tuyos y cuáles eran robados? Y otra cosa: entonces, ¿Jerusalén es vuestra o de ellos?».

Pero dos años más tarde, en enero de 2008, el viaje a Rota durante el cual rememoraba esas anécdotas terminó de la peor manera posible: nada más llegar a mi casa de la playa sonó el teléfono y Chus Visor me dio la mala noticia: Ángel acababa de morir. El mazazo fue tremendo, peor aún por lo inesperado. Nadie podíamos creerlo. Su propia viuda contó a la prensa que horas antes estaban haciendo planes para un viaje. La incredulidad y el dolor compartieron la reunión de todos los amigos en el tanatorio. Yo nunca entro a ver a un muerto: vi a mi padre y tardé muchos años en borrar de mi cabeza esa imagen, no conseguía recordarle vivo. Al pasar por la sala donde estaba, me fijé en Joaquín, que en ese momento estaba allí solo, de espaldas a la puerta, sentado frente al cristal tras el que lo exhibían y lloraba inconsolablemente. Era raro que nos hubiera sorprendido tanto la desaparición de alguien con una salud tan frágil, pero en circunstancias traumáticas la razón y los sentimientos no suelen correr paralelos. El entierro, que se celebró en Oviedo, fue tristísimo. En el cementerio de San Salvador se leyó una carta que el maestro había dejado para su mujer y le dimos el último adiós los de siempre y algún amigo menos habitual pero sí de muchos años, como Alfredo Bryce Echenique. Luego, subimos los más íntimos a una pequeña colina donde a él le gustaba ir con Susana y recoger algunas flores silvestres para ella. Todos queríamos cuidarla, pero al desaparecer su marido la relación se volvió distante, enrarecida, nos acusó de habérselo robado, de conspirar en su contra... Un final desagradable y el último que él habría querido. Tiempo después, una tarde en que yo presentaba uno de mis libros, la vi aparecer entre el público y me temí lo peor, dado que ya conocía sus acusaciones contra otros miembros del grupo y también estaba al tanto de su mal genio, en primer lugar porque Ángel y yo hablábamos mucho y de todo en nuestras cenas juntos y, en segundo, porque había oído muchas de las reprimendas telefónicas que le hacía cuando él estaba en Madrid y ella en Albuquerque, dado que Ángel solía soltar el aparato y dejarlo boca arriba mientras le lanzaba con cajas destempladas la retahíla habitual de quejas, lamentos y reproches, para encenderse tranquilamente un cigarrillo.

Así que aquella tarde, al acabar mi acto literario, creo recordar que celebrado en el marco de la Feria del Libro de Madrid y en la biblioteca que hay dentro del Retiro, intenté poner pies en polvorosa e irme a tomar algo con algunos de mis acompañantes, pero con poca fortuna: nada más entrar al local, Susana, que me había seguido, vino hacia mí al grito de «¡aquí está la mujer invisible!», y se puso a lanzar improperios y maldiciones que yo, por respeto a la memoria de Ángel y a lo que siempre la quiso, aguanté sin rechistar, como quien soporta con estoicismo una tormenta eléctrica, con sus rayos, sus truenos y su diluvio. Los presentes, que eran tres directores de cine con los que había quedado, estaban atónitos. A los pocos días, Chus Visor, al que alguien le había ido con el cuento, me preguntó, muy intrigado.

—Pero ¿qué pasó?

—Nada que me apetezca repetir.

—¿Y qué te dijo?

—Pues mira, ya te lo puedes suponer: barbaridades, insultos... Mejor no darle más vueltas.

—Venga, hombre, no te hagas el misterioso. ¿Qué insultos?

—Ni te imaginas: ladrones de cadáveres, viudos suplentes, oportunistas, cabrones desgraciados, hijos de puta...

—¿Contra quién iba?

—Con más inquina, contra Luis, y luego nos daba cera a Joaquín y a mí, en nuestro caso por haber escrito entre los dos la letra de la canción «Menos dos alas», según ella para aprovecharnos del nombre de su marido. Ya sabes: «González era un Ángel menos dos alas, / González era un santo por lo civil...».

—¿Y de mí qué dijo?

—Nada, a ti no te mencionó.

—¡Esa tía no tiene ni idea! —dijo, con cara y tono de gran disgusto, sintiéndose, al parecer, intolerablemente ninguneado.

Por cierto, hablando de ninguneos resulta doloroso el que se le hizo al pobre Bryce Echenique, que acaba de morir en marzo de 2026. No sé quién o quiénes; no sé si fue un castigo o un olvido; no sé por qué ni con qué criterios, pero con él ha sido terriblemente duro e injusto eso que llamamos el mundo literario, que no le dio ni de lejos lo que se merecía, le ha tratado con una condescendencia dolorosa, le ha hurtado los premios que le hubiesen hecho justicia a su talento, entre ellos el Cervantes, que nunca llegó a concedérsele pese a ser autor de al menos tres novelas magistrales, *Un mundo para Julius*, *La vida exagerada de Martín Romaña* y *El hombre que hablaba de Octavia de Cádiz* y de unas memorias cuyo primer tomo, *Permiso para vivir*, es magnífico. Puestos a maltratarlo, con él se llegó a la ignominia de concederle el Juan Rulfo y luego no llevar a cabo una ceremonia de entrega en la Feria del Libro de Guadalajara, todo a causa de una rocambolesca historia, el plagio demostrado que hizo de algunos artículos de prensa, sin duda para dejar clara la ferocidad con la que le había abandonado la inspiración: es cierto, desde *La última mudanza de Felipe Carrillo*, de 1988, se le había apagado la luz, y recuerdo lo mal que lo pasamos once años más tarde Almudena Grandes y yo cuando nos tocó presentarle en la Casa de América de Madrid *La amigdalitis de Tarzán*: ¿pero cómo vamos a salir de esta? Sin embargo, lo mejor de su obra es inolvidable, con su mezcla perfecta de humor y melancolía, su lenguaje aromático, su buena mano para definir el exilio, el abandono, la bohemia, la lucha por la supervivencia, los amores laberínticos, los ríos profundos del alcohol, el sentimiento de desarraigo y de pérdida... Un maestro.

En persona, Alfredo era dos seres opuestos: el señor ceremonioso y más bien aburrido de antes de las copas y el trueno de después, el que hacía imitaciones del cubano Bola de Nieve tocando un piano invisible sobre la mesa o contaba mil anécdotas disparatadas —impagable aquella según la cual una madrugada se encontró sentada en el salón de su vivienda a la cantante Massiel, que no sabía cómo había llegado allí pero, ya que estaba, le quiso comprar la casa—; que nos confesaba entre la pena y la ironía sus continuos dramas amorosos, más bien tragicomedias que siempre acababan igual, con sus maletas en la calle; o que rememoraba experiencias aleccionadoras padecidas o disfrutadas con diferentes colegas, Julio Cortázar, Augusto Roa Bastos, Julio Ramón Ribeyro o Mario Vargas Llosa, de quien sostenía que le tenía celos porque una vez, estando los dos en una corrida de toros, el geniazo de *La ciudad y los perros* se empezó a incorporar en el palco de la plaza al ver que se aproximaba a ellos el matador... que en realidad no iba a brindarle su faena a él sino a su compañero. Cosas del Bryce, resumíamos los amigos que le queríamos, porque esas personas que era, la triste y la alegre, eran ambas igual de cariñosas y dulces: qué bien lo hemos pasado en su compañía Chus y Conchita Visor, su paisana Jimena coronado y Joaquín Sabina, Ángel González, Pepa y Pepe Caballero Bonald, Almudena Grandes y Luis García Montero...

¿Por qué a un escritor de su calibre se le ha despreciado, al menos desde lo institucional? Es verdad que tuvo algunos reconocimientos comerciales, incluido el Planeta, por *El huerto de mi amada*, pero no el aval de los galardones oficiales, que en el momento en que ya deberían de haber sido suyos fueron a parar a otras y otros de menos calibre y relevancia, al menos en mi opinión. ¿Se le castigó por aquel episodio absurdo de los artículos robados? ¿Por su afición a la bebida? ¿Por su carácter irreverente? ¿Fue un ajuste de cuentas moral, entonces? Imagino que esas preguntas quedarán sin respuesta. Por suerte, las pueden contestar sus tres novelas fantásticas, que sobrevivirán a cualquier intento de borrar a su creador del mapa. Leerlas será reparar este atropello.

El trabajo en *Diario 16* se llevaba la mitad de mi vida, pero me daba a cambio muchas satisfacciones. Una de ellas fue propiciar mi primer viaje a Londres, donde me envió el periódico para hacerle una entrevista al poeta Stephen Spender, que acababa de publicar en España la novela autobiográfica *El templo*. Para mí era tan importante esa experiencia que ahora, al ir a ver los libros que me dedicó esa tarde —16 de marzo de 1989, como confirma la letra temblorosa del autor, que acababa de cumplir los ochenta— y que eran la traducción española de aquella obra en prosa y una antología de poemas publicada en España por Visor, me encuentro entre sus páginas con la tarjeta de embarque al avión, que guardé a modo de reliquia.

Aquella oportunidad, que habla bien, por extensión, de unos tiempos en los que la prensa gozaba de cierta salud económica y además tenía suficiente interés en la cultura seria como para hacer posible la visita a Spender, llegó en el momento justo en que yo estaba fascinado por otra de mis grandes fuentes de inspiración: la poesía inglesa, a cuyos pies había caído rendido tras leer a Sylvia Plath, T. S. Eliot y, sobre todo, W. H. Auden, tras cuya pista me había puesto Jaime Gil de Biedma, recomendándome encarecidamente no sólo su poesía sino también su ensayo *La mano del teñidor*. Desde el mismo instante en que puse los ojos en él, se convirtió en uno de esos maestros cuya foto enmarcada jamás ha faltado en mi despacho. Una imagen, por cierto, que compré en aquel viaje en una librería de la cadena Waterstone's, cuyos establecimientos son para mí una segunda casa.

Spender seguía residiendo en la misma vivienda donde de joven iba casi todas las tardes Auden, a veces el novelista Christopher Isherwood, en alguna ocasión T. S. Eliot, lo que me dio la impresión de haber entrado en un santuario. Los muebles, de hecho, parecían objetos de museo. La ropa de andar por casa con que me recibieron él y su esposa me hizo sentirme cómodo también a mí. El té que me ofreció ella me supo a obra de teatro. Y la conversación del dueño de la casa era fascinante, con sus anécdotas sobre todos los citados, también acerca de sus encuentros con Virginia Woolf, Pablo Neruda o, en clave española, sus experiencias durante el tiempo que estuvo, igual que Auden y Orwell, en nuestra Guerra Civil, su amistad con Concha Méndez y Manuel Altolaguirre en Madrid, el congreso donde saludó a Antonio Machado y a Miguel Hernández... Lo conté casi todo en un poema de *El corazón azul*

del alumbrado: «[...] Y por supuesto, llueve / desesperada-
mente / el río es triste, / las embarcaciones / brillan entre
una niebla de H. G. Wells / y todo / intenta hacerte ver
que el mundo no ha cambiado / y se mantiene / como lo
conocimos en los tiempos de Dickens. // El Támesis / arras-
tra una ciudad de oro / al final de la tarde, / y todavía /
resplandece en las torres lo que Milton llamaba, // más o menos, // la púrpura soberbia del poniente, / cuando llegamos a su casa. / Stephen / Spender hablará de su amistad
con Eliot / —«un hombre encantador»— Wystan Hugh
Auden, / Yeats —a quien trató poco— y contará / una visita a Pound, junto al poeta / Robert Lowell, en Washington D. C. / Me hablará de mis héroes / como si los hubiera
arrancado de un libro / y estuviesen a punto de cruzar el
jardín [...]».

Por supuesto, me dedique a ir de librería en librería
buscando como quien junta las partes de un tesoro perdido
las obras completas de autores que en nuestro país aún no
estaban, por entonces, traducidos sino parcialmente. Me
llevé, pagando el sobrepeso apocalíptico de mi equipaje
a precio de oro, una maleta entera llena de volúmenes de
Faber & Faber, la editorial que dirigió Eliot y donde, más
adelante, a mí me editarían algunas novelas que, además, fui a presentar al propio Londres, a Manchester,
Leeds o Edimburgo. En una de esas aventuras, encontré y
compré la primera edición de *Spain*, de Auden, y en otra
una carta manuscrita de John Gawsworth —uno de los
monarcas del reino mítico de Redonda— que le regalé a
Javier Marías. En nuestra siguiente cena, me correspondió
generosamente con una primera edición de *Tarántula*, de
Bob Dylan.

El trabajo en el periódico, sin embargo, era abruma-
dor; las crisis sucesivas, el aumento de los precios del papel, el descenso de la publicidad o la competencia que se
multiplicaba con la aparición de nuevos medios iban
anunciando con señales inequívocas la llegada de proble-

mas y el fin de los buenos tiempos, así que la plantilla se reducía y los que quedábamos al pie del cañón no dábamos abasto: en lo que a mí se refiere, llegó un momento en que era triple jefe de sección en el suplemento literario y en las áreas de Cultura y Espectáculos, aparte de escribir una columna diaria y echar una mano en Opinión con los editoriales. Entraba en la redacción hacia las diez de la mañana y muchas veces salía a la una de la madrugada. Que lograse acabar *Cobijo contra la tormenta* y escribiese de forma paralela y casi por encargo mi primera novela, *Raro*, fue poco menos que milagroso. Sobre todo porque diferentes factores, de los que hablaremos más adelante, habían ido minando la solvencia del Grupo 16 y no era necesario ser adivino para ver que allí empezaban a pintar bastos y que todos sus empleados éramos la tripulación de un barco que se hundía. Con un hijo de cinco años y siendo mi sueldo el único que entraba en casa, el horizonte se estaba poniendo oscuro.

Y entonces se produjo una combinación de golpes de suerte: que ganara el Hiperión, que el editor Enrique Murillo entrase en mi despacho de *Diario 16* para ofrecerme un contrato y que me llamasen de *El País*. Las nubes negras pasaron de largo y volvió a hacerse la luz. No puedo negarlo: he caído de pie.

El periodista

Estamos ahora mismo en diciembre de 2024 y me siento a continuar este relato al llegar a casa desde el Palacio de la Moncloa. He ido allí, como otros años, para tomar un cóctel de Navidad con el presidente del Gobierno, sus ministros y algunos compañeros de la prensa. En esta cita anual se reúne la flor y nata del gremio de la información, se montan los famosos corrillos alrededor de los políticos, en busca de un titular o una anécdota que repetir después en los mentideros; se charla con más ánimo según pasan las bandejas con copas de vino y cerveza —que tienen mucha más demanda que las de los aperitivos y canapés—; en las conversaciones imperan la sorna y el cinismo de guante blanco y uno se ríe de buena gana con los colegas durante tres horas. A una parte de los asistentes la conozco desde hace décadas, algunos son muy amigos; otros no tanto, pero sí personas con las que a lo largo del tiempo he coincidido aquí o allá y con las que en ocasiones he trabajado, hecho viajes y compartido plató, redacción o micrófono. Con esos bromeas, te pones al día y pasas un buen rato y con los que no te suenan, no tienes relación o no eres capaz de ubicar, finges, pones cara de circunstancias o te haces el mundano. Y en medio de la fiesta, a mí hay un momento en que suele venírseme irremediablemente a la cabeza la famosa pregunta: ¿cómo es que yo también estoy en este salón, si por aquí no se ve a ningún otro poeta invitado?

Al periodismo también llegué por puro azar, no niego que sazonado con unas dosis de atrevimiento y sentido de la oportunidad. No sé por qué vía, porque yo entonces era un absoluto desconocido que sólo había publicado, hacía dos años y sin gran repercusión, el humilde *Un caso sencillo*, alguien le dio mi teléfono al subdirector de *Diario 16* encargado de la sección de Cultura y una tarde del mes de octubre de 1986 recibí su llamada. Me preguntó si era tan amigo de Alberti como le habían contado y, en caso afirmativo, si le haría una entrevista para ellos que, por supuesto, saldría en un lugar destacado y con una llamada en la portada de las que se reservan para las noticias importantes. Y me pagarían más o menos bien. La propuesta me sonó a música celestial.

A Rafael no le gustaban las interviús, como él las llamaba siempre, y desconfiaba por norma de los reporteros, convencido de que iban a hacerle preguntas incómodas de carácter político, sentimental o familiar. Pero, naturalmente, a mí no iba a decirme que no, aunque mientras le grababa fue otra persona y estuvo a la defensiva. Pero a la vez que aceptaba el cuestionario a regañadientes, se alegraba por mí al notarme tan entusiasmado con la posibilidad de ver mi firma en un medio importante que, en aquel momento, me parecía el no va más. Pero uno encima de echado para delante es inconformista y mientras hacía lo que me habían pedido se me ocurrieron dos cosas que iban a cambiarme la vida: pedir que me dejaran ir a escribirlo en la redacción y llevar una lista de otras posibles colaboraciones. Lo segundo salió a pedir de boca: para mi sorpresa, me las compraron todas. En cuanto a lo primero, mientras redactaba el texto, en el que hablábamos de su obra dramática, noté que alguien se acercaba, se detenía a mi espalda y leía por encima de mi hombro: era el director. «Ese titular no vale, hay que cambiarlo», dijo, al ver el que yo había puesto, que era algo similar a: «Rafael Alberti: "Mi poesía ha devorado mi teatro"». Me giré y me atreví a preguntar: «¿Por qué?». Ni se dignó a mirarme. «No tiene fuerza, le falta gancho —dijo—. Mejor pon: "Sigo teniendo la fe del carbonero"». ¿Le había oído bien? «Pero él no ha declarado eso», repliqué, sorprendido hasta más allá de la perplejidad. «Pues se lo añades —dijo sin inmutarse—, y si quieres hacer carrera en este oficio, ya sabes: nunca permitas que la realidad estropee una buena noticia». La primera, en la frente.

Los artículos que les había ofrecido, entre ellos una conversación con Gerardo Diego y otra con Dámaso Alonso, aparecieron en las páginas de Cultura y Espectáculos y me proporcionaron cierta reputación, aunque sólo fuese de puertas adentro, así que pronto fueron encargándome más cosas y contando conmigo para el día a día de la sección. Ruedas de prensa, recitales, actos de promoción literaria... De repente, sin comerlo ni beberlo, ahí estaba yo, caído de no se sabe qué planeta. Al hacerme visible empezaron a llamarme también de otros medios como *La Voz de Galicia*, *Ya* —que me hizo especial ilusión porque era el que leía cada mañana mi abuela Ramona— y diferentes revistas de aquella época: *El Urogallo, Nefelibata, Ínsula, Cuadernos Hispanoamericanos...*

Unos meses después, ya metidos en 1987, recibí otra llamada importante, esta vez del poeta José Miguel Ullán, y de nuevo Alberti estaba de por medio: la esperada segunda parte de sus memorias, *La arboleda perdida*, que yo le había ayudado a completar, detectando repeticiones en sus capítulos publicados por entregas, haciéndole notar datos e historias que se habían quedado en el tintero, sugiriéndole que hiciera unos textos de enlace que cohesionaran las entregas aparecidas en *El País* y pasando el original a máquina, estaba a punto de aparecer y lo que se me ofreció fue coordinar un número completo del suplemento literario dedicado a él. Tendría libertad absoluta para elaborarlo. Me puse a la tarea, llamé a amigos y especialistas en su obra, pedí ilustraciones a Tàpies, Saura, Manuel Rivera, José Caballero... Y me quedé allí nueve años, primero en calidad de autónomo y después en plantilla.

Diario 16 era una jaula de grillos, anárquico, diferente, a menudo caótico y siempre especial; tenía a grandes profesionales que en muchos casos hicieron una larga y exitosa carrera, y también una galería de excéntricos inolvidable: su director era todopoderoso, sus subordinados le tenían un pánico tan grande que no se atrevían ni a hablar en su presencia y a su paso se declaraba el silencio como cuando la profesora camina entre los pupitres de la escuela. Entre las historias que se contaban de él, mi favorita era la del chófer al que parece que ni dirigía la palabra, excepto si era para quejarse del tráfico o de la ruta elegida; el resto del tiempo lo ignoraba hasta el punto de que una vez en que sufrieron un pinchazo en un neumático el jefe ni se inmutó, siguió leyendo la prensa sin salir del coche, mientras el conductor pensaba. «Al menos podría cambiarse de asiento, que está sentado justo sobre la rueda averiada y así me cuesta el triple darle vueltas al gato». Pues bien, resulta que en una ocasión estaban a mitad de un desplazamiento por carretera, porque le llevaba a dar una charla a una universidad, cuando se detuvo a repostar. Tras poner el combustible, regresó a su puesto tras el volante y reanudó el viaje sin decir una palabra ni atreverse a mirar siquiera a su pasajero. Y todo iba como una seda hasta que sonó el teléfono con el que iba equipado el vehículo y una secretaria le preguntó qué tal con el director. «Pues mira» —respondió en un susurro—, debe de ir tumbado ahí detrás y se habrá quedado dormido, porque no le veo por el retrovisor». «Conque no, ¿eh? ¿Puedes aparcar un momento y echarle un vistazo?». Y entonces el pobre desdichado pisó el freno, se giró un segundo y gritó la frase que lo perseguiría por toda la eternidad: «¡Me cago en mi puta vida! ¡El pájaro ha volado!». Y así era, no estaba: se lo había dejado en la gasolinera, donde su jefe había ido al baño mientras él pagaba en caja.

Aquel hombre, Pedro J. Ramírez, desde luego era temido por muchos; alardeaba de derribar ministros con un editorial, mantenía una polémica ininterrumpida con el presidente del Gobierno; su línea editorial conseguía que el periódico le echara un pulso, con su estilo descarado, a rotativos más poderosos y trabajaba tan obsesivamente que la leyenda decía que era él quien abría la puerta de la sede cada mañana y el que apagaba la luz al final de la jornada. Acabó siendo despedido por el propietario, del que se vengó a lo grande fundando otra cabecera, *El Mundo*, que le comió la tostada a *Diario 16*, de donde se llevó a la mitad del personal y el ochenta por ciento de los lectores. Pero había sembrado vientos y cosechó tempestades: algunos poderes económicos y políticos a los que había desafiado le fueron acorralando, otros que le financiaban bajo cuerda le dieron la espalda, le cerraron los grifos del crédito, y terminó cesado por segunda vez y siendo víctima de un chantaje célebre que consistió en la difusión de un vídeo íntimo suyo que estuvo en boca de todo el mundo e hizo correr ríos de tinta, pero que yo me negué taxativamente a ver, por mucho que me lo ofrecieran. A mí nunca me trató mal, tengo que decirlo porque es lo justo, y hasta me demostraba cierta simpatía, quizá porque cuando iba a su despacho era para hablarle de los temas que yo manejaba, literatura, cine o música, y eso le apartaba durante unos minutos de la actualidad pura y dura. Mi teoría es que me gané su respeto una tarde en la que al enseñarle la maqueta de *Culturas* se quedó mirando el artículo que abría ese número y exclamó: «¿Otra vez Octavio Paz?». Mi respuesta tuvo la arrogancia de un chaval de veinticinco años: «¿Pero tú sabes lo que me cuesta a mí que alguien como él escriba en un sitio como este y no en *El País* o *ABC*?». Me observó parapetado tras un gesto muy suyo, con cada dedo de una mano apoyado en el correspondiente de la otra, formando un triángulo cuyo vértice superior se apoyaba en la boca, y asintió con la cabeza.

Sin embargo, el tira y afloja continuo entre él y Ullán era tremendo. No podía echarlo a la calle porque José Miguel era el protegido y hombre de confianza del dueño, Juan Tomás de Salas, así que se dedicaba a mandarle hacer cambios estéticos en el suplemento, para incomodarlo. Hasta que yo llegué, la pareja de Ullán —fotógrafo y coordinador de *Culturas*, un tipo simpático que jugaba a hacerse el duro, por el que el poeta cambió su vida de forma radical, pues cuando lo conoció era un hombre casado y con dos hijas— era quien se encargaba de mostrarle la maqueta de cada número a Pedrojota y quien luego subía a contarle al autor de *Manchas nombradas*, *Soldadesca* o *De un caminante enfermo que se enamoró donde fue hospedado* las imposiciones y provocaciones del director. Ullán lanzaba maldiciones, quejas y amenazas de dimisión y el otro, que era un tipo burlón, generalmente encantador, pero también de enfado fácil y genio vivo, respondía: «¡Pepe, coño, pues a tomar por saco, vuelvo a su despacho, lo dejo tetrapléjico de dos hostias y nos vamos a casa!».

Por lo demás, la fauna de *Diario 16* era variada y exótica. Uno de los subdirectores era un tipo básico e irónico que caminaba con andares de vaquero de película, que al hablar acentuaba su lado rústico y que una tarde estaba al mando del cierre, en la sala de reuniones, cuando aparecí yo clamando que parasen las máquinas porque acababa de morir en Madrid ni más ni menos que el pintor Francis Bacon y, en consecuencia, necesitaba que me diera, por lo menos, tres páginas más de Cultura y Espectáculos en las que organizar una necrológica por todo lo alto. Aquel hombre imperturbable me miró de arriba abajo, con una media sonrisa en la cara, y dictó su sentencia: «Pues vas a tener que hacerlo en una columna. No hay más. Y si se ha muerto el beicon, mañana todos los desayunos a media asta».

Había también un par de bebedores entrañables; al primero, que disfrutó de sus diez minutos de fama al enfrentarse a los guardias civiles que el día del intento de golpe de Estado del 23-F trataban de secuestrar el periódico a punta de pistola, le cubríamos ante los jefes cuando se le iba la mano con las copas, lo metíamos en un taxi que lo llevara a casa y hacíamos su trabajo para que no le descubrieran; al segundo, que estaba en el turno de noche y siempre con una botella de güisqui en el cajón de su mesa, de la que con el pasar de las horas solía dar buena cuenta, una vez le llevaron un teletipo de la agencia Europa Press que informaba de la muerte de un alpinista en el Naranjo de Bulnes. «Bueno, un escalador fallecido» —dijo, quitándole importancia a la cosa— es una desgracia, pero tampoco lo veo como para levantar ahora de urgencia nada de lo que llevamos». Sin embargo, en ese momento le entregaron otros dos recortes de las agencias Colpisa y EFE con la misma noticia, y ahí ya no le quedó más remedio que ponerse manos a la obra: «¡Coño, esto sí que hay que darlo, que ya van tres montañeros muertos en el Naranjo de Bulnes!».

Estamos hablando de una época en la que la que al menos *Diario 16* aún se elaboraba a mano, de forma prácticamente artesanal. El proceso era el siguiente: organizabas la sección y decidías el espacio destinado a cada artículo; ibas al departamento de diseño para que te dibujasen con regla y cartabón la página; mecanografiabas tu artículo o lo hacían las secretarias en el caso de las firmas invitadas, en un teclado eléctrico que todavía no era un ordenador y ateniéndote al número de líneas aproximado que te habían dicho; lo mandabas a imprimir; bajabas a los talleres, donde lo recogías en unas tiras adhesivas que luego llevabas a una de las mesas de delineante donde el trabajador que te asignaba el jefe de turno a cargo de ese negociado las cortaba con una cuchilla y las iba pegando en la hoja correspondiente. Uno de los responsables de aquel proceso se había negado en redondo a utilizar otra cosa que no fuera la cuerda que siempre llevaba en el bolsillo, con la que medía el texto para sentenciar, con una exactitud sorprendente: «Te van a sobrar diez o doce líneas». Y ahí ya entraba en juego tu capacidad negociadora para lograr que te quitasen un subtítulo, se acortara una entradilla, se redujese una fotografía o se suprimieran dos o tres sumarios y de esa forma no hubiese que cortar un original de Mario Vargas Llosa, María Zambrano, Carmen Martín Gaite o Miguel Delibes, que tanto me costaba que nos enviaran. Los montadores fingían no poderse saltar el reglamento y tener que limitarse a hacer lo que les mandaba la plantilla que tenían delante, pero a base de mano izquierda e invitaciones más o menos voluntarias a tabaco y cerveza —luego ambas cosas fueron prohibidas y se retiraron las máquinas expendedoras— yo acostumbraba a salirme con la mía. Lo cierto es que me llevaba bien con esos compañeros, les regalaba libros continuamente y sacaba la cara por ellos cuando alguno de sus superiores con maneras de capataz de plantación les faltaba al respeto. Por cierto, que uno de esos jefes, un hombre en este caso amable y que siempre daba la impresión de verse superado por los acontecimientos, que físicamente era poco agraciado, muy bajito, con ojos como de pez y gafas de miope pequeñas pero armadas con cristales de gran calibre, una tarde le echó un vistazo a dos grandes retratos de Marilyn Monroe a cuatro columnas que sacábamos con motivo de la aparición de las memorias de quien fue su esposo, el dramaturgo Arthur Miller, y tras mirar cinco segundos mal contados las imágenes de la actriz, que no hay que explicar que eran arrebatadoras, dijo, curvando la boca y negando despectivamente con la cabeza: «A mí es que este tipo de mujer no me dice nada». Queda confirmado: tiene que haber de todo en el mundo. Por cierto, que la publicación de esa autobiografía, que yo había leído en inglés y que estaba a punto de publicarse en España con el título de *Vueltas al tiempo*, me permitió estrecharle la mano al dramaturgo norteamericano en un hotel de la capital, donde había viajado con el fin de promocionar el libro. Para alguien como yo que empezó en este negocio soñando con dedicarse a la poesía y al teatro, a imitación de mis héroes Alberti y Lorca, pero cuyos modelos principales eran Tennessee Williams, Eugene O'Neill y el creador de *Muerte de un viajante* o *Panorama desde un puente*, estar hablando en persona con este último fue una experiencia que, de nuevo, me pareció increíble. Pero disimulé lo mejor que pude la impresión que me causaba aquel hombre alto, de voz un poco afónica, sonrisa ladeada de tímido y una mirada entre opaca y burlona, al que había leído con devoción. Para romper el hielo e identificarme, le entregué el ejemplar de *Diario 16* donde se le rendía homenaje y charlamos unos minutos de lo primero que se me ocurrió, que fue de Pablo Neruda, al hilo de unas fotos que recordaba de ellos dos juntos en Nueva York, y de Carlos Fuentes, al que él conocía y con quien yo tenía bastante contacto, entre otras cosas porque cuando andaba por Madrid le llevaba, siempre que me lo pedían él o su mujer, Silvia Lemus, a visitar a Alberti, que al verlo entrar con su aspecto siempre impecable, exclamaba: «Yo nunca he visto un escritor tan elegante como tú!». Y el autor de *La muerte de Artemio Cruz* enrojecía. Por cierto, que mi relación con él se la ocultaba bajo siete llaves a Octavio Paz desde el día que, estando en su casa de México, se me escapó comentarle que acababa de leer una novela de su compatriota, creo que era *La campaña*, lo cual provocó un silencio sepulcral, un rayo de ira helada en sus temibles ojos azules, y que me lanzara una frase de tono sibilino: «Ah, ¿sí? Y no me diga que le gustó».

A Octavio lo admiraba ilimitadamente, como poeta y ensayista, lo primero desde *Piedra de sol* hasta *Árbol adentro*, lo segundo en todos y cada uno de sus textos en prosa, aunque si tuviese que llevarme uno a una isla desierta sería *El arco y la lira*, que está entre mis obras innegociables, algo que creo que queda claro en mi libro *Siete maneras de decir manzana*. En España y en México, el autor de *El mono gramático* arrastraba una leyenda de hombre vanidoso y taimado, amigo del poder, mal enemigo de sus rivales y cuyos dos grandes placeres eran ser adulado y el dinero.

Yo suelo decir que él y Gil de Biedma son los dos seres más inteligentes que he conocido, aunque uno fuese más solemne y el otro más diletante. Un día, estando con Jaime en uno de los bares de ambiente a los que solía llevarme en Barcelona, le comenté una entrevista reciente que le había hecho a Paz, en la que declaraba, con el tono sentencioso que le servía a menudo para coronar sus frases: «El poema hermético proclama la grandeza de la poesía y la miseria de la historia». A lo que el autor de *Las personas del verbo* respondió, a bote pronto: «Sí, bueno, ¿y por qué no la grandeza de la poesía y la miseria del waterpolo, por ejemplo?».

A Octavio, con quien siempre mantuve el tratamiento de usted, igual que con Ayala, lo llamaba a menudo y desde *Diario 16* a su casa de México, donde él mismo respondía al teléfono la mayor parte de las veces. Le gustaba que le contase rumores, polémicas y cotilleos del mundo literario, que yo seleccionaba entre las anécdotas más divertidas y, sobre todo, entre las más malvadas, para hacerle reír unos minutos. Es curioso que lo primero que me preguntaran tanto él como Marsé, cada vez que los veía o hablaba con ellos —en el caso del autor de *Últimas tardes con Teresa* todas las semanas— fuera exactamente lo mismo: «¿Y qué se cuenta por Madrid?». En sus diarios, *Notas para unas memorias que nunca escribiré*, aparecidos de manera póstuma, Juan habla con cariño de mí —y de muy poca gente más, por cierto, hay que ver lo que suelta por esa boca, porque no deja títere con cabeza— y me atribuye, el muy falso, transmitirle «cosas muy graciosas sobre amigos y enemigos, es muy cotilla, me cae muy bien». Yo echo muchísimo de menos a ese cascarrabias sentimental, tanto como intento explicar en el poema sobre él que hay en *La edad de los fantasmas*; y mi admiración por él es tal, que le puse a la protagonista de mi novela *Mala gente que camina* el nombre de Dolores Serma, es decir, el apellido del maestro con las letras desordenadas.

En el caso de Octavio Paz, a cambio de la antología de chismes con que le entretenía, le sacaba algún artículo para el suplemento, que era una de mis ocupaciones favoritas y no constituía, ni por asomo, una tarea fácil, dado que otros medios, como *El País* o *ABC,* contaban con más medios y pagaban mejor. Pero yo tiraba de malas y buenas artes, buscaba hasta debajo de las piedras y de vez en cuando obtenía una buena recompensa a mis muchas horas de conversaciones y negociaciones. Entre mis hazañas, haber conseguido que Gabriel García Márquez me autorizara a publicar unos poemas inéditos —hasta donde yo sé, los únicos que escribió en su vida— que había perpetrado para acompañar unos cuadros de frutas del pintor Roberto Matta, que era quien me había puesto sobre la pista; lograr que Miguel Delibes nos mandase algún texto o convencer al propio Jaime, que llevaba siglos en el dique seco, y a Claudio Rodríguez para que participaran con un par de originales, breves pero valiosos, en unas páginas dedicadas a Lord Byron.

Dirán de él lo que quieran y unas veces será cierto y otras no, pero en lo que a mí se refiere Octavio Paz era un hombre recto y amable. Puedo contar algunos ejemplos. El primero tiene como punto de partida, una vez más, a Rafael Alberti. Los dos colosos se habían conocido durante un viaje del español a México en 1935, donde tras escuchar recitar a un grupo de poetas sociales, camaradas suyos, y al autor de *Libertad bajo palabra*, a este lo llevó aparte y le dijo, según ha confesado el propio interesado: ««En lo que escribes hay una búsqueda de lenguaje, y por eso tus poemas, en el fondo, son más revolucionarios que los de ellos. Tú te propones explorar un territorio desconocido —tu propia intimidad— y no pasearte por parajes públicos en donde no hay nada que descubrir».

Tras aquel primer contacto, habían vuelto a encontrarse en la Alianza de Escritores Antifascistas, en Madrid, tras el levantamiento militar, y Rafael tenía muy buenos recuerdos tanto de su colega como de su primera esposa, la interesantísima narradora Elena Garro. Pero después la política los había distanciado: la caída del caballo del comunismo por parte de Paz, su enfrentamiento a cara descubierta con la Cuba de Fidel Castro y su acercamiento a posiciones conservadoras despertaban la antipatía del gaditano, que por añadidura tampoco era partidario del nuevo estilo del otro, al que respetaba como «un teórico sin duda inteligente y un hombre muy culto» pero al que también solía enmarcar en la categoría de «poetas a propósito», de esos «a los que se les ven los andamios» y que, según él, formaban parte de una tendencia reaccionaria en lo ideológico y artificial en lo literario a la que se refería como «la paz octaviana».

La animadversión literaria, sin embargo, no era mutua, porque siempre que yo trataba de ejercer de mediador entre ambos, recordándole a cada uno, por supuesto que con una dosis de exageración por mi parte, lo que el otro alababa de él, Paz señalaba la admiración que siempre tuvo por obras de Alberti como *Cal y canto*, de la que se sabía de memoria largos fragmentos y que consideraba ni más ni menos que una de las razones que habían impulsado su propia vocación. Como relataría más adelante, esas páginas le hicieron «aprender a beber la luz, pensar con la piel, ver con la yema de los dedos». Sin embargo, por mucho que yo tratase de amistarlos haciendo de correveidile entre ellos, repartiendo zalamerías a domicilio y haciéndoles llegar parabienes —reales o inventados— de la otra parte, al final Octavio solía responder: «Sí, bueno, pero es que su amigo me tiene mucha rabia, yo lo sé bien, hay gente que me lo cuenta».

A Rafael le hacía llegar los elogios de Paz, a los que era sensible, porque esas cosas le hacían mucha ilusión. Lo que le hubiera gustado saber que, según se supo tras su muerte, en la biblioteca personal de Marilyn Monroe había una traducción al inglés de su *Sobre los ángeles*, a juzgar por lo que ocurrió en una ocasión en que lo fui a ver tras entrevistar para el periódico al catedrático Carlos Bousoño por su nuevo libro de poemas: Alberti estuvo ironizando sobre él, llamándole cosas terribles como «perro faldero de Vicente Aleixandre» y diciendo que «a sus versos se les ven las costuras» hasta que le conté que el ilustre profesor tenía una serigrafía suya a la entrada de su casa, en un lugar de honor, ante lo cual cambió de tono y de cara en tres segundos y dijo: «¡Claro que como ensayista es realmente magnífico!».

Cuando en 1990 Alberti volvió a México, Octavio me preguntó si le agradaría o incomodaría que escribiera un saludo para él y lo presentara en el acto que iba a llevarse a cabo, pero me rogó que no se lo contara: quería mi opinión, no mi intermediación. Le dije que estaba completamente seguro de que a Rafael le sorprendería, pero también le gustaría. Paz hizo un texto maravilloso donde acababa ofreciéndole «una pluma azul y verde de colibrí, el pájaro que bebe la sangre del sol, para que la deje caer, como una semilla, en la tierra de Cádiz. Se convertirá en un árbol y a su sombra conversarán los poetas de América y de España». Yo publiqué ese artículo en *Culturas*, ilustrado con el dibujo que hizo el ilustrador Tino Gatagán a partir de una fotografía en la que se ve a Octavio en el momento de dirigirse a Rafael y pedirle permiso, según él mismo me contó a su regreso, para leer aquellas líneas de homenaje; aunque luego he visto, para mi sorpresa, que según las crónicas quien se lo leyó al público fue Carlos Fuentes. ¿Por qué? ¿Ya se habían reconciliado? En la red se encuentra un retrato de Paz y Alberti sentados juntos, que no es el mismo que me mandó a mí nuestro corresponsal, pero que sí demuestra que el autor de *Ladera este* no fue allí, dejó su manuscrito y se marchó. No sé qué ocurriría, sí que me envió el texto, que apareció en *Culturas*... y luego en otros medios de España y América, donde lo volvió a publicar y, sin duda, a cobrar. Le gustaba el dinero y siempre que viajaba a Madrid e iba a verlo al hotel Palace me recibía con un abrazo cálido y una frase fría: «Yo creo que ustedes me deben algunas colaboraciones». Y yo le entregaba un cheque a su nombre que me costaba Dios y ayuda que me dieran en el periódico, por el importe que en ese momento se le adeudara, cosa que no era sencilla: el novelista Ignacio Martínez de Pisón cuenta en sus memorias, *Ropa de casa*, lo difícil que era que *Diario 16* te pagara si no insistías, algo importante porque, como yo le expliqué en su momento, cuando llegabas a jefe de sección o redactor jefe te pasaban una circular interna en la que se te daban unas instrucciones o protocolo que constaban de dos apartados. Punto número uno: para abonar un trabajo es imprescindible conocer el nombre y los dos apellidos de quien lo firma, su nacionalidad, su dirección postal y fiscal, su número de documento de identidad y el de su cuenta bancaria, de la cual deberá acreditarse la titularidad, además de sendos certificados de encontrarse al corriente de sus obligaciones con Hacienda y la Seguridad Social. Y punto número dos: se evitará en la medida de lo posible conocer en su totalidad los susodichos datos.

Una de las veces que Octavio fue a Madrid, le llevé unas preguntas por escrito, para que me las contestara y publicarlas cuando saliese su próximo libro, un ensayo titulado *La otra voz* que iba a aparecer en cinco o seis semanas —en septiembre de 1990, un mes antes de que le diesen el Nobel—, pero del que yo, con su permiso y el de la editorial Seix Barral, había leído las galeradas. Eran unas cuestiones teóricas sobre la poesía, que le agradaron. «La entrevista es excelente —me dijo—, pero no me gustaría responderla a la ligera. Si me lo permite, me la llevo y se la enviaré mañana mismo desde Londres». Me pareció bien, no había demasiada prisa. Pasaron unos días y, efectivamente, me llegó un sobre con lo prometido. Sus contestaciones eran magníficas, una auténtica clase de literatura y una exhibición de sus conocimientos, que no parecían tener fondo ni límites porque era un intelectual cuya curiosidad no se saciaba con los años: lo recuerdo una tarde, en los cursos de verano de la Universidad Complutense, sentados en la terraza del hotel Felipe II, de El Escorial, dándome una lección sobre el rocanrol de los años sesenta, cuando le mencioné mi militancia en Bob Dylan, y entrando en disquisiciones sobre la raíz común de los Beatles y los Rolling Stones, la canción protesta, el movimiento jipi y la contracultura. Por cierto, que en ese mismo lugar yo me llevaría un gran disgusto y él me daría una alegría cuando se me ocurrió organizar un encuentro de tres premios Nobel: él mismo, el ruso nacionalizado estadounidense Joseph Brodsky, a quien el propio Octavio me había presentado en Madrid, y Derek Walcott. Iba a ser un éxito, las solicitudes de inscripción de los alumnos eran masivas y enorme el interés de los medios. Pero casi todo salió mal: a las puertas de la inauguración, Brodsky cayó gravemente enfermo y su mujer me confirmó telefónicamente la imposibilidad de que se recuperara a tiempo para hacer el viaje; y el autor de *Omeros* empezó a darme largas, hasta que por fin me contó la verdad: lo había llamado Paul Simon, toda una estrella mundial, para hacer un disco juntos en esas mismas fechas. Le expliqué que no podía faltar, que había mucha gente matriculada, se había anunciado su presencia a bombo y platillo, la expectación era grande... No sirvió de nada. Cuando me dijo que, eso sí, unos días más tarde, pasaría por Alcalá de Henares, para otra actividad, le propuse un recurso desesperado con el que intentar salvar los muebles y no irme por completo de vacío: mantener con él una larga charla, grabarla en vídeo y proyectarla en el aula de El Escorial el día anunciado para su intervención. «Bueno, de acuerdo —me dijo—. Dígales que les cobraré tres mil dólares por eso». Y así fue y así se hizo. Muchos años después, cuando coincidimos en Granada, donde ambos participábamos en el Festival Internacional de Poesía y en un homenaje a las víctimas de la Guerra Civil en los barrancos de Víznar, le recordé esa historia y él aseguró no acordarse, pero que le parecía muy raro haber hecho algo así. En la foto que se difundió de ese día se me ve muy serio a su lado: como para no estarlo. Su poesía, eso sí, continúa gustándome mucho. Si cuento todo eso es porque Octavio tuvo conmigo un detalle inolvidable: ir a ese curso. Cuando le llamé a México para contarle lo que pasaba, al principio se molestó; me dijo que, en ese caso, él tampoco iría a Madrid, que la actividad quedaría muy deslucida con tantas bajas y él desairado... Le insistí lo que pude, sin quererlo incomodar, le hice ver hasta qué punto me dejaba en mal lugar aquel fracaso... pero no hubo manera y, en el fondo, yo le comprendía. Sin embargo, media hora más tarde me llamó él mismo para decirme que, en realidad, era evidente que yo no tenía ninguna culpa del desastre y que, en consecuencia, él sí cumpliría con su compromiso. Hablé de nuevo con Fanny Rubio, que aún era la responsable de aquellas actividades, y ésta, siempre resolutiva, tuvo otro buen detalle: lo que se ahorraba con la incomparecencia de Brodsky se le daría al autor de *El laberinto de la soledad*, que de ese modo iba a ganar el doble. Justicia poética y todos contentos. Lo que no me había contado Paz era que a los pocos días tenía programada una operación quirúrgica cardiovascular, y cuando lo supe, le agradecí aún más su gesto.

Pero volvamos a las preguntas que el maestro se llevó a Londres, porque iba a ocurrir algo con ellas que volvería a dejar claro a mis ojos la clase de persona que él era. Unas semanas después de habérselas dado llegó a mi mesa el último número de la revista *Vuelta*, fundada por él en 1976, un año después de haber regresado a México desde la India y tras dimitir como embajador en aquel país, en protesta por la matanza de Tlatelolco. Era una publicación muy respetada, que pronto, en 1993, sería galardonada con el Premio Príncipe de Asturias de Comunicación y Humanidades, y donde se podía encontrar la firma de algunos de los intelectuales más prestigiosos del territorio de La Mancha, como denominó Carlos Fuentes el ámbito de nuestro idioma. Pues bien, en esa entrega que llegó a mis manos estaba incluida mi entrevista, que por lo que se ve, y eso era un motivo de orgullo para mí, él tenía ganas de ver impresa; pero el texto salió con un error inexplicable: firmado por otra persona, el escritor y periodista César Antonio Molina, superior mío en *Diario 16* y futuro ministro de Cultura. Mi disgusto fue grande, pero me lo guardé para mí, sin atreverme a expresar queja alguna a Octavio. ¿Cómo decirle a alguien con envergadura de sabio que se había equivocado? ¿Qué explicaciones le iba a pedir? Y además, no habría sido él, por supuesto, sino alguien de la redacción. Traté de quitarle importancia y seguí adelante.

Sin embargo, el tiempo pasó y la amistad se fue agrandando. Las conversaciones telefónicas a México se hicieron más cómplices y las visitas, cuando el maestro iba a Madrid, más desinhibidas. Las dedicatorias en sus libros pasaron del «cordialmente» al «poeta y amigo» y las bromas ya se tomaban ciertas confianzas. Una tarde en que lo había acompañado a cenar a casa del embajador de México le dejé entrever, por fin, lo que había ocurrido con la famosa entrevista. Pareció consternado, hasta el punto de que le consolé yo a él: había sido un simple descuido, alguien en *Vuelta* se confundió sin quererlo. «Pero no —repetía Paz—, le hemos ninguneado su trabajo, aunque fuera sin mala intención, y eso no está bien». Le pedí que lo olvidase y estuve seguro de que así sería: un hombre con sus continuos viajes y sus muchas obligaciones no iba a perder el tiempo con semejante nimiedad.

Pero él no echó en saco roto aquel incidente y tuvo para mí una *llama doble*, por definirlo con el título de un ensayo aparecido en 1993 por el que yo le haría otra entrevista para *Diario 16*. Cuando le concedieron el Premio Nobel de Literatura, en 1990, fui a México a preparar un número de *Culturas* con material recogido allí entre sus amistades; entre otras cosas, visité a los pintores Vicente Rojo y José Luis Cuevas para que me dieran ilustraciones y conseguí en España colaboraciones, si no recuerdo mal, de Alberti y Rosa Chacel, entre otros. Pese a estar desbordado con los preparativos de la ceremonia de Estocolmo y haber comunicado a quien le reclamase para cualquier actividad que no haría nada hasta regresar de Suecia, Octavio me contestó algunas preguntas que le dejé por escrito en su casa y abrimos nuestro homenaje con sus respuestas y con una fotografía también comprada en el D. F. que tuvo que retocarse en el estudio de su autora: al gran jefe de la cultura del país no le gustaban los retratos donde aparecía con papada, y nadie quería disgustarle ni osaba contradecirle. A mí, realmente, me sorprendían su fama de cacique todopoderoso y las leyendas que hablaban de su naturaleza vengativa, porque conmigo siempre fue afectuoso y ejerció su magisterio con cierto exhibicionismo, pero sin la más mínima prepotencia. Y oírle era una delicia. En un poema de mi libro *Iceberg* quise poner a salvo alguna de las sentencias con las que me fascinaba y representar aquel placer de dioses que era escuchar sus consejos y recibir sus lecciones: «[...] En México encontrabas / poemas / que sabían / volverse hacia el lector / igual que girasoles / y andar sobre el lenguaje como un lobo en la nieve. // Todas las huellas iban a Octavio Paz y él no era / sólo una estatua —bronce que camina al pasado—, / sino una luz azul, / un río que guiaba la luna entre los árboles, / debajo de los puentes en llamas de la Historia. // —*Aquí murió Cernuda; aquí vivieron / Altolaguirre y Concha Méndez. Aquella casa / fue la de Emilio Prados. Busque a León Felipe / dentro del bosque de Chapultepec.* // Los fantasmas cruzaban el Callejón del Diablo, / San Ángel, Coyoacán, la Calzada del Hueso, / el Lago de la Muerte... y Octavio Paz hablaba / igual que si bebiera / de sí mismo, / su imagen en el agua, su voz como un imán: / ... *la furia es el origen de la filosofía...* / ... *piense igual que si hubiera otros dentro de usted...* / ... *las guerras no se ganan disparando a las lápidas...* / ... *cualquier virtud es siempre una exageración...* [...]».

Su primera obra tras el Nobel fue otro ensayo, *Convergencias*, editado en noviembre de 1991 y que reunía prosas críticas sobre Valery Larbaud, Luis Cernuda, Vicente Huidobro y Fernando Pessoa, André Breton o Jorge Luis Borges. En cuanto me llegó un ejemplar comencé a leerlo, por gusto, seguro de que iba a deslumbrarme una vez más, como de hecho ocurrió desde las primeras líneas con su teoría de la «intersección de los tiempos» y su diagnóstico de que una nueva poesía comenzaba por entonces, «no en el centro publicitario de la actualidad, sino en las afueras, en esa zona de silencio que es también la tierra de germinación de las ideas», donde «la vanguardia se convierte en tradición, es decir, en punto de partida». Lo devoré lleno de admiración mientras tomaba notas, con el cometido de reseñarlo en el suplemento. Y mi sorpresa fue mayúscula cuando al volver la página ciento treinta y siete me encontré un último apartado con el epígrafe «conversaciones con Benjamín Prado». Sentí un impacto tremendo y lloré de pura gratitud, porque sabía que Octavio lo había hecho, sobre todo, para resarcirme del asunto de *Vuelta*. Lo llamé en cuanto la diferencia horaria lo permitió. No estaba en México, pero me informaron de cuándo regresaba y entonces volví a telefonearlo, para darle las gracias. «No tiene que agradecerme nada —dijo—, era lo justo y, además las preguntas, ya se lo dije cuando me las dio en Madrid, eran excelentes y muy adecuadas para cerrar esta obra. Si por añadidura eso le hace feliz, pues lo celebro de verdad». Creo que la anécdota explica qué clase de persona era el autor de *Salamandra*. Paz murió en Ciudad de México el 19 de abril de 1998, un año y medio antes que Rafael Alberti. Sin ellos dos, mi mundo empezó a ser peor.

Efectivamente, *Diario 16* empezó a hacer aguas con la salida a los quioscos de *El Mundo*. Al principio, el nuevo director, Justino Sinova, y su equipo se tomaban a broma la nueva cabecera de Pedro J. Ramírez, entre otras cosas porque nuestro periódico iba bien, las ventas mejor que nunca debido al éxito de algunas de las ediciones locales que se lanzaron para ampliar su radio de influencia y tras el espaldarazo comercial que significó repartir los fines de semana fascículos coleccionables con los que se formaban sucesivas enciclopedias, un reclamo que atrajo a numerosos lectores. Y mira que la cosa había comenzado mal, porque el despido fulminante del director llevó aparejada la ruptura traumática de los dos hermanos que comandaban el Grupo 16: Juan Tomás de Salas, que era su cara visible, y Alfonso, al que, según se contaba, siempre había cuidado el propietario, para atender los ruegos en ese sentido de su familia, que le conminaba a no dejar a su suerte al menor y supuestamente más débil de los hijos. Al parecer, el primogénito no sólo colocó en la empresa al otro, que hasta llegar a la cuarentena se había desempeñado en otros oficios que nada tenían que ver con los medios de comunicación, sino que en su cumpleaños solía obsequiarle con acciones de la empresa, las mismas que utilizaría contra él en el futuro. Se comentaba que la separación fue tan irreversible que en el funeral de la madre de ambos se formaron dos filas para darle el pésame a uno u otro según se tratase de empleados propios o de la competencia.

Justino Sinova era un profesor universitario amable, de ideas conservadoras y que trataba con respeto a sus subordinados. Se había curtido en numerosos medios escritos y radios, nunca dejó de dar sus clases ni de publicar diversos ensayos históricos y políticos en los que expresaba sus puntos de vista desde el ángulo de la derecha moderada y era cuidadoso con la cultura, de manera que nos llevábamos bien y yo creo que hizo un *Diario 16* sensato en reglas generales que, además, logró buenos resultados con sus nuevos tomos por entregas de la historia de la Transición y la del franquismo. No duró mucho en el puesto, sin embargo, y tras su salida las cosas fueron de mal en peor. Los problemas se acentuaban, la guerra contra *El Mundo* se perdía batalla a batalla. Tras una serie de vaivenes, la dirección le fue entregada a José Luis Gutiérrez, un tipo peculiar hasta la caricatura, simpático con trampa, que aparentaba unas maneras de hombre de campo venido a más que nunca me creí del todo y que tenía el carácter desconfiado de los resentidos. Su primera medida cuando lo ascendieron fue prohibirnos que siguiéramos llamándole Guti para llamarle «director o, como mucho, José Luis, que hay que guardar las formas». Pero al día siguiente se cruzó por los pasillos con una redactora jefa de Economía muy guapa, que poco después presentaría el informativo de una cadena de televisión privada, y le gritó, con tono de cavernícola: «¡Carmencita, como te pille, te voy a petrolear los bajos!». Las secretarias de redacción y yo, que estábamos presentes en la escena del crimen, nos quedamos de piedra.

Aquel hombre excesivo, del que los más veteranos contaban que en una ocasión saludó a un compañero golpeándole campechanamente en la nuca con tal ímpetu que lo mandó al hospital con mareos y nauseas, tenía una obsesión tan aguda contra el entonces presidente del Gobierno socialista, Felipe González, que llevaba años sacando cada día prácticamente la misma columna, en la que lo acusaba de todo lo divino y lo humano con tanta perseverancia e inquina que cuando se celebró en Madrid una exitosa Conferencia de Paz para Oriente Medio que fue, como es lógico, una noticia de impacto mundial, hizo que le tradujeran su diatriba habitual al inglés y así apareció en las páginas de *Diario 16*, supongo que con la aspiración por su parte de que los delegados de los países reunidos la pudieran leer y de ese modo dejar en evidencia al político. Lo más curioso era que cuando entrabas en su despacho lo que te encontrabas en sus paredes eran once o doce fotos suyas con el mismo Felipe González en el Congreso de los Diputados, en un mitin, inmortalizados mientras los dos reían con ganas, él con un magnetofón en la mano, u otra tomada en Moscú donde aparecía junto al líder de la izquierda y su mano derecha y vicepresidente, Alfonso Guerra, ambos cubiertos con gorros de soldado ruso. Se rumoreaba que su inquina, expresada con rotundidad en su libro *La ambición del César*, escrito al alimón con el sociólogo Armando de Miguel, era debida al hecho de no haber sido nombrado ministro, como él anhelaba. Víctima de sus propias inseguridades, Gutiérrez pasó de no dejar títere con cabeza a no dar pie con bola. Su *Diario 16* se transformó en una publicación caótica, sin orden ni concierto debido a sus ocurrencias, y su paranoia, que le hacía sentirse continuamente en peligro de ser traicionado y víctima de conspiraciones sin fin, le hizo rodearse de los más incapaces, aquellos que no le hicieran sombra. A mí, al poco de salir mi primera novela, *Raro*, y de obtener con ella bastante repercusión, me hizo llamar a su despacho, donde siempre se oía música clásica y alguna vez me puso una grabación donde se escuchaba aullar a los lobos de las montañas de las que era originario, y me dijo: «¡Benjamín, Benjamín! ¿Eh? ¡Que te veo por todas partes, joder!». «Bueno —respondí—, pero eso es bueno para *Diario 16*, tener gente que suene». Me miró contrariado, luego sonrió de manera tensa e incongruente y se puso a teclear con furia de remachador en su computadora. «Pues ándate con pies de plomo —concluyó, tras una pausa intimidadora y haciéndome un gesto de que podía marcharme—, que aquí la primera regla es que no se puede ser más famoso que el director».

Entre unas cosas y otras, la empresa se iba a pique, las ventas se desplomaron, la publicidad y los suscriptores se iban a *El Mundo*... Hubo asambleas, huelgas, un despido masivo de trabajadores de todos los departamentos que dejó la plantilla en los huesos. El día que se supo quiénes eran despedidos y quiénes no, algo que se hizo de la manera más cruel, con la sede rodeada de guardias de seguridad y sabiendo cada uno a qué bando pertenecía según si su tarjeta de acceso todavía funcionaba o ya no, recuerdo haber llorado al ver desde las ventanas del archivo a las compañeras y compañeros que se habían quedado en la calle y protestaban ya inútilmente, junto a una hoguera hecha en un bidón, porque hacía frío. Siempre que leo las cifras del paro, los veo a ellos y para mí esas cantidades son más que un número y un tanto por ciento. A la hora de salir, nos indicaron que debíamos hacerlo en furgones de la Policía Nacional, para evitar altercados, pero yo me negué en redondo: no tenía nada que temer de las personas que estaban allí congregadas, los que me daban miedo eran los jefes que los habían echado.

Para entonces, en cualquier caso, yo hacía tiempo que no estaba a gusto allí. Los recursos humanos y materiales a mi disposición no permitían hacer un buen producto, la gente con la que trabajaba en Cultura y Espectáculos no era de mi agrado y a alguno le tuve que parar los pies en más de una ocasión por la forma en que trataba a nuestros redactores; así que dije «basta», me lie la manta a la cabeza y pedí el traslado a Opinión, donde ya publicaba un artículo diario y a partir de entonces me dediqué a pedir otros y a corregir los editoriales, que a veces, viniendo de donde venían, rozaban el delirio. Pero el malestar no era un problema sólo mío, ni mucho menos: la alegría se había perdido y el ambiente general era tan lúgubre que me acordé de lo que decían los visitantes que durante la posguerra iban a la tertulia que se celebraba cada tarde en el domicilio de Pío Baroja: que siempre parecía una casa de la que se acababa de sacar a un muerto.

¿Y qué ocurrió justo entonces? Pues que volví a tener un golpe de suerte. Enrique Murillo, el editor de Plaza & Janés que había publicado *Raro* y ya tenía contratada mi segunda novela, *Nunca le des la mano a un pistolero zurdo*, les había hablado de mí al director de *El País*, Jesús Ceberio, y a su antecesor en el cargo y después adjunto suyo, Joaquín Estefanía, y los dos le dijeron que seguían con interés mis columnas y que les gustaría que las escribiese para ellos. Ni corto ni perezoso y sin encomendarse ni a Dios ni al diablo, Murillo, otro de esos ángeles guardianes que la vida ha puesto en mi camino, les contó que yo también soñaba con ese cambio de aires y concertó una cita para mí, asegurándoles que no faltaría. Por supuesto, no lo hice y pronto empezaría una larga carrera en el periódico en aquellos momentos todopoderoso del Grupo Prisa.

En aquel *Diario 16* a la deriva y ya al borde de la bancarrota recibieron con alivio mi decisión de acogerme al nuevo expediente de regulación de empleo que tenían en marcha, porque su máxima y en realidad única aspiración era soltar lastre y aligerar la nómina. Y en *El País* me recibieron con los brazos abiertos. Desde el principio, en Joaquín Estefanía, que estaba al cargo de Opinión, encontré complicidad y a un interlocutor delicioso que siempre trataba de hablar de literatura, mientras yo lo hacía de economía, que era su campo. A mí me encantaban sus ensayos y sus artículos, y cuando años después publiqué la novela *Ajuste de cuentas*, la tercera de la serie del profesor Juan Urbano, en la que retrataba la España de la corrupción financiera y política de los años noventa del siglo xx, tomando como ejemplo y vértice de la historia el saqueo y derrumbe de Banesto, le pediría que leyese el manuscrito, para enmendar posibles errores, y que me la presentara en Madrid, en la librería Rafael Alberti, donde he puesto de largo casi todos mis libros.

En *El País* me encargaron una columna semanal para el cuadernillo de información local y me ofrecieron sacarme una o dos tribunas mensuales en Opinión, lo cual ya eran palabras mayores porque ahí escribían los más grandes; y también me animaron a que colaborase en otras secciones. Lo haría, porque el sueldo fijo que acababa de perder al irme de *Diario 16* me obligaba a escribir más y sobre más cosas, así que pronto, y con el tiempo en casi mil artículos, mi firma comenzó a verse cada siete días en el cuadernillo de Madrid, y continuamente a nivel nacional en Cultura, en el suplemento *El Espectador*, en las páginas de Sociedad, las de Televisión —donde tras la muerte del crítico de teatro Eduardo Haro Tecglen, que sacaba allí un texto diario, me ofrecieron ocupar su plaza, cosa que rechacé— y las del dominical. Lo mismo me mandaban a Barcelona a un concierto de U2 —donde fui acompañado por una amiga poeta y de minifalda vertiginosa que a la mañana siguiente llevé conmigo de visita a comer a la casa de Cadaqués de Joaquina y Juan Marsé, con lo que para él su esposa y yo nos volvimos invisibles— que a la Costa Brava a una concentración de coleccionistas de autocaravanas Volkswagen o a comentar ciertos encuentros de la Liga o la Copa de Europa para Deportes, aprovechando mi doble militancia como hincha del Athletic de Bilbao y el Real Madrid. Recuerdo haberlo pasado muy bien haciendo crónicas de los partidos de la selección española en un campeonato mundial y en algún europeo, aunque eso me granjease de inmediato las burlas del maestro Ángel González, que se reía de mi «patriotismo de balón y silbato», como él lo definía. No me extrañó lo más mínimo: años antes, una de tantas veces en las que fui a encontrarme con él en el bar de al lado de su casa y lo encontré mirando, como solía, algún encuentro más bien anodino de la Liga, le pregunté. «Oye, ¿y a ti por qué te gusta tanto el fútbol y sin embargo no eres, que yo sepa, de ningún equipo, ni siquiera del Oviedo?». Me miró por encima de las gafas y esbozó aquella sonrisa de conejo de la que habla en uno de sus poemas y que le iluminaba la cara: «Te equivocas —respondió—, claro que tengo un equipo: el que juegue contra España». Herencias de la época franquista, que hizo a tanta gente avergonzarse de su país. Ya saben lo que decía el dramaturgo Enrique Jardiel Poncela: la dictadura es un sistema de gobierno en el que lo que no está prohibido es obligatorio.

Después de tocar a la vez tantos palos y de disfrutar con gusto de esa variedad, lo más valioso que me dejaron mis veintitrés años en *El País* fue una idea: la de inventar a mi personaje Juan Urbano, que saltó del periódico a la literatura en *Mala gente que camina* y luego protagonizaría una larga serie de novelas. Su razón de ser es que estaba atravesando una etapa difícil en lo personal, con una ruptura difícil a un lado y la ilusión de un nuevo comienzo al otro, aunque este tampoco fuera sencillo: a partir de cierta edad, es raro que se construya nada sin antes romper otra cosa. Y lo que se derrumba hace ruido y causa heridas. El día en que la travesía llegó a su fin y el misterio pudo ser revelado, la chica que coprotagonizaba ese relato por entregas fue llamada por su nombre en el artículo. Pero el daño hecho se cobraría su venganza con ella y conmigo, haciéndonos despertar del sueño justo cuando había dejado de ser imposible. Parte de esa historia la cuentan los poemas de *Marea humana*. Y la otra mitad, como se verá más adelante, las canciones del disco *Vinagre y rosas*, de mi hermano del alma Joaquín Sabina, que vino a rescatarme de entre las sombras cuando las cañas se tornaron lanzas.

El caso es que mientras cruzaba aquel puente sobre un precipicio que iba del matrimonio que se hundía al romance tempestuoso que se lo llevaba todo por delante, yo sentía, no sé muy bien por qué, la necesidad de dejar testimonio de una aventura que, por el momento, debía ser secreta para no humillar públicamente a nadie. Y así se me ocurrió crear una especie de alter ego en mi columna de Madrid que recorría en pareja la ciudad con mirada de comentarista y ojos de enamorado. El pintor y dibujante argentino Justo Barboza creó una imagen delicadísima de Juan Urbano que ilustraba cada entrega y que, de hecho, es la que yo veo cuando describo al personaje de mi saga. Y así empezó a hacerse realidad aquel ser de ficción al que había bautizado con un nombre que, evidentemente, es un homenaje a Rafael Alberti y a su Juan Panadero, que era el heterónimo que usaba para lo que él llamaba poemas urgentes, es decir, los que recitaba en sus mítines durante la campaña electoral en la que salió elegido diputado por Cádiz. Siempre que pienso en esas coplas, me acuerdo de la misma: «Soy joven, no tengo edad, / pero la edad que no tengo, / la tengo para cantar».

Hay aún mucho que contar de mis, por ahora, cuarenta años en el periodismo y sobre las puertas que me abrió y cerró mi desembarco en la radio, la televisión y, ya con el cambio de siglo, los medios digitales, en todos los casos con la recompensa de haber encontrado allí personas excepcionales, gente que me ha enseñado cosas dignas de no ser ignoradas y, a veces, sobre todo en los debates televisivos, aunque a veces la arena política sea áspera, ha abierto mi mente desde la diferencia ideológica y el debate encendido. Nunca se me va de la cabeza otro de los consejos que me repetía Rafael Alberti: «Niño, tú no seas nunca sectario, que de la gente que no está de acuerdo contigo se pueden aprender cosas que de los otros no». Cuando empecé a frecuentar no ya programas culturales sino tertulias políticas, descubrí lo complicado que iba a ser obedecerle en ciertos casos, sobre todo en una época en que muchos opinan con una bandera en la mano y desde la militancia. La primera vez que me senté a la mesa de debate del espacio *Más vale tarde*, en la cadena La Sexta, una colega famosa por su indisimulado cierre de filas con los eslóganes y consignas de la derecha estaba glorificando a la entonces presidenta de la Comunidad de Madrid —«¡No, no y no! ¡Es totalmente inaceptable criticarla por lo que consideráis sus errores, sin valorar sus méritos, que son muchísimos, ni todo lo que ha hecho por esta región!»—, cuando llegó un corte publicitario y me dijo al oído, en un tono aún más furioso: «Joder, tío, ¡que tenga yo que estar aquí defendiendo a esta hija de puta!». Yo me quedé a cuadros.

Pero antes de seguir, tenemos que retroceder en el tiempo hasta el día en que alguien, como ya he dejado entrever, se presentó en mi despacho de *Diario 16* y me convirtió en novelista.

El novelista

El día en que los miembros de seguridad de *Diario 16* me avisaron de que un hombre llamado Enrique Murillo preguntaba por mí en la entrada, yo no lo conocía mucho, pero sabía quién era y lo que se contaba de él: que se trataba del auténtico responsable de una parte significativa del éxito del sello Anagrama, que todo el mundo atribuía a su dueño, Jorge Herralde. Lo cierto es que este último era, sin duda, un gran editor que pasará a la historia por un catálogo apabullante y por sus relaciones estrechas con sus colegas más célebres, de Roberto Calasso a Feltrinelli, y con novelistas como Claudio Magris, Julian Barnes o Paul Auster; pero también es verdad que un tanto por ciento notable de su éxito se debió al olfato demostrado para detectar antes que nadie a autores anglosajones que lograron grandes éxitos en nuestro país, de Tom Wolfe con *La hoguera de las vanidades* a John Kennedy Toole con *La conjura de los necios*, y que en la lectura de esos originales o en la recomendación de otros de Martin Amis, Sam Shepard o Raymond Carver debió de tener mucho que ver, tal y como se rumoreaba, el propio Murillo, que era quien dominaba el inglés, mientras que lo que hablaba y usaba para su entretenida correspondencia profesional Herralde era el francés. Me reafirmé en esa idea la noche que presenté a Paul Auster en el Círculo de Bellas Artes de Madrid, cuando en la cena íntima posterior pude comprobar el grado elemental con que balbuceaba laboriosamente Herralde el idioma de su invitado.

Mi primer encuentro con Auster, del que había leído con interés ya bastantes libros a esas alturas, se había dado en la Biblioteca Pública de Nueva York y fue propiciado por la narradora Mary Morris. A ella la conocí tras publicar una crítica halagadora de su novela *Amor de madre* y recibir poco tiempo después una carta suya de agradecimiento, diciéndome que le habían enviado mi reseña, que la había entendido perfectamente porque hablaba español tras vivir algunos años en México y que como venía en un par de semanas a pasar unos días a España, con su marido y su hija, le gustaría que nos encontrásemos en Madrid para comer. Les invité a quedarse en mi casa, aceptaron y entablamos una buena amistad. A partir de entonces, cuando ella venía, yo la hospedaba, y cuando era yo quien volaba a Nueva York —donde ella vivía, aunque es de Chicago—, me quedaba en su casa de Brooklyn.

Mary y su marido Larry O'Connor eran gente encantadora, culta, divertida, y ella tenía una relación muy estrecha con artistas a quienes yo admiraba, como su casi hermana Joyce Carol Oates; Russell Banks, mi muy venerado Richard Ford, cuya novela *Incendios* había sido muy importante para mí; el japonés Haruki Murakami, que incluso habla de ella en uno de sus libros; o una futura celebridad con la que me sucedería en cierta ocasión algo mágico, una mañana que había quedado con Mary en el Café Gijón, que quería mostrarles a ella y a Larry igual que les había paseado por otros lugares característicos y con alguna tradición literaria de la ciudad o les había llevado, en sucesivas visitas a nuestro país, a Toledo, Segovia, Ávila, El Escorial o Salamanca.

Cuando llegué al local, la vi acompañada por otra mujer con aire de turista extranjera, ojos fulgurantes y atuendo juvenil pese a su edad, que rondaría los sesenta, a la que, de entrada y aunque su rostro me resultaba vagamente familiar, no le puse nombre. «No sé si conoces a mi compañera Margaret Atwood», dijo entonces Mary Morris, dejándome sin habla. La autora canadiense aún no había alcanzado la fama internacional con su distopía *El cuento de la criada*, no disfrutaba del éxito apoteósico que le granjeó la versión televisiva de esa novela ni en España había ganado aún el Premio Príncipe de Asturias: la razón por la que al saber quién era me quedé perplejo se explicó por sí sola y sin palabras en cuanto abrí mi cartera y saqué el pequeño tomo de la editorial Hiperión que había ido leyendo durante el trayecto en tren desde Las Rozas: era *Juegos de poder*, un libro de poemas suyo. La vida hace con nosotros esos juegos de manos.

La relación de Mary y Larry con Paul Auster y su mujer, la sobresaliente narradora Siri Hustvedt, era la que tienen unos buenos vecinos, ya que sus casas estaban literalmente a dos pasos una de la otra, en la misma calle, y el vínculo se fortalecía por el hecho de que las hijas casi adolescentes de ambos matrimonios eran uña y carne. Me preguntaron si él era conocido en España y le respondí que era casi una celebridad, al menos en el pequeño mundo de los lectores y los suplementos, y que, de hecho, sin ser yo uno de sus incondicionales, sí que había leído con placer varios títulos suyos, algunos de los cuales me habían gustado de verdad, sobre todo *La música del azar*.

Lo conocí el día en que presentó en la Biblioteca Pública de Nueva York sus memorias, que en su traducción española se llamarían *A salto de mata*. Había gente en la amplia sala, pero ni por asomo una multitud, y eso facilitó que al acabar el acto Mary me llevase hasta él y pudiéramos charlar un rato allí mismo y, a continuación, en un café cercano. Fue conmigo distante y amable a un tiempo, lo primero realzado, sin duda, por su condición de estrella, al menos en lo que se refiere a Europa —la formularia dedicatoria que puso en mi ejemplar lo dice todo: «For Benjamin, Paul Auster»—, y lo segundo a partir del instante en que la conversación derivó hacia la poesía, tras contarle yo que había leído recientemente una antología suya y escrito sobre ella en la prensa española. Recuerdo que hablamos entonces con entusiasmo de Auden y que le asombró que yo coleccionara primeras ediciones suyas, casi todas adquiridas en Copenhague, donde viajaba a menudo por razones familiares, o en Londres, y sobre todo que hubiese encontrado el raro cuadernillo *Spain*, escrito durante la Guerra Civil española, donde él vino como brigadista a conducir una ambulancia y que, como ya se ha dicho, también era la envidia de Javier Marías, a quien medio en broma y medio en serio había prometido donársela como herencia en mi testamento.

La pareja formada por Hustvedt y Auster me invitó a cenar al día siguiente en su casa, por supuesto junto con Mary y Larry. Fue una reunión casi familiar, nada ceremoniosa. Y allí volví en otro par de ocasiones a lo largo de los años, la última sin estar él presente, porque justo nos habíamos cruzado por los aires y mientras que yo volaba a Nueva York él lo hacía a Madrid. Estábamos almorzando, en esa ocasión a solas, la dueña de la casa, Mary y yo —las niñas se habían refugiado en su cuarto—, y resultaba que al día siguiente yo tenía que presentar a Auster y su libro *Blue in the Face* en el Círculo de Bellas Artes de Madrid. Siri no daba crédito: «¿Así que sales de aquí esta tarde, dentro de unas horas, llegas a España mañana y te vas desde el aeropuerto a la presentación, con el desfase horario en el cuerpo?». «No es tan malo como parece —le respondí—, me da tiempo a pasar por casa en un taxi, dejar la maleta, ducharme y cambiarme de ropa. Y después de la charla nos invita a cenar Herralde. Es un buen plan».

Siri y su hija Sophie, futura cantante y actriz de cierto éxito, prepararon antes de que me fuese una carta para su esposo y padre, nada del otro mundo, un dibujo y algunas líneas de añoranza doméstica, según me pareció, y me rogaron que se la diera al verlo. Así lo hice, en el propio Círculo de Bellas Artes, poco antes de salir a escena para que se enfrentara a una multitud que lo iba a recibir y a jalear como a una auténtica luminaria con aires de icono pop, a juzgar por la avalancha que se produjo al acabar la entre-

110

vista pública que le hice, una tromba sin orden ni concierto formada por una legión de chicas y chicos que rondarían la treintena y que forcejeaban sin miramientos por conseguir su autógrafo y estrechar su mano. Y ahí, al verlo asediado por la marea humana que lo rodeaba y oírle pedirme auxilio con cara de agobio y ojos implorantes, fue cuando me vengué de él. Donde las dan, las toman. ¿Qué había ocurrido? Pues algo que no me gustó nada: cuando le di la misiva de su mujer y su hija, la miró, sin abrirla, me escrutó a mí con gesto de desconfianza, volvió a observar, incluso al trasluz, el sobre y finalmente me preguntó, muy serio: «Quiero creer que no lo has abierto, fisgado y vuelto a cerrar, ¿verdad?». Negué con vehemencia, como un niño pillado en falta, pero aquel gesto de desconfianza, aún peor justamente por ser tan absurdo, me sentó fatal, como es lógico. Dos horas más tarde, al verle asaltado por la horda de sus seguidores y escucharle decirme: «Oye, ¿puedes por favor poner un poco de orden en esta estampida, pedir que alguien mande hacer una fila, o algo?», le respondí: «Me temo que tendrás que buscarte la vida, amigo: esto es España, somos gente apasionada y, por lo tanto, caótica». Y, sin más, me quité de en medio. El hombre estuvo tres cuartos de hora soportando el peso de la fama. Luego, en la cena, ninguno dijo una palabra sobre el incidente y me agradeció de forma educada mis palabras de presentación y las preguntas que le hice de cara al respetable. Estoy seguro de que se había dado perfecta cuenta de todo y, en cierta medida, firmaba el empate a descortesías entre los dos. Hablamos de cine en general y de las películas de Pedro Almodóvar, con quien al parecer había tenido algún trato, pero me sorprendió, bendita inocencia la mía, que no supiese quién era Luis García Berlanga, ni tampoco gran cosa de Luis Buñuel. He seguido leyendo cada uno de sus libros; nunca dejó de interesarme y le recuerdo con agrado y algo de nostalgia por aquellos tiempos perdidos, ahora que acaba de morir, en abril de este año 2024, a los

111

setenta y siete años de edad, en aquella misma casa de Brooklyn donde tuvo la generosidad de recibirme.

Pero estábamos hablando del momento en que el editor Enrique Murillo entró en mi despacho de *Diario 16* y me dijo que tenía una propuesta que hacerme. «Quiero que escribas una novela para nosotros», dijo. Yo sabía que ese plural se refería al equipo de Plaza & Janés y estaba al tanto de la constelación fulgurante que Murillo había reunido en la colección que allí dirigía, llamada Ave Fénix, porque la recibía en el periódico y la había leído casi entera, dado que su nómina de autores incluía a Juan Marsé, Terenci Moix, Isabel Allende, Adelaida García Morales, el chileno Antonio Skármeta con su gran éxito, *El cartero de Neruda*, o mi amigo Ray Loriga entre los nacionales, mientras que entre los extranjeros destellaban firmas del calibre de una de mis heroínas, Marguerite Duras, el premio Nobel egipcio Naguib Mahfuz, el superventas mundial John le Carré o el norteamericano Barry Gifford, por entonces en el candelero internacional con su novela *La historia de Sailor y Lula*, llevada al cine con gran repercusión por el director entonces de moda, David Lynch, con el título de *Corazón salvaje*.

«Lo cierto es que nunca he pensado ni por asomo en escribir una novela —respondí—, sólo poesía, ensayo y, si fuera capaz, alguna obra de teatro. Ni siquiera creo que sepa escribir prosa narrativa». «Lo haces, y muy bien —insistió él—. Lo que has sacado en *El Europeo* me ha encantado, es distinto y es justo lo que busco». Acabáramos: así que era eso. Le expliqué la verdad: los textos que él había leído en esa revista los hice una madrugada, en media hora, en casa de su director, Borja Casani, que había sido en tiempos el impulsor de *La Luna*, una especie de biblia de la famosa movida madrileña, y que era uno de los tres amigos con los que yo estuve de juerga ininterrumpida durante ocho años en los que nunca dormí más de cinco horas diarias ni me acosté sereno una noche, pero, a cambio, en los seis últimos conseguí publicar seis novelas, como ya contaré en su momento. Una de las veces en que nos juntábamos a ver los combates de boxeo de los grandes pesos pesados de la época en casa de Borja y su mujer, la galerista Lola Moriarti, él me dijo que estaba en un apuro: a primera hora de la mañana siguiente era necesario que entregara a la imprenta los materiales para el próximo número de *El Europeo* y acababa de descubrir que había cometido un error de cálculo y le faltaban páginas, tenía media docena vacías y nada a mano con lo que llenarlas. ¿Le haría yo algo urgente en la media hora que quedaba para que empezase el combate? Como le gustó, reincidí con otra tanda gemela para la siguiente entrega. Y esos textos hechos a vuelapluma fueron los que había visto Enrique Murillo. Otro simple giro del destino, como dice una canción de Dylan.

En la comida a la que perseveró en invitarme, Murillo sacó su vena macarra y tras un par de cervezas dijo: «Pero, vamos a ver, ¿tú estás contento en este trabajo?». «Lo estuve —me sinceré—, pero ya no». «Muy bien —siguió—, entonces, pongamos las cartas sobre la mesa: ¿cuánto ganas aquí en un año?». Se lo conté. «Perfecto —concluyó, triunfante—, te pago esa misma cifra por la novela. La mitad a la firma del contrato y el resto a la entrega del manuscrito». Vi abrirse una puerta de emergencia que hasta entonces no existía. «Pues ya soy novelista».

No lo era en absoluto, pero por actitud no iba a quedar, así que en cuanto pude tomarme unas vacaciones me fui con una pequeña agenda y un bolígrafo a la estación central de autobuses, pregunté a dónde iba el próximo en salir y me fui en él a Santiago de Compostela. Al llegar, busqué alojamiento económico para una semana y alguien me habló de una residencia de estudiantes que, en esas fechas, estaba vacía y que hasta la vuelta de las clases admitía huéspedes transitorios. Me encerré allí, saliendo de mi habitación sólo a dar algún que otro paseo al pie de la imponente catedral y escribí a mano y de un tirón mi primera novela, *Raro*. A mi regreso la pasé a máquina, añadí lo que me pareció que le faltaba y entregué el original sin estar muy seguro de su valor. A Murillo le gustó más que a mí y lo más notable es que al resto del mundo también, como pronto comprobaría: la primera edición se agotó en un abrir y cerrar de ojos, hubo otras inmediatas en tapa dura y en formato de bolsillo, se lanzaron tiradas propias en México y Argentina, hice un interminable viaje promocional no sólo a ambos países sino también a Chile, Colombia o Panamá, y la primera vez que fui a la Feria del Libro de Madrid a dedicar ejemplares vi una pequeña multitud en los alrededores de mi caseta y le pregunté a la librera quién firmaba a la vez que yo y tenía semejante poder de convocatoria: «Nadie —me respondió—: te están esperando a ti». No daba crédito, porque hasta entonces un éxito en el parque del Retiro con mis poemarios había sido vender siete u ocho ejemplares, y eso si es que aparecía por allí algún conocido, así que aquello era para mí una experiencia inédita que, además, no iba a ser flor de un día, porque el resto de las veces que fui sucedió lo mismo. Recuerdo una tarde en que me tocó compartir espacio con Jorge Semprún, al que admiraba tras leer obras suyas como *El largo invierno* o *Autobiografía de Federico Sánchez*, y las bromas que me gastó, fingiéndose muy celoso de la edad y la belleza de mis jóvenes seguidoras, algo de lo que dejó constancia en la dedicatoria del libro suyo que me llevé a casa y que volvió a repetir de forma casi literal, unos años más tarde, en el ejemplar que le pedí que me firmase de *Viviré con su nombre, morirá con el mío*. Por cierto, que en nuestro primer encuentro le pregunté por el tiempo que vivió escondido, en plena dictadura, en la casa de Ángel González de la plaza de San Juan de la Cruz, y corroboró palabra por palabra la historia que aquel me había contado: eran los años en que Semprún era, sin duda, el agente del Partido

Comunista más buscado por el franquismo, y resultaba que en una de sus visitas clandestinas a España el poeta lo había acogido en secreto, mientras llevaba a cabo una de sus misiones. Si se descubría el pastel, la condena para quien cobijara a un enemigo del Movimiento era de veinte años. Poca broma. En la oficina del Ministerio de Obras Públicas, donde el autor de *Sin esperanza, con convencimiento* trabajaba como funcionario, había un policía de guardia con el que tomaba café o charlaba a menudo y que al despedirse le dijo: «Mañana no nos veremos, que me han asignado un servicio especial porque necesitan a todos los agentes de la zona para una operación importante». Con un mal presagio, Ángel le sonsacó de qué asunto se trataba. «Nada, que parece que han detectado al tal Federico Sánchez ese y van a detenerlo a la casa donde se oculta». Tras despedirse lo más rápido que pudo, corrió como alma que lleva el diablo hacia su piso, que estaba a dos pasos, con la urgencia de alertar a su huésped; pero cuando llegó, éste ya se había ido, tras recibir el mensaje de un camarada infiltrado en las fuerzas del orden que le avisó de lo que estaba a punto de suceder. En nuestro encuentro de la Feria del Libro, Semprún me contó que en realidad le había llegado también otro soplo, según el cual el PCE estaba al tanto de la redada y no le avisó, quiso dejarlo vendido y fuera de circulación porque sus discrepancias ideológicas con el Comité Central le habían hecho caer en desgracia. «Pero lo que ellos no sospechaban —me dijo— era que yo estaba igualmente decepcionado, aburrido ya de aquella vida y con una sola idea en la cabeza: convertirme en escritor». Él no me explicó cómo ni con qué ayuda consiguió escabullirse de regreso a Francia y Ángel no sabía por qué al final no apareció nadie en su casa a detenerle.

Mi siguiente novela fue *Nunca le des la mano a un pistolero zurdo* y con ella ocurrió algo paradójico: en España tuvo mucha más repercusión mediática que su antecesora y menos ventas, pero el caso es que lo primero dio pie a una catarata de traducciones: salió en Estados Unidos, Gran Bretaña, Francia, Alemania, Grecia, Dinamarca y otros países, lo que la convierte en la más internacional de las mías junto a *La nieve está vacía*, aunque curiosamente ninguna de las dos se leyeron mucho por aquí, donde las preferidas y más reeditadas son las que forman la serie del profesor Juan Urbano.

Por suerte, la cosa empezaba a írseme de las manos y tuve que contratar a una agente literaria. Me fui con la que era más temida, Raquel de la Concha, quien representaba a alguno de los autores más potentes del momento y fue decisiva para la difusión de mis novelas fuera de España y para descubrir algunas trampas que me habían hecho en México, donde la filial allí de Plaza & Janés sacó ediciones no declaradas ni pagadas de *Raro* y *Nunca le des la mano a un pistolero zurdo,* ni que decir tiene que completamente ajenas a la voluntad o el conocimiento de Enrique Murillo, que se enteró de la jugarreta cuando nosotros se la contamos, y que provocarían algunas destituciones allí y mi salida del sello barcelonés, del que, por añadidura, pronto se iría también mi editor. Raquel no perdonó el robo, que ascendía a muchos miles de ejemplares, y Alfaguara, entonces dirigida por el escritor y periodista Juan Cruz, estuvo al quite: ellos sacarían, con una atractiva oferta económica para mí y una generosa campaña publicitaria para el libro, mi siguiente proyecto, *Alguien se acerca*, mi obra maldita y con la que ocurrió justo lo contrario que con *Raro*: a mí es de las que más me gustan, pero el resto del planeta no está de acuerdo conmigo. Por cierto, que Jorge Herralde ha dicho, y sus palabras han sido publicadas en un libro sobre él, que intenté sacar ese título en Anagrama, e incluso ha hecho pública una carta de rechazo en la que desiste amablemente de lanzarlo y espera que eso no me incomode ni deje heridas perdurables entre nosotros. La verdad es que me sorprendió: su marca tiene toda mi admiración, ocupa muchos metros de estantería en mi biblioteca, y seguro que Raquel de la Concha jugaría la baza de ofrecerlo a varias editoriales y alentar una puja entre ellas, que esas cosas que ahora ya no pasan con frecuencia sí que ocurrían entonces; pero la verdad es que en aquellos tiempos al muy respetable editor se le conocía en el mundillo con el mote de «roñalde», por su tacañería con los adelantos y al calor de los conflictos y desavenencias que tuvo con algunas de sus firmas más notables por las liquidaciones o por algún exceso al atribuirse un protagonismo que las eclipsaba; de hecho empezaba a producirse en sus filas una desbandada de autores que se iban a otros sellos: Javier Marías, Enrique Vila-Matas, Ignacio Martínez de Pisón, Adelaida García Morales, Javier Tomeo... En mi caso, tenía claras mis preferencias, se las había dejado claras a mi agente y no da la impresión de que me haya equivocado, puesto que llevo un cuarto de siglo entregándole todas y cada una de mis novelas y mis libros de relatos a Alfaguara, con la excepción de *La nieve está vacía*. El compromiso se afianzó con el proyecto ya mencionado de escribir diez novelas protagonizadas por el profesor Juan Urbano. A estas alturas llevo siete, he hecho una parada técnica para redactar estas memorias y me pregunto si llegaré a completar el ciclo, ahora que mi vida se ha llenado de palabras y expresiones tan perturbadoras como «gammagrafía», «electromiograma» o «examen imagenológico»...

A finales de los años noventa y ya languideciendo el siglo XX, me consumía en el vértigo de la fiesta continua en Madrid; la redacción incesante de mis libros, a razón de uno o hasta dos por año cuando además sacaba poemas o un ensayo como *Siete maneras de decir manzana* o *Los nombres de Antígona*; el descanso mínimo y los eternos vuelos transoceánicos en clase turista, iban pasándome factura. También hubo otros cambios en mi vida personal y profesional: de los avatares de la primera se pueden hacer una idea bastante aproximada las y los lectores de la que fue mi siguiente novela, *No sólo el fuego*, de 1999, que para mí es, desde los puntos de vista de la temática y del estilo, el comienzo de todo lo que vendría después, pero que además ofrece muchas pistas sobre los problemas de una pareja que no ha sabido estar junta y que ya sólo comparte la decepción de las expectativas creadas y el miedo a separarse. La obra, escrita a salto de mata en aviones y hoteles, es el reflejo de mi vete y ven por esos mundos de Dios que recorría durante los viajes promocionales por Europa, para defender mis traducciones, y a una Latinoamérica que está muy presente en esa narración, con sus paisajes hipnóticos, sus selvas y sus volcanes, a cuya sombra fui dando forma a un manuscrito que se nutrió de las aventuras que tuve en países como El Salvador —allí insistí tanto en visitar el volcán donde había sido asesinado el poeta Roque Dalton que me acompañaron tres antiguos guerrilleros armados, que habían ido a la presentación de *Alguien se acerca* y me dieron una pistola Makarov de los tiempos de la Unión Soviética, porque para acceder al cráter lleno de orquídeas que quería ver con mis propios ojos era necesario atravesar zonas muy peligrosas «donde si ven que no llevas artillería te liquidarán a machetazos para robarte las botas»—, Nicaragua, Costa Rica o Panamá, donde estuve en diversas ocasiones, igual que en Chile, Uruguay o Perú, aprovechando las visitas habituales a México, Argentina y Colombia, que eran los tres mercados más potentes y donde, por cierto, Alfaguara tenía una gran presencia y delegaciones en muchos sitios, publicaba autores locales que resultaba muy enriquecedor leer y conocer en persona y contaba con un personal autóctono que conocía el terreno que pisaba y te trataba de maravilla. Las campañas de prensa eran agotadoras, con entrevistas de la mañana a la noche, pero también resultaban gratificantes, tanto como lo era visitar los lugares que para mí eran parte de una mitología en ese continente: la casa en la que vivió Luis Cernuda en el barrio de Coyoacán, la que tenían Alberti y María Teresa León en la costa uruguaya de Punta del Este, la Isla Negra de Neruda...

Mi afición a visitar domicilios de escritores, sus tumbas y estatuas allí por donde fuera me ha proporcionado un placer enorme y aventuras estupendas. He disfrutado muchísimo en las casas de Borís Pasternak cerca de Moscú, en la Finca Vigía de Ernest Hemingway en las afueras de La Habana o en el Rungstedlund de Isak Dinesen, al norte de Copenhague. Pasear por sus habitaciones, admirar los objetos domésticos y los libros o rozar con los dedos las camas donde durmieron han sido experiencias muy intensas, diría que casi místicas, igual que entrar a la Huerta de San Vicente de Federico García Lorca, en la vega de Granada; al jardín de Miguel Hernández en Orihuela o a las dos viviendas del propio Neruda en Santiago de Chile, donde estuve leyendo poemas en varias ocasiones, una de ellas la que se cuenta en el poema «Las flores de Isla Negra», de *Cobijo contra la tormenta*. Y en otro poemario, *Ya no es tarde*, hay toda una sección donde se utilizan como escenario y lección moral para una historia amorosa el piso de Jorge Luis Borges en Ginebra, la sepultura de W. H. Auden en Kirchstetten, a una hora de Viena; el café al que iba Fernando Pessoa en Lisboa o la residencia de Juan Ramón Jiménez en Coral Gables (Florida). Ese es mi mapa.

Ahora me acuerdo de dos historias relacionadas con ese tipo de mitomanía que sin duda padezco, y a mucha honra. Una tiene como figura central al poeta surrealista peruano Emilio Adolfo Westphalen y la otra al cineasta y escritor Pier Paolo Pasolini, en este último caso con nuestro Enrique Vila-Matas en el papel de tercero en discordia y cronista de los hechos. Al primero, el autor de *Las ínsulas extrañas* o *Abolición de la muerte*, lo admiraba desde que la colección Alianza publicó en España el volumen recopilatorio *Bajo zarpas de la quimera*. Sus versos, raros y exquisitos, que leí por recomendación de José Miguel Ullán, me habían conquistado, y también sus peripecias tranquilas, que hablaban de su relación con otros vanguardistas como Martín Adán, Blanca Varela o César Moro, sus polémicas con Vicente Huidobro, su amistad con Jorge Eduardo Eielson o José María Arguedas, sus años de traductor para Naciones Unidas, su peregrinación por Italia, Portugal y México... Por si faltaban referencias, Mario Vargas Llosa y Octavio Paz me lo habían puesto por las nubes y este último alababa sin reservas «su poesía no contaminada de ideología ni de moral ni de teología; poesía de poeta y no de profesor ni de predicador ni de inquisidor; poesía que no juzga, sino que se asombra y nos asombra».

Un tiempo después de haberlo leído, me encontraba en Lima durante otro viaje promocional que, por cierto, acabaría con un viaje memorable en tren a Cuzco y a Machu Picchu, pasando junto a las furiosas aguas del río Urubamba, cuando salió su nombre y la mujer que llevaba el departamento de prensa de Alfaguara, con la que estaba comiendo en un delicioso restaurante chifa, medio oriental y medio criollo, me dijo: «¿Westphalen? Un grande, sí señor. Aquí se le respeta mucho, pero no sé bien si lo trataron como merece una figura de su categoría. Está muy enfermo, he oído que subsiste con una pensión muy modesta y que desde hace un tiempo está internado en la clínica Maison de Santé gracias a la beneficencia de la propia institución y a la ayuda económica de varios amigos». Me atreví a preguntar si podría visitarlo, para presentarle mis respetos. «Pues yo creo que le hará ilusión. Déjame que haga una llamada». Y a la mañana siguiente, una vez hechas las gestiones necesarias y obtenida la autorización, fuimos al sanatorio, que recuerdo como un edificio decadente, atendido por monjas bondadosas y cuyo uniforme las hacía parecer recién salidas de un cuadro al óleo. El poeta estaba junto a la cama, sentado en un sillón. Era muy delgado, siempre lo había sido a juzgar por las fotos de su juventud, pero ahora ya rozando lo esquelético; tenía unos ojos penetrantes y una mirada sabia, también algo irónica; hablaba en un susurro y tenía severos problemas de movilidad. Me contó que estaba feliz porque le habían permitido llevar a aquel cuarto parte de su biblioteca —en la que desde luego ya había reparado— algún mueble y ciertos adornos de su predilección. Lo cuidaba con esmero y muchísimo cariño una enfermera llamada doña Gladys, que cuando le di el libro suyo que había podido encontrar en una librería de saldo tuvo que sujetar su mano y guiarla para que pudiera estampar en él una temblorosa dedicatoria que guardo como oro en paño.

Pasé un par de horas maravillosas en su compañía. Hablamos de amigos comunes, como José Ángel Valente o los propios Ullán y Vargas Llosa, y me contó los buenos recuerdos que conservaba de su no muy lejana estancia en España para recibir el premio Miguel Hernández en Orihuela (Alicante). «Como me daban cinco millones de pesetas, fui corriendo en mi silla de ruedas, empujándola por el fondo del Atlántico», bromeó. Por supuesto, le prometí regresar a verlo en cuanto volviese a Perú. Pero no hubo próxima vez: cuando unos años después pisé de nuevo Lima para presentar allí una antología de mis poemas que me había sacado la editorial Mesa Redonda bajo el título *No me cuentes tu vida*, el maestro ya había fallecido. Por cierto, que ese tomito llevaba un prólogo de Joaquín Sabina y a aquella presentación asistieron los padres de su esposa, Jimena Coronado, con una sorpresa para mí. Resulta que lo único que he coleccionado en mi vida son billetes de curso legal que lleven la imagen de un escritor. Tengo libras inglesas con la cara de Charles Dickens y de Jane Austen, escocesas con la de Robert Louis Stevenson e irlandesas con la de James Joyce; coronas danesas con Karen Blixen; francos franceses con Antoine de Saint-Exupéry y Victor Hugo; pesos colombianos con Gabriel García Márquez y José Asunción Silva, uruguayos con Juana de Ibarbourou, mexicanos con sor Juana Inés de la Cruz, chilenos con Gabriela Mistral y cubanos con José Martí; córdobas nicaragüenses con Rubén Darío, escudos portugueses con Pessoa, cruzados brasileños con Carlos Drummond de Andrade y Machado de Assis, marcos alemanes con Bettina von Arnim y con Goethe; lei rumanos con Mihai Eminescu y Lucian Blaga; dinares yugoslavos con Ivo Andrić, yenes japoneses con Higuchi Ichiyō... Y, por supuesto, todos los españoles, de Cervantes, Quevedo o Calderón de la Barca hasta Bécquer, Rosalía de Castro, Clarín, Benito Pérez Galdós, etcétera. Pero me faltaba el de diez mil intis peruanos con el rostro de César Vallejo y ese fue el regalo que me llevó aquella noche Pedro Coronado. «¿Pero y cómo lo conseguiste, si es dificilísimo de lograr?», dije, mirando mi tesoro. «Muy fácil, hombre —me respondió—: lo mandé hacer yo, cuando dirigía el banco central de la nación». Así cualquiera.

La anécdota relacionada con Pasolini tiene que ver con mi afición a visitar entornos vinculados a autores que me gustan, pero también con mi naturaleza supersticiosa, que me persigue desde que tengo uso de razón, por el motivo que sea y sin que se conozcan antecedentes en mi familia: me veo a mí mismo ya de muy niño, saliendo a un campo de fútbol o a una pista de balonmano, los dos deportes que practiqué con más perseverancia, uno como delantero y el otro como guardameta, llevando a cabo rituales sin fin: entrar con el pie izquierdo al terreno de juego, escribirme en la mano el nombre de Iribar —el portero mítico del Athletic de Bilbao que siempre fue mi ídolo— o contar tres veces trece con los dedos índice y corazón de ambas manos cruzados. También me puedo recordar en los exámenes del colegio Virgen de Europa llevando en el bolsillo una moneda de plata de la suerte que me había traído mi hermana de México, ni que decir tiene que con la cara hacia el frente, que es como antes de salir de casa me aseguro de que esté colocado el dinero que pueda llevar y que nunca puede ir mirando a mi espalda. También debo comprobar que los cordones de los zapatos estén rectos, entrar a las habitaciones de mis hijos para asegurarme de que no hay nada bocabajo y tocar, antes de cruzar la puerta de casa, los tres anillos que jamás me quito.

No es necesario explicar que nadie verá nunca un sombrero encima de la cama donde vaya a dormir; que si se derrama sal en la mesa a la que estoy sentado para comer, lanzo unos granos sobre uno y otro hombro; que no brindo ni en broma con alguien que tenga agua en el vaso; que me juego la vida caminando por la carretera, con tal de no pasar bajo un andamio, y que haré retirar urgentemente una copa en la que se me haya servido el vino de izquierda a derecha, que es el movimiento que hacen los asesinos de las obras de Shakespeare para echar en el cáliz del rey el veneno que llevan oculto en su traidora sortija.

Por lo demás, no consumo alimentos de color morado; evito pisar por las calles cualquier cosa de hierro, como las tapas de las alcantarillas y los registros de la luz o el gas; no escribo de ninguna manera con bolígrafos que pinten en negro, sólo en verde, como Neruda, o en azul, si no hay más remedio; uso nada más que las puertas, ascensores o escaleras que estén más a la izquierda, lo cual a veces me obliga a dar unos rodeos bastante absurdos, y cuando voy a la Feria del Libro de Madrid llevo ropa interior de color azul que no uso más que esa vez en todo el año, me pongo unos calcetines que tienen un par la cara de Hemingway y el otro la de Virginia Woolf, o unas medias del Athletic de Bilbao que me regalaron unos espontáneos en la puerta de San Mamés, donde siempre que visitaba la ciudad iba a tocar los muros del estadio y ahora, desde que la han puesto allí, toco la estatua del cancerbero Iribar, el mismo ritual que repito con la de doña Jimena Díaz de Vivar cada vez que paso por Burgos. En las casetas del Retiro firmo sistemáticamente mis libros con las mismas cuatro plumas estilográficas —una que me compró por mi cumpleaños la cantante Amaia Montero, otra que me dio Jimena Coronado, otra una de mis hermanas y otra el presidente del Real Madrid, Florentino Pérez— cargadas también, qué duda había, con tinta verde de la buena fortuna, y en el resto de los lugares donde voy a dedicar mis libros lo hago con bolígrafos regalados por familiares, amigos, ocasionalmente lectoras o miembros de algún taller literario que conocen mis costumbres, porque mi norma para eso es que no puedo haberlos adquirido yo mismo.

Habrán imaginado, por extensión, que aparte de cumplir a rajatabla esas liturgias ceremoniales suelo llevar conmigo una serie de amuletos. Y uno de ellos dio lugar a un incidente durante el viaje a Roma en el que quise rendirle honores al mencionado Pier Paolo Pasolini. Había ido a la ciudad, en compañía de Enrique Vila-Matas y la poeta Julia Castillo, para participar en la presentación de un monumental *Diccionario Espasa de Literatura Española* de cuyas casi mil trescientas páginas era autor único, emulando la hazaña de la admirable bibliotecaria, archivera, filóloga y lexicógrafa María Moliner, el traductor y profesor Jesús Bregante, que había completado la obra tras doce años de trabajo y que, por desgracia, padecía una grave enfermedad que pronto se lo llevaría de este mundo. Pero aquellos tres días allí con él, paseando por la ciudad, yendo a ver la casa de María Teresa León y Rafael Alberti en Via Garibaldi, en el barrio del Trastévere, o escuchándole contar la historia de las plazas y monumentos que visitábamos, fueron deliciosos.

Cuando llegó el momento de partir de vuelta a Madrid, en un avión que salía a media tarde, nuestro anfitrión nos preguntó qué nos apetecería hacer esa última mañana, antes de que nos acercase al aeropuerto. Le pedimos que nos llevara, ya con el equipaje en el maletero del coche, a la playa de Ostia, al lugar donde fue asesinado Pasolini, al que yo admiraba como cineasta y también como escritor desde que leí su libro de poemas *Las cenizas de Gramsci* y del que había comprado durante mi estancia todas las biografías que encontraba, pecando de ese optimismo tan español de creer que entendemos el italiano.

Recorrimos los treinta kilómetros que separan la capital de ese sitio lúgubre, que ahora parece que ha sido adecentado y se ha convertido en un parque, pero que entonces no era, ni mucho menos, el paisaje turístico a orillas del mar Tirreno que uno podría esperar, sino una especie de descampado, sumido en el más completo abandono, en cuyo centro se alzaba, como caída de ninguna parte, una anodina escultura en recuerdo del cineasta, con su paloma en forma de hoz y su pedestal cuadrado, hecha como con desgana o para cumplir el expediente. Nos pareció la viva imagen de la desolación, e imaginar allí los últimos momentos del genio, el crimen atroz y nunca esclarecido del todo, lo empeoraba todo.

—No podemos dejarle así —le dije a Vila-Matas, cuando ya nos apremiaba Bregante para que saliéramos hacia la terminal—, deberíamos haber traído unas flores.

—Pues sí, pero ya no tiene remedio, porque es hora de irse.

—Mira, pues le voy a dejar algo importante, mágico, para que le haga compañía. ¿Tienes un chicle?

—Igual Julia, pero ¿para qué lo quieres?

Me dieron uno que llevaba Jesús en el coche. Lo mastiqué un poco, saqué de la cartera uno de mis talismanes de aquellos tiempos, que era un cromo del futbolista Zinedine Zidane, y lo dejé pegado en el monumento igual que si fuese parte de un ajuar funerario egipcio. Después, nos marchamos, oyendo en el coche a Bob Dylan, el álbum *Time Out of Mind*, que por entonces me obsesionaba, y nos incorporamos a una autopista donde los coches circulaban lentamente, atrapados en el embotellamiento que provocaba un tráfico terrible. Pero yo no estaba bien y pronto mi mente se empezó a llenar de malos presagios y a hacerme sentir físicamente mal. A medio camino les dije a mis tres compañeros que debíamos dar la vuelta.

—¿Estás de broma? ¡Vamos ya con el tiempo muy justo!

—Lo siento, pero es que tengo que recuperar mi cromo de Zidane.

—¿Pretendes regresar a la playa? ¡Si hacemos eso, perderéis el avión!

—Pero si no lo hacemos —corté por lo sano—, el avión se estrellará. Estoy seguro.

Se hizo un silencio sepulcral en el coche. Mis compañeros cruzaron algunas miradas.

—Vamos —le dijo Enrique a Bregante—, no hay alternativa: regresemos.

Y lo hicimos. Recuperé mi fetiche. Pasolini se quedó como estaba. Y nosotros, aunque fuera de milagro, conseguimos embarcar.

Por cierto, una cosa más sobre *No sólo el fuego*, que era de lo que estábamos hablando: su título proviene de unos versos de Neruda y no me entusiasma en absoluto porque me sonó desde el principio al libro de relatos *Todos los fuegos el fuego*, de Julio Cortázar, y a la novela *Gracias por el fuego*, de Mario Benedetti. La cuestión es que la mía no se llamaba originalmente así, sino *La zona roja*, pero no en referencia al bando republicano durante la Guerra Civil, sino a la franja de ese color que señala un peligro inminente en los relojes que miden la temperatura, la presión o la velocidad excesivas de una máquina, su falta de combustible o cualquier otro indicativo que anuncie una emergencia o fallo técnico. Me gustaba jugar con la ambigüedad de la frase y que luego quienes lo leyeran descubriesen que no era una referencia ideológica sino una descripción del terreno resbaladizo que pisaban unos protagonistas al borde de la ruptura. Y así fue anunciada en la prensa, cuando se hizo público que había sido galardonada con el Premio Andalucía. Pero entonces resultó que un autor célebre por su filiación política a la dictadura, cuyos métodos reivindicaba en sus obras y en sus declaraciones públicas, avisó a la editorial de que él tenía un libro con el mismo título y que interpondría una demanda si le era usurpado. Lógicamente, hubo que cambiarlo y elegí el nuevo deprisa y corriendo, con el manuscrito ya en la imprenta y la editorial soltándome los perros. Qué se le va a hacer.

Sin embargo, esa obra lo cambió todo, con ella pude al fin sentir que empezaba a notarme cómodo en el laberinto de la prosa, a dominar algunos de los mecanismos, en la medida en que eso es posible, del oficio de narrador y a sentirme más o menos igual de seguro en él que con la poesía. Empezaba a verme preparado para empresas más ambiciosas. Pero, en cualquier caso, aún me quedaban algunas otras experiencias que probar, antes de lanzarme al proyecto de las diez novelas protagonizadas por el profesor Juan Urbano. Y una de ellas era intentar sacarme la espina de no haber sido capaz, al menos por ahora, de escribir una obra de teatro propia. La solución fue reescribir un par de ellas ajenas.

El dramaturgo

Esta mañana, como tantas otras, después de dejar a mis hijos Paulino y Ariel en el colegio, he ido a hablar con mi madre unos minutos. No me puede responder, al menos no de una manera convencional, porque murió hace más de diez años, pero yo entro algunas veces en la iglesia de Las Rozas a la que ella iba siempre y donde el día más triste de mi vida se celebró su funeral, me siento en uno de los bancos del fondo y le cuento qué tal nos va la vida. No creo ser una persona religiosa, pero allí, en aquel templo de San Miguel Arcángel, que siempre está vacío a esas horas, siento su presencia más que en ninguna otra parte. Y me conforta, porque no he dejado de necesitarla. Puede que sea otra de mis supersticiones.

Me he preguntado muchas veces si mi inclinación a la literatura no se la deberé a ella y a los dos programas de Televisión Española que jamás se perdía: *Estudio 1* y *Novela*. En el primero se emitían, creo que semanalmente, obras de teatro interpretadas por lo que mi madre siempre llamó «el cuadro de artistas» de la casa, y daban desde clásicos como *Don Juan Tenorio*, de Zorrilla, *La dama boba*, de Lope de Vega, *El alcalde de Zalamea* o *La vida es sueño*, de Calderón de la Barca, hasta autores nacionales contemporáneos. Recuerdo *Tres sombreros de copa* y *Maribel y la extraña familia*, de Miguel Mihura, o *Eloísa está debajo de un almendro* y *Cuatro corazones con freno y marcha atrás*, de Enrique Jardiel Poncela. También descubrí ahí a Shakespeare —*Hamlet, Romeo y Julieta, El sueño de una noche de verano*—, Oscar Wilde —*El abanico de Lady Windermere* y *La importancia de llamarse Ernesto*—, Chéjov —*La gavio-*

ta, Tío Vania, El jardín de los cerezos— y dramas contemporáneos que me impresionaron, como *La muerte de un viajante*, de Arthur Miller, *Seis personajes en busca de autor*, de Pirandello, o *Doce hombres sin piedad*, de Reginald Rose. Yo bebía los vientos por esas historias y me maravillaba con aquellas interpretaciones hechas por artistas todoterreno que trabajaban con pocos medios, pero con muchísimo talento y a los que cuando, al pasar los años, fui conociendo en persona me era imposible explicarles la admiración que les tenía.

Y exactamente igual ocurría con el otro espacio, el que programaba versiones de novelas que yo descubrí en ese formato y luego corrí a leer en cuanto se pusieron a mi alcance, como *Grandes esperanzas* o *David Copperfield*, de Charles Dickens, *Ana Karenina*, de Tolstói, *Los miserables*, de Victor Hugo, o varias de Dostoyevski: *El jugador, Crimen y castigo* o *El idiota*. Por cierto, que el ansia por conocerlo todo de esos genios fue lo que me hizo empezar, a los catorce o quince años y financiado por mis padres, a coleccionar obras completas, frecuentemente de la editorial Aguilar, que después buscaría tomo a tomo, durante cincuenta años, por las librerías de viejo de España y de media Latinoamérica. Hoy en día las tengo casi todas. Y las uso a menudo.

Ofrecidas en capítulos breves que se emitían a lo largo de una o varias semanas, aquellas representaciones de la flor y nata de la narrativa decimonónica se seguían en mi casa religiosamente, en un silencio hecho de lo que todos y cada uno sentíamos al verlas, y que mi madre no dejaba romper bajo ningún concepto, quejándose melodramáticamente si alguien lo interrumpía con cualquier broma, comentario o salida de tono: «¿Pero es que no me vais a dejar oírlo? ¡Para una cosa que me gusta y un ratito que me siento!». En mi caso, no hacía mucha falta reclamarme que atendiese, porque seguía hipnotizado esas tramas a veces rocambolescas, pero que eran para mí adictivas. Y no sólo para mí, porque su popularidad e impacto, reforzado por el hecho de que entonces sólo existía ese canal de televisión en España, eran tales que habían pasado décadas desde que protagonizase la obra de Alejandro Dumas en una de esas adaptaciones y al entrañable actor Pepe Martín, con quien coincidiría más adelante en muchos estrenos, todo el mundo seguía llamándole *El conde de Montecristo*.

Recuerdo hasta qué punto me fascinaron en aquel formato *Emma*, de Jane Austen; la policiaca *El clavo*, de Pedro Antonio de Alarcón y, sobre todo, un folletín milagroso que desde entonces está entre los libros que me llevaría a una isla desierta: *Jane Eyre*, de Charlotte Brontë, encarnada por una inolvidable María Luisa Merlo, que me aterró de tal manera que durante años jamás me volví a acostar sin mirar antes debajo de la cama. Muchas noches, abrazado a la bolsa de agua caliente que siempre nos preparaba a mis hermanas y a mí la abuela Ramona, yo sentía en mi cuarto a oscuras, igual que la pobre institutriz de aquel relato gótico en su alcoba de la mansión Thornfield, que una presencia fantasmal se me acercaba, casi podía notar yo también sus pasos, su aliento enfermizo en mi cara... Hay que explicar, para no guardarme información relevante, que ese miedo era un cruce de caminos entre la ficción y la realidad: en el álbum de fotos de la familia había tres imágenes en blanco y negro de dos niñas y un niño, así que las cuentas no cuadraban, porque mi madre sólo tenía un hermano, mi tío Manolo. ¿Quién era la otra chica? Lo había preguntado más de una vez, pero me respondían con evasivas. Como sin duda ya habrán adivinado, con el tiempo supe que se trataba de una tercera hija, muerta prematuramente durante su infancia, y se me explicó que mis mayores consideraron oportuno no contármelo para no meterme ideas fúnebres en la cabeza. Pero es que, además, a eso se unía la circunstancia sospechosa de que en nuestra vivienda hubiese una habitación desocupada, en un segundo piso al que se accedía por una escalera sinuosa y que estaba perennemente cerrada bajo llave. Mi madre la mantenía así para que yo no tuviera acceso al balcón de madera que había allí y pudiese sufrir una caída, pero el caso es que fue ver *Jane Eyre*, sumar dos y dos y convencerme de que nosotros también escondíamos una loca cautiva en la planta de arriba, de donde empezaron a llegarme sonidos escalofriantes. Por cierto, que el primer libro para adultos que leí, como ya he adelantado, porque era uno de los dos que tenía mi padre —el otro era *Peter Pan*—, fue *Rebeca*, de Daphne du Maurier, que tiene mucho en común con la novela de Charlotte Brontë. De la obra maestra de esta última se han rodado, entre 1918 y 2011, ocho versiones cinematográficas y las he visto todas, pero la española para el *Estudio 1* de Televisión Española, tan modesta, sigue siendo la que prefiero, seguida por la que filmó en 1943 Robert Stevenson, con Orson Welles y una Joan Fontaine que había encabezado, tres años antes, el cartel de *Rebeca*.

Había una atracción suplementaria para nosotros en *Estudio 1* y *Novela*: mi madre, y palabra de que no tengo ni la más remota idea de cómo lo hizo, le había vendido a Televisión Española algunos de los muebles más antiguos de nuestra casa y los había sustituido por una especie de cubos geométricos a la moda. Me acuerdo perfectamente del día en que llegó el camión con el logotipo de TVE para llevárselos y del revuelo que causó en el vecindario su presencia: no pasaban muchas cosas infrecuentes en el pequeño pueblo que era entonces Las Rozas y las pocas que pasaban las sabía todo el mundo. Cada vez que reconocíamos en una de esas adaptaciones una cómoda, una alacena o una radio que había sido nuestra, lo celebrábamos por todo lo alto.

Otra de las producciones que seguimos con atención en *Novela*, que me descubrió un autor sin el que nunca habría emprendido mi saga de Juan Urbano y al que después leí con devoción, fue la de algunos de los *Episodios nacionales* de Benito Pérez Galdós. En el capítulo *El Dos de Mayo*, el actor Pedro Mari Sánchez intentaba salvar a su novia cuando estaban a punto de ejecutarla los franceses y, al no conseguirlo, provocaba un altercado para que a él también lo llevasen frente al pelotón de fusilamiento y morir juntos; pero en el último instante, a ella la salvaba alguien que llegaba con una orden de indulto y a él lo mataban. Esa escena final, con el galán resbalando lentamente por el muro y la música del *Concierto de Aranjuez* de banda sonora, me conmovió tanto que su protagonista pasó a formar parte de mi mitología personal. Por supuesto, lo había visto en *La gran familia*, una película estupenda que solían dar por televisión cada Navidad, pero quise saber más y convencí a mi madre de que me llevara al Teatro de la Comedia para verle actuar en *Lección de anatomía*, de Carlos Mathus. Al principio le pareció bien, porque salían algunos de los intérpretes que le gustaban, como Julieta Serrano y José María Prada, además de los jóvenes Emma Cohen, María José Goyanes o Eusebio Poncela; pero cuando vio que había algunos desnudos no hacía más que taparse los ojos con las manos y susurrar: «¡Vámonos de aquí, hijo! ¡Qué vergüenza me estás haciendo pasar!».

Y peor fue todavía cuando, a las pocas semanas de morir Franco, en medio del ambiente de exaltación y miedo que caracterizó aquellos días, fuimos al mismo sitio a ver *Equus*, de Peter Shaffer, porque es verdad que en el reparto estaba uno de sus cómicos favoritos, José Luis López Vázquez, pero también que Juan Ribó y de nuevo María José Goyanes aparecían «coritos tal y como Dios los trajo al mundo», en sus propias palabras. La pobre no sabía dónde meterse y volvió a pasar tres cuartas partes de la representación diciéndome al oído: «Vámonos, Jami, que alguien podría conocernos».

Mi pasión por el teatro se incrementó tras conocer a Rafael Alberti, que me llevaba con él a todos los estrenos habidos y por haber, donde era siempre uno de los invitados estrella, y que, además, al término del espectáculo pasaba a saludar a los camerinos o cambiaba antes de entrar impresiones con los directores de moda, por ejemplo Lluís Pasqual y Mario Gas, a quienes yo miraba con adoración y con los que llegaría a trabajar mucho tiempo después, con el primero sin llegar a ninguna parte y con el segundo en un par de ocasiones que para mí fueron memorables. Antes de llegar a eso, en la época en la que yo era el acompañante de Alberti, fue pura magia descubrir con él ese mundo como flotante o surgido de un sueño que hay tras los escenarios, que me hizo sentir que entraba, literalmente, en otra dimensión. También viajaría a menudo con él y con la gran diva y persona extraordinaria que es Núria Espert, tan inteligente, tan divertida y tan amable, para acompañarlos a los recitales a dos voces con los que recorrían toda España o verla a ella en cualquier montaje en el que participara. Imposible olvidar sus representaciones de *Yerma*, de García Lorca, o el reestreno en el Centro Dramático Nacional de *Las criadas*, de Jean Genet, en una versión de su marido, Armando Moreno, que se basaba en el montaje de 1969 de Víctor García, fallecido un par de años antes. El director argentino de vanguardia había dirigido esas dos obras y en la segunda ideó un escenario de suelo metálico e inclinado, en cuya superficie resbaladiza era imposible que se mantuviesen en pie las tres actrices participantes, la propia Espert, Julieta Serrano y Mayrata O'Wisiedo, que se levantaban y caían sin descanso. Cuando se echó el telón y entramos a felicitarla y le dije a Núria, que aún se estaba desmaquillando, lo que me había impactado aquel drama, me respondió: «¡A ti, no; a mí!», apuntándose con el dedo al ojo morado que le había puesto uno de los golpes.

Ella y Rafael eran así, estaban continuamente de broma, eran alérgicos a la solemnidad, intercambiaban historias increíbles y lo pasaban muy bien. Una noche, tras bordar una delicada *Medea* en el misterioso teatro romano de Mérida, donde íbamos cada año, tras el besamanos y los parabienes de rigor nos acercamos a tomar algo al bar más próximo y cuando nos preguntaron qué queríamos, Rafael pidió un *gin-tonic*, yo una cerveza y Núria soltó: «Pues a mí me pone un bocadillo de esa morcilla y un chato de vino». El maestro la miró con incredulidad y exclamó: «¡Tú no eres una actriz, tú eres un albañil de la CNT!». Qué ratos inolvidables pasé con ella y con su esposo Armando, tan atento, tan detallista, tan elegante en cualquier situación y, por desgracia, tan prematuramente desaparecido.

Otro verano fuimos a Mérida para asistir al estreno, por parte de la compañía de Núria y con ella como protagonista, de una versión de la *Salomé* de Oscar Wilde, que había hecho Terenci Moix, siempre adorable, divertido y provocador. El novelista pasaba un mal momento tras separarse de su pareja sentimental, pero eso no impidió que se dedicase a escandalizar a la prensa local con sus declaraciones subidas de tono. «Soy el nuevo Lawrence de Arabia —le oí contar frente a las cámaras de la televisión local, ante unos periodistas estupefactos—. He estado, igual que él, en Siria, Yemen, Jordania y el desierto de Wadi Rum, pero como yo hago el amor y no la guerra, mi hazaña consistió en tirarme a un moro debajo de cada palmera». Aunque también hubo momentos para hablar en serio de su literatura y de mi libro suyo favorito, *El día que murió Marilyn*, y para la risa durante la representación, que fue accidentada, con resbalones, desnudos no deseados, caídas y, de remate, un error estelar del actor Félix Rotaeta, quien, en un aparte, se volvió hacia el público y declamó, con un tono confidencial y en mitad de un espeso silencio: «Dicen que ese hombre al que llaman Jesucristo es capaz de hacer milagros y que el otro día, en unas bodas celebradas en Caná, logró convertir... ¡el vino en agua!». El auditorio completo estalló en una carcajada unánime y la Espert lo fulminó con tal mirada que, si de ella hubiese dependido, le hubiera cortado a él la cabeza, en vez de a San Juan Bautista. El orden de los factores sí que altera el producto.

Cuando publiqué, en 2002, el ensayo *Los nombres de Antígona*, que contenía una biografía de María Teresa León, le pedí a Núria que oficiase de presentadora. Aquel acto tenía su matemática sentimental, porque Alberti se había ido alejando de su familia y sus amigos tras su boda, se lo habían llevado a El Puerto de Santa María y en la galería Almirante, que era donde se celebraba la salida del libro, estaban casi todos los que había dejado atrás en la capital, desde su sobrina Teresa y sus cinco hijos hasta su amiga Luisa Martí, sus médicos, Vicente Rico y Angelines Melón... También aparecieron por la sala Mario Benedetti, el actor Francisco Rabal, que no paró de interrumpir a todo el mundo con sus ocurrencias, hasta que consiguió hacer reír a los presentes, o el maestro Francisco Ayala, cuya aparición fue muy a su estilo. «Hombre, Paco, pero qué sorpresa, ¿cómo usted por aquí?», le dije al verlo, sorprendido porque no me lo esperaba. «¡Pues mire, supongo que vengo por lo mismo que usted, ya que estamos en el mismo sitio!», me soltó. «Ah, sí, por supuesto... —balbuceé, amedrentado—, qué alegría... Pero deje que vaya a traerle una silla, para que pueda sentarse». «Estoy muy bien así, pero vaya a por una para usted, si está tan cansado», me remató. La verdad es que su presencia era de agradecer, dada la escasa simpatía que sentía por el matrimonio León-Alberti, con el que tuvo sus más y sus menos durante el exilio en Argentina, cuando llegó a sus oídos que ellos y otros expatriados sostenían contra su persona una acusación gravísima: que se había apropiado de un dinero de la República, destinado a auxiliar a los desterrados, para comprarse una casa. El autor de *Muertes de perro* combatía ojo por ojo y diente por diente la calumnia, sobre todo con insinuaciones sibilinas sobre ella, su supuesto carácter casquivano y sus actividades políticas durante la Guerra Civil.

Benedetti era justo el tipo contrario de persona. Tampoco es que se mostrara, ni conmigo ni con nadie, especialmente cariñoso ni efusivo, pero sí era cordial y se le veía a la legua el buen fondo. Yo lo había tratado de manera formal desde la época en que estuve trabajando en el Círculo de Bellas Artes y organicé una lectura suya que hubo que cambiar dos veces de sala, en ambos casos a otra de mayor tamaño, ante la avalancha de seguidores que se presentaron a oír sus poemas. Le acompañaba cada año en la caseta de Visor, en la Feria del Libro de Madrid, donde le veía firmar sin descanso y, por alguna razón, llevar la cuenta de los ejemplares que dedicaba: hacía diez palotes y los tachaba; luego otros diez, y así más de doscientos. Y, desde luego, también merendé con él muchas veces cuando se presentaba en cualquiera de las dos cafeterías de la Plaza de los Cubos, como se la conocía popularmente, donde Alberti, que vivía allí mismo y yo solíamos estar a eso de las siete u ocho de la tarde. Allí me lo encontré en una ocasión, cariacontecido y con un papel lleno de tachaduras en la mano. Le pregunté qué le sucedía.

—¿Qué quieres que me pase? ¡El título! Es para mi novela, no dejo de darle vueltas, pero cada vez que encuentro uno que me gusta y se lo cuento a la editorial, me dicen: «Ah, ¿cómo el cuento de Onetti?». Doy con otro y me preguntan: «¿Es un homenaje a Cortázar?». —Y eso que aún no estábamos en los tiempos de internet, que es la demostración de que casi todo lo que se nos ocurre ya se le ha ocurrido antes a otro.

El vínculo con el autor de *Poemas de la oficina* y *La tregua* se estrechó gracias a Chus Visor, que era su gran amigo en España y que, siguiendo su costumbre de tener la vida pautada en citas semanales que se repiten de forma invariable, siempre para ver a la misma gente, en el mismo sitio, el mismo día y a la misma hora —yo me encuentro con él cada lunes, en un bar del barrio de Moncloa, al salir de la cadena SER—, iba a verlo los jueves a su piso de Madrid, y de vez en cuando yo lo acompañaba. Mario nos recibía contento por la visita ritual, nos daba una cerveza en su salón y pasábamos un buen rato hablando de sus dos temas favoritos: la poesía y el fútbol. Le agradaba menos discutir de política, aunque era inevitable hacer alguna referencia a ella. Una vez, tras regalarme su antología de poetas revolucionarios latinoamericanos muertos en combate, me dijo, medio en broma y medio en serio, que los jóvenes ya no queríamos, o tal vez no sabíamos, ser escritores comprometidos, y herido en mi orgullo le prometí escribir un poema basado en el libro que acababa de regalarme: ese poema, sin duda el más extenso y con seguridad el más raro de los míos, es «Zoo», de *Iceberg*, y nombra a cien poetas asesinados en el siglo xx, el país y la ciudad donde cayeron y un animal que, supuestamente, se alimentó de ellos. Recuerdo que lo estrené en la ciudad de Granada, Nicaragua, delante de amigos como Ernesto Cardenal y Gioconda Belli, que aguantaron con estoicismo la retahíla o, en cualquier caso, mucho mejor que Francisco de Asís Fernández, el organizador de aquel festival, que al acabar mi intervención me dijo: «Muy bien, muy bien, me ha encantado; pero en la lectura de mañana, si puede ser, ¿leerías uno más corto y con menos muertos?». Me lo tomé deportivamente y, si la memoria no me falla, creo que nunca lo he vuelto a recitar en público.

He dicho que Benedetti tenía un carácter opuesto al de Ayala, pero no siempre. A la hora de las citas, Mario (él mismo sostenía que a causa de su tanto por ciento de sangre alemana) era un fanático de la puntualidad, tanto que se le hubiese podido adjudicar eso que se cuenta del filósofo Kant, de quien se afirma que, al verlo pasar cada mañana ante sus casas, camino de la universidad, sus conciudadanos ponían el reloj en hora. En una ocasión en que yo debía ir, para hacer otra gira promocional, a Buenos Aires y a Montevideo, Chus me pidió que aprovechara el viaje para llevarle a Benedetti —que residía allí el medio año que no pasaba en Madrid— unas pruebas de imprenta de su próxima obra, que quería corregir a mano. Lo había llamado por teléfono la noche de mi llegada y me pidió que estuviera en su domicilio al día siguiente, a las ocho y media. Así que me levanté temprano, salí de mi hotel y decidí ir dando un paseo hasta la calle Zelmar Michelini, donde vivía. Me sobraba tiempo, pero iba pensando en visitar la librería Linardi, donde siempre había primeras ediciones de Neruda firmadas con tinta verde, y La Torre de los Panoramas, donde escribía el poeta modernista Julio Herrera y Reissig, de forma que se me fue el santo al cielo y, sin darme cuenta, me pasé de largo, treinta o cuarenta portales. Deshice lo andado de más, corriendo como alma que lleva el diablo, y cuando al fin pulsé el timbre de su puerta comprobé que llegaba diez minutos tarde. Él no dijo nada, me recibió con un abrazo, le quitó importancia con un ademán a mis disculpas, tomó el sobre cerrado que Chus me había entregado para él, me hizo seguirle hasta la cocina y me llevó un bonito servicio de desayuno. Llenó mi taza y se quedó observándome mientras lo tomaba. Y entonces, ya sí, cuando bajé la guardia, me dio mi merecido: «¿Está bueno el café?», preguntó, con el más inocente y acaramelado de los tonos. «Muy rico, muchas gracias», respondí. Y él, con un gesto de falso alivio, remató: «¡Menos mal: pensé que ya se habría quedado frío!».

Por cierto, que esa mañana ocurrió otra cosa, y no fue divertida, sino muy triste. Yo sabía que Luz, su mujer, no estaba bien, padecía algún tipo de enfermedad degenerativa, alzhéimer o algún drama por el estilo. Al llegar, le pregunté por ella y me dijo que ahí andaban, «bien, dentro de lo que cabe». Sin embargo, mientras Mario y yo hablábamos la vi aparecer y desaparecer varias veces, a su espalda: asomaba y metía la cabeza por el lado de una puerta, igual que si jugase al escondite. Cuando su esposo me dijo que iba a buscarla, porque «me quería saludar», le dije que no se preocupara, que si estaba descansando no la despertara... Pero se fue igual. Transcurridos unos diez o quince minutos, regresó, muy afectado, tenía los ojos vidriosos y, por alguna razón, llevaba su pasaporte en la mano. «No va a poder verte hoy —me dijo—, no está bien, pero te manda recuerdos...». Sin saber bien cómo reaccionar o qué consuelo ofrecerle, le dije que no se preocupara y no pude evitar preguntarle por qué llevaba aquella documentación con él. «Bueno, es para que sepa que soy yo —contestó, ahora ya sincerándose y dejando correr las lágrimas por su rostro—. A veces no me reconoce, pero he descubierto que si le enseño mi foto del pasaporte y le digo: "Mira, Luz, ¿ves? Soy yo, Mario", pues entonces recuerda y se tranquiliza».

Pobre Benedetti, qué buen corazón tenía y cuánto sufrió por ver así a su compañera de toda la vida, «mi amor, mi cómplice y todo», como la llama en uno de sus muchos poemas o canciones dedicados a ella, a la que había conocido cuando tenía doce años y él catorce y con la que compartió un matrimonio de seis décadas. Cuando ella falleció, en 2006, ya no quiso regresar más a su casa madrileña de la calle Ramos Carrión, en el barrio de Prosperidad, donde hoy llevan su nombre los jardines públicos que veía desde sus ventanas. Entró en un estado depresivo y no la sobrevivió mucho, porque murió en 2009. Pero antes del final aún tuvo un detalle inolvidable conmigo: cuando supo por Chus Visor que tras mi divorcio me había mudado a un pequeño apartamento vacío, donde me faltaba de todo, le dijo a nuestro editor común, que tenía llave o acceso de alguna clase a su domicilio español, que fuera allí y me llevara todo lo que quisiese, que él ya nunca lo iba a necesitar: «Piensa en utensilios de cocina, cubiertos, vasos, algún pequeño mueble accesorio o electrodoméstico, la batidora, la cafetera... lo que querás», me dijo cuando lo llamé a Montevideo para darle las gracias y decirle que se lo agradecía de todo corazón, pero no podía aceptarlo. «¡Por favor, ve no más, me gustará que tengas algo nuestro tú!», insistió. Al final fui, más bien en busca de un fetiche y con la condición de no apropiarme de nada valioso; recorrimos las habitaciones desordenadas, de las que ya parecía enseñorearse el olvido, y me quedé con dos pequeñas cosas: un azucarero con un sol pintado en la tapa y su afeitadora, que estuve usando veinte años y que hacía que lo tuviera presente cada mañana. La memoria es un «tiempo sin tiempo», en sus propias palabras; la gratitud, la mejor misma moneda con que pagar lo bueno que nos dieron personas que nos hacen comprender que la vida no es maravillosa, sino que la hacen maravillosa seres como él.

Seguí asistiendo al teatro de manera infatigable y soñando con estrenar alguna vez mi propia obra. Pero lo cierto es que nunca me he decidido a escribirla. Tengo ideas apuntadas y la esperanza de ponerlas verde sobre blanco algún día; pero, al parecer, aún no ha llegado el momento y, a estas alturas, ya no las tengo todas conmigo. Sin embargo, no estoy completamente frustrado en ese campo, porque he tenido algunas experiencias haciendo versiones de obras de Miguel de Unamuno, Calderón de la Barca o Steven Berkoff, actor famoso por interpretar papeles, casi siempre de villano, en más de sesenta películas, algunas de ellas grandes éxitos del cine de acción, como *Octopussy*, de la serie del espía James Bond, o la segunda parte de *Rambo*, y en clásicos modernos de la categoría de *Barry Lyndon* o *La naranja mecánica*. Cuando lo conocí en Madrid me pareció un hombre encantador.

En el proyecto de adaptar *El otro*, un drama de Miguel de Unamuno escrito en 1926 y estrenado en 1932, con Margarita Xirgu encabezando el reparto, me embarcó Lluís Pasqual. La obra, un interesante enredo psicológico que cuenta la historia de un hombre que enloquece y mata a su hermano gemelo al no poder soportar tener un doble, sin que se sepa en principio cuál es el muerto y quién el criminal, y que se complica cuando las esposas de uno y otro aseguran que el superviviente es su marido, se había representado en algunas ocasiones, pero ninguna como en esta ocasión, porque lo que me pedía Lluís era que transformase el texto en prosa del original en un libreto de ópera, por tanto escrito en verso rimado, que se representaría en el Teatro Real. Lo primero que pensé fue en mi idolatrado W. H. Auden, que hizo junto a Chester Kallman los de *La flauta mágica*, de Mozart; *Trabajos de amor perdidos*, sobre el clásico de Shakespeare o *La carrera del libertino*, para Ígor Stravinski, aparte de varios experimentos teatrales a dúo con Christopher Isherwood y con música de Benjamin Britten. A esas alturas, en 2013, los había leído todos en sus primeras ediciones, por lo general de Faber & Faber, que, como ya he dicho, fui recolectando pacientemente en librerías de viejo de Londres, Copenhague y Nueva York.

En varias reuniones con el compositor que haría la partitura, debatimos ritmos, enfoques y demás, y acribillé a Pasqual con mil preguntas de novato en aquellas lides, que él contestaba con una precisión y un conocimiento de causa memorables. Hablado todo ello, me lancé a la aventura. La primera escena, que Lluís me había contado de qué forma veía él en su cabeza y de cuya secuencia melódica también me había dejado ver una maqueta su creador, se iniciaba con un monólogo que pusiera en situación al patio de butacas:

> *Espejos, vidrios, cristales;*
> *infierno de los reflejos;*
> *hombres distintos iguales;*
> *caras con eco.*
>
> *¿Ser uno de dos en dos?*
> *¿Que otro mienta con mi boca?*
> *¿Que allí donde no estoy yo*
> *esté mi sombra?*
>
> *¿Quién quiere tenerse enfrente;*
> *existir por duplicado;*
> *dejar huellas en la nieve*
> *que no ha pisado?*

Monstruo de cuarenta dedos,
dos corazones, dos nombres.
Pájaro que vuela a un tiempo
al sur y al norte.

Quiero arrancarte la vida.
Tengo que hacer que te calles,
aunque salga por tu herida
mi propia sangre.

A Lluís le gustaba lo que iba leyéndole, y cuando algo no le producía mucho entusiasmo lo hablábamos y yo, sin ningún problema, lo corregía. Y lo que dábamos los dos por bueno, según me informaba Lluís, contaba con la aprobación del director artístico del Teatro Real, el belga Gerard Mortier, un mito contemporáneo que había llevado las riendas de varios templos sagrados de la ópera y conducido o asesorado a los festivales más importantes de Europa y Estados Unidos: Düsseldorf, Hamburgo, Fráncfort del Meno, París, Salzburgo, Nueva York... Con los parabienes de ambos, concluí el primer acto a gusto de todos. El plan iba sobre ruedas y a velocidad de crucero... cuando llegó el infortunio: el mismo verano en que yo trabajaba el manuscrito en Rota, donde pensaba dejarlo listo, a Mortier le diagnosticaron un cáncer de páncreas, fue operado de urgencia y, mientras convalecía de la grave enfermedad que acabaría con él en siete meses, tuvo algunos tira y afloja con la institución que acabaron con su nombramiento como supervisor de las nuevas producciones y con su antiguo cargo recayendo en Joan Matabosch, que había obtenido un amplio reconocimiento por su gestión del Gran Teatre del Liceu de Barcelona.

Pasqual y yo fuimos a hablar con él. Queríamos saber si mantendría lo programado por su antecesor, *El otro* incluido, o lo echaría atrás para llevar a cabo sus propias iniciativas, algo por lo demás perfectamente comprensible.

La conversación no me lo dejó claro, sentí que nos daba largas, eso sí, haciéndolo con una educación irreprochable; que se amparaba en excusas aceptables pero inquietantes y que, en definitiva, no se comprometía a nada en firme. Le trasladé mis impresiones a Lluís, que me pareció más optimista con respecto a las probabilidades de que todo siguiera adelante. Pero pasaron dos o tres semanas y no nos llegaba confirmación alguna. Volví a llamar a Matabosch y me recibió de nuevo con mucha cortesía, pero sin querer concretar las cosas ni pillarse los dedos. Supe que no llegaríamos a buen puerto. Lo entendí, pero lo lamenté: era algo que me hacía ilusión. El manuscrito se quedó como estaba y así sigue. Quién sabe si algún día se presentará la oportunidad de retomarlo y seguir adelante con él. O convertirlo en una obra propia...

Cuatro años más tarde, en 2018, volvió a llamar a mi puerta Dionisio, el dios del teatro. Una mañana, me telefoneó Mario Gas para proponerme hacer una versión de *La hija del aire*, de Calderón de la Barca. Otro círculo simbólico que se cerraba, porque, como ya se ha dicho, la tarde en que conocí a Alberti y le hablé del libro suyo que había leído el día antes, me refería a un tomo que juntaba tres obras, las mencionadas *Sobre los ángeles* y *Sermones y moradas* y una tercera, *Yo era un tonto y lo que he visto me ha hecho dos tontos*, cuyo título repite una frase sacada, precisamente, de esa tragedia del autor de *La vida es sueño*.

La verdad es que *La hija del aire* era un proyecto de campanillas. Se iba a programar en el Teatro de la Comedia. El decorado lo haría el escenógrafo y figurinista italiano Ezio Frigerio, una gran estrella con más de cuatrocientas producciones a sus espaldas, que para la escena había trabajado con Giorgio Strehler durante más de cuarenta años, en el Piccolo Teatro de Milán; en el cine con Vittorio de Sica y Bernardo Bertolucci —en la película *Novecento*— y en el mundo del ballet con Rudolf Nuréyev, de quien se hizo tan amigo que diseñó su tumba del cementerio ruso de Sainte-Geneviève-des-Bois, al sur de París. A cargo del vestuario estaría su mujer, la diseñadora Franca Squarciapino, que había triunfado con su arte en la Scala de Milán, el Metropolitan de Nueva York o el Bolshói de Moscú, aparte de ser ganadora de un Oscar por *Cyrano de Bergerac*. Y bajo la dirección de Mario Gas actuaría un plantel de actrices y actores con muchas tablas y talento más que demostrado. El único problema era la obra en sí misma, y lo tenía yo.

Como muchas creaciones del Siglo de Oro, *La hija del aire* es larguísima e intencionadamente repetitiva, porque en su tiempo las obras estaban pensadas para durar horas, que la gente se levantara, volviese y, de vez en cuando, un personaje de segundo orden o el gracioso característico hiciesen un parlamento que sirviera de resumen, para ayudar al público a retomar el hilo. Algunos aspectos de su trama son bastante inverosímiles y el verso de Calderón es extraordinario siempre, pero la idea era modernizarlo, traer su genio más cerca del oído contemporáneo. En mi versión, el texto está reescrito en su totalidad, dice lo mismo y con los mismos metros, transmite un mensaje idéntico, la trama es la que es —salvo en un par o tres de escenas, por lo general de acción, que retoqué para hacerlas más creíbles— y donde había octosílabos o endecasílabos los sigue habiendo: pero las palabras son otras. Trabajé sin desmayo, obsesivamente, para ser a la vez respetuoso y novedoso, lo cual me obligaba a hacer equilibrios de contorsionista verbal, y siempre contando con los consejos y enseñanzas de Mario Gas, que se las sabe todas y conmigo fue paciente y respetuoso hasta más no poder.

Le di mil vueltas a cada verso, me costaba cerrar a mi gusto rimas y estrofas, nada me parecía suficientemente bueno. Y el plazo de entrega se me echaba encima: una producción de semejante envergadura tiene los tiempos muy marcados, no pueden permitirse desajustes ni retrasos, el calendario es el que es y hay muchos profesionales involucrados en el asunto. Cuando por fin acabé el primer acto, se hizo una lectura en la sala de ensayos y para mí comenzó el hechizo: aquello era completamente analógico, intemporal, un proceso que sería el mismo en el Siglo de Oro, con las actrices y los actores leyendo el texto y el director al tanto de todo, marcando el rumbo, corrigiendo acentos y entonaciones, a veces de forma imperiosa, o pidiéndome a mí que matizara alguna frase que no quedaba bien en boca. Al ver construirse paciente e implacablemente el espectáculo, comprendí como nunca eso de García Lorca de que el teatro es la literatura puesta en pie.

Asistí a todas las lecturas que me fue posible, a gran parte de los ensayos, donde aún pulíamos alguna que otra frase. Vi construir el decorado imponente de Frigerio, que él observaba desde su silla de ruedas: ya estaba muy mayor, tenía ochenta y ocho años y moriría cuatro después. La gran montaña que presidía el escenario era móvil, la cueva donde está encerrada Semíramis, interpretada por la volcánica Marta Poveda, se abría y cerraba, los mecanismos que lo permitían eran complejos y requerían una instalación lenta y muchas comprobaciones... Recuerdo un día, ya muy cerca de la fecha del estreno, en que confluyó todo en la Comedia: el elenco, los carpinteros, los electricistas, las ayudantes de vestuario, cada cual a sus cosas y nadie sin prisas o aclaraciones que pedir al de al lado... Mario Gas intentaba hacerse oír desde el patio de butacas por los actores, que de repente daban la impresión de haber olvidado todo lo aprendido hasta entonces en sesiones agotadoras de mañana y tarde, y no daban una a derechas mientras se quejaban de que los trajes diseñados por Franca Squarciapino, que se ponían por primera vez, les molestaban, eran demasiado pesados o les impedían desenvolverse con naturalidad; al mismo tiempo, los operarios taladraban, hacían sonar poleas o motores y daban martillazos; un grupo de colaboradores italianos que llevaba Enzo Frigerio daba voces en su idioma y este les contestaba con gestos desde la platea... En medio del guirigay, el director, que andaba convaleciente de una enfermedad que le hacía caminar con cierta torpeza, abandonó su asiento y subió con pasos de buzo a las tablas para impartir algunas órdenes. Cuando fue a bajar de nuevo, visiblemente malhumorado, su asistente personal, una mujer silenciosa y eficaz que se ocupaba de todos los detalles, se acercó solícita y le preguntó si le ayudaba a descender los cuatro o cinco peldaños de la pequeña escalera. Él la miró como si no la hubiese visto nunca y rugió un «¡no!» tan furioso que el caos se interrumpió y el alboroto quedó en suspenso. Fue parecido a esas películas de ciencia-ficción donde de pronto todo el mundo se queda congelado, pero lo cierto es que el grito mató al jaleo, las aguas volvieron a su cauce y la prueba se pudo acabar. Mario, el encantador e infalible Paco Pena, que era el gerente de la Compañía Nacional de Teatro Clásico, y yo nos fuimos a comer al habitual restaurante de al lado, donde Gas tomaba siempre, por prescripción facultativa, un arroz vegetariano que llevaba de casa en una tartera. «Te has puesto hecho un león», le dije. «Por suerte, en estos momentos soy un león herbívoro, porque, si no, me hubiese comido a cinco o seis italianos y a medio reparto», contestó.

La hija del aire obtuvo un gran éxito, recibió críticas entusiastas y la sala estuvo llena en todas y cada una de sus representaciones. Yo fui a varias, aprovechando que me habían adjudicado un palco con cabida para cinco o seis personas al que iba invitando a la familia y amigos por turnos; y a veces, cuando estaba por Madrid me apuntaba yo también y me divertía comprobando la manera en que las actrices y actores iban modificando de una forma sutil sus personajes. El día del estreno, al entonar Marta Poveda la frase que dice Semíramis al ser preguntada cómo se siente tras encerrar a su hijo y disfrazarse de él, un sencillo «muy bien», el aforo al completo estalló en una carcajada unánime. «Pero ¿de qué se ríen, si es un momento muy dramático?», le pregunté a Mario Gas, que estaba sentado junto a mí. Se encogió de hombros. Pero el caso es que a la actriz le debió de gustar, porque cada función exageraba un poco más el tono de ese parlamento, y la gente se partía de risa. Cosas del espectáculo. Pero la experiencia había sido para mí inolvidable. Necesitaba volverlo a hacer. Y como las cosas, y a las pruebas me remito, funcionan mediante la suma de las coincidencias, nada más acabar el párrafo anterior ha sonado el teléfono y era Mario Gas: «Oye, compré ayer y estoy disfrutando mucho *El anillo del general*. Me gusta esta novela, ¿qué te parece si la convertimos en una obra de teatro?». Quién sabe si eso saldrá adelante, pero la idea ya ha sido sembrada y la oigo crecer. Viva la vida.

En algún momento de finales de 2021 o comienzos del año 2022 me llamó por teléfono la actriz Maru Valdivielso, a quien conocía y admiraba por haberla visto en escena más de una vez, pero con quien nunca había cruzado más allá de unas palabras, aquí y allá. Quería proponerme algo a lo que, según ella, no podía decirle que no, y quedamos en vernos. Sentados en un café, fue directa al grano y me preguntó si conocía a Steven Berkoff y su tragicomedia *Decadencia*. Le dije que a él lo ubicaba como actor de superproducciones y que de su vertiente de dramaturgo no sabía una palabra. Me explicó el fondo de la obra, que era provocativa y en su momento fue una sátira del neoliberalismo y de la Gran Bretaña de Margaret Thatcher; me dio un ejemplar del texto, en inglés, y me contó su plan: quería hacerla en España, que la protagonizaran ella y un Pedro Casablanc que, aparte de tener mucho talento, muchas tablas y un merecido prestigio entre los cómicos, por entonces, ya en tiempos de las plataformas digitales y las ciento y pico sintonías, era una de las figuras indiscutibles de las series de televisión más exitosas, donde solía hacer de malo. Su tercera condición para arrancar el proyecto era que yo fuera el traductor y la adaptara a las particularidades de nuestro tiempo y nuestro país. La cuarta era hacerlo todo para que estuviese en cartel unos meses más tarde. La guinda la dejó para el final: el director iba a ser Mario Gas.

Le dije que, salvo el asunto de tener que hacer el milagro de las prisas y los plazos, el resto sonaba casi todo bien, al menos en apariencia, y le pedí un par de días para leer el original, ver si me gustaba y decidir si me veía en condiciones de hacer una buena versión. «Me lo tomo como un sí», me respondió. Lo bueno de Maru es que es irresistible; lo malo es que ella también lo sabe.

Pero la lectura fue un jarro de agua fría. Aquello, una especie de vodevil combativo que retrataba la bajeza moral de determinadas clases altas para las que el dinero lo es todo y los pobres son simples bestias de carga, no tenía gran cosa que ver conmigo, lo cual podría ser lo de menos e incluso convertirse en un reto interesante, pero además es que había dos cuestiones, una de fondo y otra de forma, que me parecieron insalvables y sobre las que le hablé a Maru en nuestra siguiente cita. «No me habías contado que era en verso y tan escatológica», le reproché. «¿Y eso es un problema para ti?», se sorprendió. «Pues mira, lo segundo, un poco sí, reconozco que soy algo mojigato en ese terreno, no he usado palabras malsonantes en ninguno de mis libros y ahora no me veo trasladando a nuestro idioma esas retahílas de ordinarieces, que ya sé que son intencionadas y que son una provocación muy bien calculada, pero que, francamente, no me interesan». «¿Porque te escandalizan?», me preguntó. «Porque me desagradan y me aburren. Pero, aparte, hay algo peor que eso, que se podría atenuar, y es el hecho de que el texto esté escrito en pareados, que es un tipo de rima que, en castellano, nueve de cada diez veces suena a ripio. Sinceramente, no me veo haciendo eso».

«No te preocupes —dijo Maru, inasequible al desaliento—, sé infiel a Berkoff como se lo fuiste a Calderón». «Bueno —repliqué—, hay una diferencia: uno murió en el siglo XVII y otro está vivo... Y acuérdate de cómo se las gastaba en *Octopussy*...». «Si es por eso, no temas, en persona es lo contrario del General Orlov: un hombre delicioso». Quedamos en que yo haría un par o tres de escenas en verso blanco y las salpicaría con algunos pareados irónicos en momentos en los que quisiera provocar una carcajada del público, para ver si el invento funcionaba. Después de que los leyeran Mario Gas, Casablanc y ella, se los mandaríamos a Berkoff para ver si daba su visto bueno y, si era así, me metería en faena. El autor, a través de su representante, nos dio su bendición. Ya estábamos todos en el barco y me puse a trabajar. Lo que no podía suponer era que, nada más zarpar, el capitán iba a tirarse por la borda.

Todo empezó y acabó, de manera simultánea, el día en que se llevó a cabo la primera lectura en voz alta de mi versión, a la que me había dedicado en cuerpo y alma durante meses, al principio muy inseguro y al final pasándomelo realmente bien. Pronto, la maquinaria del espectáculo se puso en marcha, empezaron las contrataciones en salas de todo el país, hicimos unas fotos promocionales que fueron difundidas con generosidad por los medios, dimos entrevistas, el anuncio de la larga gira que se avecinaba pronto empezó a agotar las localidades en todas partes y yo escribí una presentación para la prensa y también para los programas de mano:

Decadencia es una obra cáustica, provocadora, que persigue al público, lo acorrala y a menudo le obliga a reír por no llorar. Sus protagonistas, dos parejas formadas por tres aristócratas y un vividor que aspira a sacar provecho de sus debilidades, son clasistas y racistas, frívolos y desalmados; son hipócritas, banales y egoístas; actúan como depredadores; no tienen principios ni límites, aunque sí miedo a que los miserables a quienes desprecian se junten y los ataquen; su humor es sarcasmo, su ironía es rabia; son grotescos pero peligrosos y, antes que nada, son infelices, están vacíos aunque no les falte de nada, y ni sus lujos ni su lujuria los llenan: a nadie le amarga un dulce, excepto a ellos. No creen en el amor y cuando forman parejas no lo hacen porque se quieran, sino porque se necesitan en el mal sentido de la palabra; no se seducen, se cazan; no se dan, se ponen precio; no se entregan, se venden, transforman sus cuerpos en una mercancía y sólo llegan al placer a través del dolor, el abuso y la humillación. Y a la hora de vengar una infidelidad, no descartan ni desplumar al traidor ni cometer un crimen... Steven Berkoff es un mago del humor negro y esta obra un espejo y una radiografía: en el primero, se ve lo que nuestras sociedades ocultan de puertas para dentro; en la segunda, las enfermedades morales que padecemos.

Así que cuando por fin me senté a la mesa de ensayo junto al director y los dos intérpretes, con quienes había ido debatiendo el libreto según iba cerrando escenas, lo hice convencido de que las cosas irían rodadas. Pero nada fue como en *La hija del aire*, donde la escala de mando era aceptada y los roles no se cuestionaban: esta vez, había dos gallos en el mismo corral y fue evidente desde el primer instante que Gas y Casablanc no estaban hechos el uno para el otro, ni tenían química. Uno daba indicaciones y el otro se las saltaba; uno pedía más intensidad y el otro enfatizaba, con guasa declamatoria e impertinencia premeditada, un tono que era la caricatura de un rapsoda... Cuando, tras un forcejeo de dos horas llenas de caras largas y suspiros exasperados, en las que el aire se fue cargando de mala electricidad, Pedro preguntó por qué razón había que recitar una frase tal y como acababa de sugerir Mario, tras corregirle el modo en que él lo había hecho, la respuesta fue la que Maru y yo nos temíamos: «Porque aquí quien toma las decisiones soy yo». Intenté echarles un capote a ambos con un par de bromas que relajaran el ambiente, pero fue como ponerse a regar la Venus de Milo con la esperanza de que le crecieran los brazos. La sesión acabó con una frialdad heladora. «Esto no va a salir bien», le susurré a la actriz. No me equivocaba. A las cuarenta y ocho horas, Mario me llamó para decirme que se retiraba del proyecto.

—¿Estás de broma? Tú tomas las de Villadiego, ¿y yo qué hago? Mi trabajo está hecho y entregado, hasta me han pagado ya el adelanto convenido.

—No tienes que hacer nada, sigue adelante. Casablanc tomará el mando. Lo hará bien.

Por supuesto, no intenté hacerle cambiar de idea, porque no tenía ningún derecho a hacerlo. Cuando quedamos para tomar un café, poco después, ninguno de los dos le dedicó más allá de un par de frases casi protocolarias a aquel asunto, sino que hablamos de otro plan relacionado con Shakespeare que, por cierto, aún sigue pendiente en el momento de escribir estas páginas. Yo pienso de vez en cuando de qué forma lo haría, igual que otras veces hago propósito de terminar mi reelaboración de *El otro*, de Unamuno, o convertirla en algo nuevo mío y jamás olvido que, tarde o temprano, llueva o truene, alguna vez encontraré el tiempo y la calma que necesito para hacer, si la salud aún me lo permite, una o las dos obras de teatro propias que tengo más que planeadas.

Nuestra combativa *Decadencia* se estrenó en Avilés y yo fui, naturalmente, a su solemne puesta de largo en el Palacio Valdés, aunque no salí a saludar al caer el telón. Después, realizó una larguísima tournée por infinidad de ciudades, en algunas volví a verla porque coincidía con que andaba por allí, y también estuvo en la cartelera de Madrid, en La Abadía, en esa ocasión con la presencia en primera fila del propio Steven Berkoff, con quien comimos en un restaurante cercano y pasamos una velada ma-

ravillosa. La aventura salió bien, las críticas que iban en-
viándome Maru y Pedro desde un sitio y otro fueron muy
positivas y el cartel de localidades agotadas se colgó en
prácticamente todas las taquillas. El resultado de semejante éxito tuvo en mí una consecuencia: quería más, quería
volver a ser otro cómico, que es como se llaman a sí mismos en la profesión. Todavía lo quiero.

El poeta

Mientras pasaba todo aquello y otras cosas de las que se pueden contar y de las que mejor no, yo había continuado escribiendo poesía, novelas, ensayos y varios tomos de aforismos; seguía trabajando en medios de comunicación y viajaba sin parar: por pura casualidad, mientras escribo este capítulo me hace llegar la línea aérea Iberia mi historial de pasajero, un servicio que acaba de lanzar la compañía en sus redes y según la cual entre 1999 y 2025 he llevado a cabo más de quinientos vuelos y recorrido una cantidad de millas equivalente a las necesarias para dar diecisiete veces la vuelta al mundo; y eso sólo en avión y en esa empresa, porque he viajado en muchas otras, especialmente a Estados Unidos, Cuba, por toda Latinoamérica y a algunos lugares de Asia; y no quiero ni pensar la cifra de kilómetros que resultaría si añadiésemos los trayectos en tren, porque me paso media vida en las estaciones de larga distancia de Renfe. Ahora llevo años en los que he abandonado esa actividad frenética y rechazo prácticamente todas las ofertas que se me hacen de vuelos de más de tres horas; al resto aún le digo que sí, por ahora. Pero ojo, que nadie piense ni que me hago el Marco Polo ni que me quejo de tanto vaivén: al contrario, vivir con la maleta en la mano me otorga el privilegio de disfrutar de tantos sitios hermosos y tantas lectoras y lectores amables a quienes hablar de mis libros y firmárselos con tinta verde de la suerte. Después de cuarenta años recibiendo su cariño y su apoyo, quise darles las gracias de corazón en un poema de *Paradero desconocido*, que ya he mencionado, «Salto de página»:

Hemos pasado juntos momentos tan felices:
yo leía poemas y tú los escuchabas
en las primeras filas.
Algunas tardes eras un hombre pensativo
y otras una mujer de mirada romántica,
pero siempre estabas de mi parte.
Dentro de mí
hay algo
que nunca alcanzaré
y fue hermoso perseguir contigo.

Tras *Cobijo contra la tormenta* y el Premio Hiperión, vino en 1998 *Todos nosotros,* con sus poemas sobre autoras que me habían impresionado, de Anna Ajmátova a Ingeborg Bachmann o de Anne Sexton a Marina Tsvietáieva, y creo que su espíritu reivindicativo tiene mucho que ver con mi obsesión por tantas mujeres a las que, en muchos casos y muy frecuentemente en España, no se les ha dado el lugar que merecían. En el ensayo *Los nombres de Antígona* había una comparación silenciosa pero evidente del prestigio mundial de la estadounidense Carson McCullers, la danesa Isak Dinesen o Karen Blixen, y las propias Ajmátova y Tsvietáieva, si los ponías en perspectiva con el olvido de María Teresa León, a la que se ha relegado sistemáticamente al papel de esposa de Alberti. Nadie pareció darse cuenta, entre otras cosas porque ese libro fue invisible; no contó con el apoyo que casi siempre se le ha dado al resto de los míos. Me dolió, porque había trabajado mucho en la preparación de esa obra, leí una catarata de biografías en inglés de sus protagonistas extranjeras y en el caso de la narradora de *Juego limpio* o *El gran amor de Gustavo Adolfo Bécquer* busqué primeras ediciones, consulté archivos y hemerotecas, mantuve conversaciones con familiares y personas que la habían tratado... Pensé que el volumen sería bien recibido, pero pasó sin pena ni gloria: nunca se sabe, en el mundo de la literatura nada está escrito.

A María Teresa León la conocí en un tiempo en que ella no se conocía ya a sí misma. Cuando regresó junto a su marido a España, tras su exilio de treinta y ocho años en Argentina e Italia, ya padecía alzhéimer y vivía en una especie de segunda infancia. «Mi madre estará a punto de venir para llevarme a merendar una taza de chocolate al paseo de Rosales», decía a menudo, con un hilo de voz. Una tarde le comenté lo bonitas que eran las flores del jardín de la residencia en la que estaba: «Las he pintado yo, una a una, con un pincel —me respondió—, porque antes eran todas negras». Y en otra ocasión le llevé, para ver si me lo firmaba, una primera edición de su *Memoria de la melancolía*. Se puso a leer la contraportada, donde se hablaba de su vida, sus viajes «de Nueva York a Pekín, de Moscú a San José de Costa Rica, pero sobre todo de Buenos Aires a Roma»; se recordaban sus aventuras y desventuras en «la España de Machado y Cernuda, de García Lorca y Miguel Hernández» y se citaban algunas de sus obras: *Contra viento y marea, El gran amor de Gustavo Adolfo Bécquer, Doña Jimena Díaz de Vivar, gran señora de todos los deberes...* Pero repetía todo eso como si no tuviera nada que ver con ella, sin dar ninguna señal de reconocerse en esas líneas que la definían. Sin embargo, cuando la animé a escribir su nombre en la primera página de cortesía, lo hizo sin dudar, ese rasgo de su identidad lo mantenía, lo mismo que durante cualquiera de nuestras conversaciones empezaba a hablar en unos perfectos italiano o francés. ¿Por qué unas cosas permanecían en su mente y otras se habían evaporado? ¿Dónde fueron a parar sus enormes conocimientos, los que la avalaban como una intelectual de primera magnitud y le habían permitido escribir sus novelas, libros de relatos, biografías, dramas, artículos y ensayos? Había algo que me disgustaba de Rafael Alberti y que solía reprocharle insistentemente: que no fuese a visitar a su mujer a la residencia. Hubo quien dijo que la tenía abandonada y eso era falso desde el punto de vista material, porque gran parte del dinero que ganaba con sus recitales lo destinaba a los gastos cuantiosos que ocasionaba aquel geriátrico de lujo donde la factura mensual, ya de por sí cara, se incrementaba cada dos por tres con diferentes servicios extraordinarios de peluquería, medicamentos, fisioterapeutas y otras prestaciones que, al parecer, estaban fuera del precio convenido; pero el hecho de que él nos mandase allí a su sobrina Teresa, su amiga Luisa Martí o a mí en su representación y él no hiciese acto de presencia no era de recibo. Yo le contaba mis visitas, las ocurrencias de su mujer, el aspecto que tenía en cada ocasión o lo que me habían dicho sus cuidadores, y él se conmovía y evocaba a la María Teresa joven de cuando se conocieron, a la mujer que llevaba el peso de su casa al tiempo que redactaba sus libros y organizaba mil y un actos culturales y políticos o a la intelectual ataviada de miliciana durante la Guerra Civil —las malas lenguas la acusaban de ser una coqueta que se había mandado hacer un uniforme de diseño a medida—. O rememoraba sus tiempos juntos en la Alianza de Intelectuales Antifascistas, incluido el episodio en el que Miguel Hernández, luchador en el frente que despreciaba a aquellos «señoritos de retaguardia», apareció por allí hecho una furia, porque no se le había invitado a una comida en la que se agasajaba creo que al nieto de Tolstói, que ellos, inocentes, pensaban que inclinaría a la Unión Soviética de Stalin a tomar cartas en el asunto con más vigor; y convencido de que la responsable de lo que él interpretó como un desaire era la autora de *Las peregrinaciones de Teresa* y *Morirás lejos*, escribió en una pizarra una grosería en la que la llamaba «puta». La aludida lo vio, discutieron acaloradamente, hubo dedos acusadores, más insultos y ella le dio una bofetada que, según contaba Rafael, lo tiró al suelo, dejándolos estupefactos a él y a José Bergamín, que también estaba en el lugar del crimen. Con el tiempo, el novelista y poeta Andrés Trapiello, autor de una entretenida serie de diarios hechos a la manera de Marcel Proust que siempre leo con gusto, me llamó para que le contase esa anécdota tal y como me la había trasladado su único superviviente y la relató en una de sus obras, añadiéndole algunos datos creativos que dejaban a los pies de los caballos a Alberti y que luego repetiría José Luis Ferris en una biografía del admirable creador de *Viento del pueblo* y *El rayo que no cesa*. Tanto con uno como con el otro mantuve una encendida, aunque respetuosa, polémica en las páginas de *El País*, lo mismo que haría más adelante y por idénticos motivos con mis admirados Antonio Muñoz Molina e Ignacio Martínez de Pisón: ninguno de ellos le tiene simpatía a Alberti y lo miran con tan malos ojos que a veces ven lo que nunca ocurrió. No pasa nada, uno puede tener discrepancias con personas a las que estima, ponerlas sobre la mesa y seguirles teniendo el mismo respeto o cariño, según los casos.

Rafael se atrincheraba cuando volvía a insistirle en que fuera a visitar a su esposa.

—No quiero verla así, yo deseo recordarla joven y en su plenitud —argumentaba.

—Pero hombre —insistía yo—, eso fue en los años treinta y después la tuviste al lado otros casi cuarenta, ya debes de estar acostumbrado a su madurez.

—Sí, pero entonces aún no había perdido la cabeza y a mí me parte el alma que ni sepa quién soy.

Esa clase de conversación se repitió una y otra vez, hasta que un día, por fin, di con la tecla:

—¿Sabes qué es lo que me temo que va a pasar? Pues que habrá quien cuente que la dejaste allí y te desentendiste de ella. Eres una persona muy conocida y con algunos enemigos. Ellos escribirán tu historia y esto será una mancha difícil de limpiar.

Su sobrina Teresa me secundaba y también Luis García Montero, que seguía acercándose desde Granada a Madrid cada vez que sus obligaciones como profesor en la universidad se lo permitían; y entre unos y otros hicimos entrar a Alberti en razón. Es verdad que el matrimonio se había distanciado ya en los años de Roma, que el poeta había tenido algunos desliz es sentimentales que desembocaron en su romance tempestuoso con la joven Beatriz Amposta y que en la casa del barrio del Trastévere no se puede decir que reinara, ni por asomo, la concordia, sobre todo por el enfado con el poeta de su hija Aitana. El fotógrafo Roberto *Manuco* Otero, pareja entonces de esta y célebre por haberle hecho miles de retratos en color y en blanco y negro a Picasso, contaba que el autor de *Marinero en tierra* le tenía un miedo tal a su mujer, incluso cuando esta ya estaba muy mermada por su enfermedad, que un día lo vio bajar por su calle andando de manera inestable, como si pisara sobre brasas, y tras mucho indagar terminó por saber el motivo: llevaba ocultos en los zapatos los versos dedicados a su joven novia —los que hubieran formado el libro inédito *Amor en vilo*, que tantas veces me leería después en su casa madrileña de la calle Princesa—, porque temía dejarlos en casa y que los descubriera María Teresa: según me aseguró, ya había encontrado en cierta ocasión algunos y tal vez supo lo que significaban, porque los hizo trizas y los tiró por el baño, causando una inundación en Via Garibaldi.

La tarde del reencuentro, a Alberti, que había ido en silencio casi todo el trayecto por la autopista, se le iluminó la cara al ver llegar a su mujer a la sala de la residencia donde la esperábamos, se acercó muy meloso a ella y acariciándole la mejilla, le dijo: «María Teresa, soy yo, Rafael...». Y no pudo seguir la frase porque su mujer lo miró con ojos alarmados y le soltó un guantazo tremendo, que le dejó marcados en la cara los cinco dedos de la mano. La cara de asombro de su marido fue un poema. Su sobrina Teresa se sonrió por lo bajo. «Vaya —le dije—, pues parece que alguna cosa sí que recuerda...».

Por cierto, que el episodio de la Alianza de Escritores Antifascistas con Miguel Hernández acabó peor que mal:

según la versión de Alberti, cuando todo estaba ya perdido, fue a ver al escritor de Orihuela y le dijo: «Mira, esto no tiene ya vuelta de hoja, la República ha sido derrotada y si no huimos nos matarán a todos igual que a Federico. He hablado con Pablo Neruda y me confirma que él puede sacarte de España a través de la embajada de Chile». Pero el autor de *El hombre acecha* le respondió: «No quiero nada de vosotros, yo me voy andando a mi pueblo. Y si no, a Portugal». El dramático resultado es de sobra conocido. Cuatro décadas más adelante, tras su vuelta del exilio, Alberti rendiría homenaje en todos sus recitales a «los tres poetas del martirio», Antonio Machado, García Lorca y el propio Hernández, del que declamaba «Vientos del pueblo me llevan», arrancando con sus últimos cuatro versos unas ovaciones apoteósicas: «Cantando espero a la muerte, / que hay ruiseñores que cantan / encima de los fusiles / y en medio de las batallas». También emocionaba a los auditorios la enumeración geográfica del texto, esa parte en la que arenga como en un mitin a los «asturianos de braveza, / vascos de piedra blindada, / valencianos de alegría / y castellanos de alma, / labrados como la tierra / y airosos como las alas»; y sigue con los «andaluces de relámpagos, / nacidos entre guitarras / y forjados en los yunques / torrenciales de las lágrimas; / extremeños de centeno, / gallegos de lluvia y calma, / catalanes de firmeza, / aragoneses de casta, / murcianos de dinamita / frutalmente propagada, / leoneses, navarros, dueños / del hambre, el sudor y el hacha». Una tarde estábamos en Logroño, donde le había acompañado, como a tantas otras lecturas, cuando le oí declamar una vez más esa pieza y me sorprendió escucharle hablar de «riojanos de bravura». El toque local enardeció al público. «Qué curioso —le dije en la cena—, mira que te he visto leer eso cientos de veces, hasta aprendérmelo de memoria, y el caso es que no recordaba que Miguel Hernández hablara de riojanos...». «No, no —me contestó—, si él no lo dice, pero cuando voy a sitios que no salen en el poema, se los añado yo. A la gente le encanta».

Una fría mañana de diciembre del año 1988, Rafael me llamó por teléfono para informarme de que María Teresa había fallecido. Fue enterrada en el cementerio de Majadahonda, un día de huelga general contra el Gobierno que nos pareció desolador. El viudo mandó poner en su lápida un verso de su libro *Retornos de lo vivo lejano*: «Esta mañana, amor, tenemos veinte años». Yo he seguido reivindicándola siempre que he tenido ocasión, publiqué su biografía en *Los nombres de Antígona*, he dado numerosas conferencias glosando su trayectoria, he prologado varias reediciones suyas y dirijo una colección de la editorial Renacimiento dedicada a recuperar íntegramente su obra. ¿Me dará tiempo a concluir esa empresa? Quién lo sabe. Si no es así, me quedará la esperanza de que otros continúen con ella y me ayuden a evitar que se desvanezcan el nombre, la historia y los trabajos de esa mujer admirable.

Mis dos siguientes libros obtuvieron premios importantes y muy bien dotados económicamente: *Iceberg*, el Ciudad de Melilla y *Marea humana*, el Generación del 27, y si una cosa me permitió abrirme paso en un momento inestable de mi vida, otra me ayudó, sin duda, a llegar a más lectores. El segundo de esos volúmenes, de hecho, agotaba ediciones y varios de sus poemas se hicieron fijos en mis recitales, que pronto empezaría a hacer en grandes auditorios, teatros y salas de conciertos, acompañado por diferentes músicos y grupos. Con ese anzuelo, la gente empezó a querer recuperar otros títulos anteriores, así que, por iniciativa de Chus y pese a que a mí no me apetecía gran cosa, por parecerme algo prematuro y que me ponía años, no tardé en autorizar la salida de un tomo de poesía completa: *Acuerdo verbal*, con el que, como también se reimprimía con frecuencia, se intensificó en mí esa costumbre de cambiar, añadir y eliminar cosas que hace que se desesperen conmigo las y los estudiosos que me dedican tesis o ensayos académicos. Una de ellas llegó a preguntarme, aún no estoy seguro de si en serio, en broma o las dos cosas a la vez, si acaso mi principal misión en este mundo era lograr que ella no se doctorase. La profesora argentina Julia Ruiz, que así se llama, consiguió acabar su trabajo académico y más adelante lo reelaboró para publicarlo en un libro estupendo, *La voz de la escritura*.

El roce hace el cariño y Chus, que es bueno como el pan y muy divertido, se fue convirtiendo en lo que es a día de hoy: la persona más cercana a mí, con la que más hablo y la única a quien le cuento absolutamente todo. A eso contribuyó el que cuando empezamos a vernos de forma más regular me diera cuenta, tal y como ya he mencionado, de que él tenía sus semanas rigurosamente parceladas y hacía siempre las mismas cosas, con las mismas personas y en los mismos lugares y días: los martes, comía en un restaurante cercano a Visor con varios amigos fijos; los miércoles, tomaba algo con sus hermanos en una cervecería que les pillaba a medio camino; los jueves, iba a visitar por la tarde a Benedetti... Yo también quise entrar en ese calendario permanente: qué cómodo y divertido, tener una cita invariable para vernos, nosotros dos con seguridad y alguno de los íntimos que se animase en cada ocasión. Dicho y hecho, desde hace casi veinte años, los lunes, al salir a las siete de la tarde de la radio, la cadena SER, bajo la Gran Vía, atravieso la Plaza de España y el barrio de Argüelles y llego, en unos veinte minutos, al bar de Moncloa donde nos encontramos, charlamos de lo divino y lo humano y tomamos cervezas hasta las nueve y media o diez.

En esas reuniones, si estamos solos, nos contamos la vida y, si no, se bromea, se habla de poesía, de cotilleos literarios o de la actualidad. Y por supuesto han sucedido cientos de anécdotas, muchas de ellas relacionadas con el particular carácter de Chus, que es un mar de sorpresas. En una ocasión, al llegar Luis García Montero y yo a la cafetería, lo encontramos muy enfadado. Resultaba que había estado meses preparando un tomo recopilatorio sobre la defensa del Madrid sitiado en los tiempos de la Guerra Civil; había seleccionado no sólo los textos más llamativos de Rafael Alberti, Miguel Hernández, Octavio Paz, Nicolás Guillén, Pablo Neruda o César Vallejo, por citar una pequeña muestra de los más relevantes, sino otros publicados en revistas perdidas e incluso escritos por milicianos y autores desconocidos. Una tarea de documentación sin duda titánica, si tenemos en cuenta que se estiman en quince mil los romances aparecidos entre 1936 y 1939 en más de quinientas revistas y periódicos, algunos de ellos efímeros, que se imprimieron en territorio republicano. Así que tuvo que dedicarse en cuerpo y alma a localizar, analizar y escoger entre la montaña de los originales. Sin embargo, nada más salir a la calle el mamotreto apareció una reseña en un periódico de tirada nacional, donde el crítico que la firmaba arremetía contra el antólogo, por no haber incluido los célebres versos de Antonio Machado: «¡Madrid, Madrid, qué bien tu nombre suena, / rompeolas de todas las Españas! / La tierra se desgarra, el cielo truena, / tú sonríes con plomo en las entrañas».

—¡Si será estúpido ese tío! —tronaba Chus—. Es que no doy crédito. Que por qué no he incluido lo de Machado, dice... ¡Pues porque no me ha dado la gana! El que lo hace decide. ¡Qué poca vergüenza tienen algunos! Pero esto no va a quedar así, hoy mismo llamo al periódico y les voy a decir: «¡Hasta que no echéis a ese tío a la calle, no os vuelvo a mandar un libro de Visor!». ¡Será posible! ¿Que por qué no he metido esos versos? Yo os lo voy a explicar: ¡porque no me ha salido de las pelotas!

Nosotros bebíamos tranquilamente nuestras cervezas, esperando a que se desahogara y conteniendo a duras penas la risa. Estuvo aún algunos minutos lanzando imprecaciones y advertencias. Y luego, por fin, guardó silencio.

—Oye, Chus —le dijo Luis, aprovechando la circunstancia—, pensándolo bien, ¿por qué no pusiste ese poema, que es tan famoso?

Y nuestro editor se encogió de hombros, puso cara de inocente y respondió:

—No te lo vas a creer: ¡se me ha olvidado!

Hay algo paradójico en *Marea humana*, que tuvo reconocimiento crítico y una notable cantidad de lectores, pero no fue exactamente el libro que yo pretendía. El plan inicial era luchar, de algún modo, contra la primera persona del singular y sustituirla por arquetipos que representaran diferentes ángulos de nuestro carácter. Y así ocurrió en una primera fase, mientras iba escribiendo «La víctima», «El avaro», «El soñador», «La misteriosa», «El humilde»... Pero resulta que nuestra propia vida a veces nos lleva la contraria, la realidad se vuelve un laberinto y hay poemas que es imposible no escribir, porque son la expresión de situaciones que nos afectan profundamente y nos cambian: un divorcio complicado y una historia amorosa llena de pasión, dificultades, mala conciencia y tormentos emocionales se filtraron en aquellas páginas, transformándolas en justo lo opuesto de lo que pretendían ser, es decir, en una suerte de autobiografía en verso. La sección central, «El enamorado», que es el capítulo donde todo eso ocurre, dejaba tan poco espacio a la imaginación que mi colega de mil cosas Joaquín Sabina, que conocía de primera mano la historia y a sus protagonistas, se mostró sorprendido cuando le dejé leer sus doce partes: «¿De verdad te vas a atrever a publicar esto?». Lo hice, aunque también acepté varias sugerencias suyas para que el texto fuese algo menos crudo y en una última redacción traté de emparentar ese apartado con la idea primitiva del libro, hacer más ficción que confesiones o, al menos, intentar que los autorretratos también sirvieran de espejos. Eso sí, los cuatro capítulos que suprimí en la primera edición recuperaron su lugar a partir de la siguiente, cuando logré acabarlos por fin a mi gusto, y así han permanecido en las sucesivas ediciones de esa obra y de *Acuerdo verbal*.

Personalmente, en aquel tiempo me sentía como quien cae a tierra después de haber estado en las nubes, algo que había sucedido durante una larga temporada: primero fueron los famosos ocho años de fiesta ininterrumpida y noches sin fin, en la compañía diaria del novelista Ray Loriga, el músico Coque Malla y el promotor cultural Borja Casani. Salíamos igual los lunes que los sábados y los jueves que los viernes, no había antro de Madrid que no frecuentásemos y yo había ido con tanta frecuencia a trabajar sin dormir que, igual que los detectives privados de las películas, siempre tenía una camisa limpia de repuesto y un cepillo de dientes en el despacho. Después de la ruptura matrimonial, aquello fue un no parar de mujeres que iban y venían, amistades que iban más allá y pronto desandaban sus pasos, relaciones de las que huía en cuanto la fascinación se atenuaba, sin ganas de comprometerme una vez más, y a menudo combinando parejas simultáneas, de alguna de las cuales, por cierto, se habla en *Marea humana*, aunque en apariencia se hable allí de una sola persona. Y las dos que hubieran tal vez podido mantenerse también salieron mal. La primera, una catedrática a quien había conocido en un vuelo trasatlántico y que era la favorita de Almudena Grandes, porque no se atrevió a dejar atrás sus ataduras familiares; la segunda, una periodista con la cual lo que empezó difícil acabó por imposible, aunque me regaló, eso hay que reconocerlo, una dosis de melodrama que era dañino para ella y para mí, pero magnífico como material literario. Y aún mejor como tema de una canción, algo de lo que se dio cuenta antes que nadie Joaquín, que estaba al tanto de mis aventuras y desventuras y que un día, cuando ya era evidente que me encontraba malherido después de tantas batallas, casi en la ruina financiera y al borde de la depresión, me llamó por teléfono y me dijo:

—¿Dónde prefieres que nos vayamos a escribir un disco: a Nueva Orleans, a Buenos Aires o a Praga?

—¿Es que nos tenemos que ir a alguna parte?

—Mira, Benja, resulta que yo vivo actualmente en una felicidad doméstica de la que no se puede sacar ni un estribillo barato; y como resulta que tú estás hecho polvo, la idea es que nos perdamos por ahí y utilicemos tus penas para hacer mis canciones. Naturalmente, tú y yo solos y sin llevar ni una guitarra. ¿Qué me dices?

—Praga —respondí, sin pensármelo dos veces, como quien se lía la manta a la cabeza—. Y en unos días nos fuimos allí a escribir las letras del disco *Vinagre y rosas*.

El letrista

La música es una parte esencial de mi vida, me recuerdo siempre trabajando con ella de fondo y tratando de trasladar a mis poemas algunos rasgos propios de las canciones. No es raro, al fin y al cabo, dado que la tentación de escribir la tuve por primera vez al llegar una tarde a casa de mis padres, encender la radio y escuchar a Bob Dylan interpretando su nuevo éxito, «Hurricane». Para mí, ahí es donde empezó todo y desde entonces él siempre ha sido mi héroe; a lo largo ya de cuarenta años le he visto actuar en infinidad de ocasiones, le he seguido de ciudad en ciudad siempre que ha venido a tocar a España: en 1989, por Madrid, Barcelona y San Sebastián; y en 1999, por ejemplo, asistí a diez de los once conciertos de su gira por nuestro país, acompañando en muchos de ellos a su telonero de aquel tour, el argentino Andrés Calamaro, que era otro de mis compañeros de salidas nocturnas y noches sin fin en su casa de la calle del Pez. Fui muy feliz siguiendo los pasos de mi ídolo de nuevo por Barcelona, Madrid y San Sebastián, por Valencia, Málaga, Santander, Gijón, Zaragoza, Murcia y Granada. Y también he viajado al extranjero para disfrutar de su música en Nueva York, Dublín o Londres y he compartido aforos con los más frecuentes y peculiares seguidores de Dylan: recuerdo a uno que le dejaba en cada escenario una estampa de la Virgen del Pilar; a otro que le lanzaba a los pies un sombrero de copa de piel de leopardo en cuanto empezaba a cantar eso, «Leopard-Skin Pill-Box Hat», y un tercero que creía dirigirle la banda: «Tengo que estar pendiente de Larry —me dijo, haciéndole gestos de director de orquesta al guitarrista—, que, si no, se despista y entra tarde a los solos». Había un muchacho que estaba convencido de que el cantante le buscaba entre el público en todas sus actuaciones —«¿Lo habéis visto? ¡Ya me ha mirado!», exclamaba a la segunda o tercera canción—; y también conocí a uno que merodeaba por los alrededores del autobús de la estrella para ver si le veía fumar y tiraba una colilla que él pudiera recoger. «¿Pero y para qué quieres esa reliquia?», le pregunté. «¡Me preguntas que para qué!», me respondió, entre decepcionado e indignado, «¿Es que no te das cuenta de que en el futuro se podría usar para clonarlo?». Aparte de gustos musicales, había algo que compartía esa gente: todos pensaban que los demás estaban locos.

En estos años como devoto de Dylan he leído docenas de biografías suyas y ni sé ya cuántos ensayos sobre su trabajo; he prologado ediciones de sus *Crónicas* y su *Tarántula*; les he preguntado por él a otras estrellas a las que entrevisté para *Diario 16* y *Rolling Stone*, como Keith Richards, Patti Smith, Neil Young, Paul McCartney, Tom Waits o Leonard Cohen; cuando protagonizó la película *Corazones de fuego* iba todas las tardes a verla al cine, donde no duró más que una semana; tengo más de quinientos discos suyos, los oficiales y una lista interminable de grabaciones piratas que busqué hasta debajo de las piedras por medio mundo y coleccioné ávidamente hasta que estuvieron disponibles en la red, donde cualquier nueva aparición suya pasa a poder verse en internet a las pocas horas de haberse producido; le he dedicado muchísimos artículos a lo largo de cuatro décadas; he pinchado su música en actos públicos y hasta he llegado a posar disfrazado de él para una revista de moda.

Qué más puedo añadir, excepto lo más importante: que le puse a mi hija su nombre, Dylan Prado... Todo ese arsenal de veneración ha servido para convertirme en una figura tan asociada a él que la mañana del 13 de octubre de 2016 yo iba en un avión rumbo a Almería, donde tenía una lectura, y cuando al aterrizar encendí el teléfono móvil, que había desconectado antes del despegue, me llevé un susto: tenía decenas de mensajes que habían llegado en esos cincuenta minutos de vuelo y el fatalista que escondo en mi interior se temió que hubiese ocurrido algo grave en mi familia. Pero no se trataba de eso: las llamadas eran todas de medios de comunicación que querían unas declaraciones o un texto mío sobre el hombre del día, el nuevo ganador del Premio Nobel de literatura: Bob Dylan. Atendí a los más afines y me disculpé con el resto.

Una de mis incontables supersticiones es la de citarlo al menos una vez, a él, alguno de sus versos o de sus frases en absolutamente todos mis libros. A veces ese amuleto verbal está ahí de forma explícita y otras veces está disimulado, pero nunca falta. Javier Marías, que estaba al tanto de ese ritual, me lo copió, como parte de uno de esos juegos privados que tanto le gustaban, e hizo lo mismo en una de sus obras y me retó a encontrar la paráfrasis. Por cierto, que buscando hoy esa dedicatoria he encontrado una muy extraña, la que me puso en una novela anterior, *Los dominios del lobo*, donde, aparte de otras cosas, escribió: «Para Benjamín Prado, el único texto en el que creo haber mencionado a Bob Dylan, a quien debo bastante dinero (o lo que era bastante en aquellos prehistóricos tiempos)». ¿A qué se refería? Al cantante lo menciona, efectivamente, en el prólogo a la edición que me regaló en una de nuestras cenas, pero sólo para recordar que interpretaba malamente canciones suyas por las calles de París, para sacarse unos francos. Quizá se trate de eso o de otra cosa que, si me la contó, he olvidado; o quizá, por algún motivo que ahora se me escapa, no le pregunté. Lo cuento ahora para simbolizar el modo en que tantas cosas se desvanecen o quedan enterradas en la arena de ese gran desierto que llamamos *pasado*.

Y por supuesto, queda como testimonio de mi amor por el genio de Duluth (Minnesota) el poema que le dediqué en *Iceberg*, aparecido en 2002, lo cual quiere decir que tardé más de veinte años en lograr escribirlo, porque tengan por seguro que lo había intentado en mil ocasiones: creo que fue lo primero que tramé hacer nada más descubrirle y hacerme su seguidor. Lo empecé una y otra vez, seguramente en cada libro, pero no encontraba la manera ni el tono. Hasta que di en el clavo: la voz que tenía que oírse ahí era la de un devoto, incluso la de un fan, que según la RAE es un «admirador o seguidor de alguien» y tiene sinónimos o afines como «entusiasta, adepto e hincha». Así que tiré por el atajo de la exageración:

Hay senderos que son una respuesta al bosque,
hay palomas que mueven los mares de la luna,
hay palabras que corren por la piel como ríos,
porque existe Bob Dylan.

Hay huellas donde pueden leerse los desiertos,
hay mujeres que sueñan con pirámides rojas,
hay canciones que tallan dioses en nuestro oído
porque existe Bob Dylan.

Hay jinetes que huyen con el sol en los ojos,
hay corazones tristes donde muere un océano,
hay caballos que agitan un polvo de otro mundo
porque existe Bob Dylan.

Hay hombres que transforman los sueños en dianas,
hay demonios ocultos en la hoja del cuchillo,
hay versos subterráneos en los papeles rotos
porque existe Bob Dylan.

Y así hasta el final, con su remate de tono superlativo: «Yo nunca he estado solo / porque existe Bob Dylan». No son unas ideas muy originales, sino un sentimiento compartido: precisamente en estos días he dado un ciclo de conferencias sobre él en la Fundación March, que acabé, cómo si no, recitando ese poema ante un auditorio cuyo número deja claro el interés y la pasión que sigue levantando este icono de nuestro tiempo: había seiscientas personas en cada sesión y mucha gente que se lamentaba en la calle, a las puertas del edificio, por haberse quedado sin entradas, prueba de que la admiración por él no tiene límites. En sus últimas visitas a Madrid, tres días en el Auditorio Nacional, de los que pude asistir a dos, y otro en el Botánico de la Universidad Complutense, había personas de todas las edades y mostraban el respeto de quien, más que a ver un simple espectáculo, asiste a la exhibición de un mito: a estas alturas recita más que canta, pero todos los presentes saben que ir a verlo a él se parecería, si tal cosa fuera posible, a entrar al Museo del Prado a ver a Velázquez o a Goya pintando una versión contemporánea de *Las meninas* o *Los fusilamientos del 3 de mayo*. Dije antes que acabaría de contar la historia de cómo le conocí —la real, porque una versión aproximada la incluí, con personajes ficticios y algún episodio imaginario, en mi novela *Raro*— y tuve el valor de pedirle su autorización para titular un libro mío: *Cobijo contra la tormenta*. Para situarnos, debemos volver a 1991 y a mis tiempos en la redacción de *Diario 16*, porque entonces fue cuando se anunció a bombo y platillo un espectáculo llamado *Leyendas de la guitarra* que iba a celebrarse en Sevilla dentro de los actos preliminares de la Expo '92. El cartel era impresionante, encabezado por grandes leyendas del blues, el rock y el flamenco, entre ellas B. B. King o Paco de Lucía, por mencionar sólo a dos de los más grandes; pero lo que me hizo saltar de alegría en cuanto el teletipo que anunciaba esos conciertos llegó a mis manos en el periódico fue ver que ahí estaba también Bob. En menos que canta un gallo, comuniqué que en ese caso me mandaría a mí mismo de enviado especial —era el jefe de la sección— y la maquinaria se puso en marcha, llegaron mis acreditaciones y mi entrada, se me proporcionaron los billetes oportunos y me reservaron habitación en un hotel donde supuestamente iban a dormir casi todos los artistas, pero que a mí no me gustaba. Era demasiado moderno y estaba iluminado como un escaparate, así que pedí que por favor me trasladasen a otro y ahí, una vez más, empezaron a caerme las monedas de cara: resultó que en el Colón también estaban alojados, de incógnito, Keith Richards y Dylan. Al segundo no lo llegué a ver en el establecimiento, pero al primero sí, bajando las escaleras con una botella de Jack Daniels en la mano —los camareros y limpiadores con los que hablé en busca de cotilleos me decían que cada mañana aparecía una vacía en su habitación—, aparte de que le pude hacer un par de preguntas en la rueda de prensa que dio junto al legendario Les Paul.

Estando en la cafetería del Colón, alguien nos dijo a la cantante Christina Rosenvinge, a Ray Loriga —ambos habían bajado desde Madrid para asistir al evento— y a mí que el tipo que estaba en el otro extremo de la barra, un hombre ya de cierta edad pero aún imponente, por su tamaño y por su mirada de acero, se llamaba Jim Callahan y era el guardaespaldas de Dylan. Nos acercamos a él, hechos unos zalameros, y entablamos conversación. Era un individuo simpático y a la vez amenazante, que te dejaba claro hasta dónde podías llegar con tus preguntas y a partir de qué raya comenzaba la dirección prohibida. Lo paradójico del asunto —y creo que eso era algo que, dentro de lo que cabe, le volvía menos hermético— era que a él Dylan le parecía casi poco: nos contó que estaba a su servicio nada más que para esos días en Sevilla y que él, en realidad, trabajaba generalmente para los Rolling Stones. Quisimos saber por qué no acompañaba, en ese caso, a Keith Richards. Nos respondió que la organización le había asignado al guitarrista otro miembro del equipo, un joven con catadura de asesino a sueldo del que él se burlaba: «¿Veis esa cara de malo que ensaya todo el tiempo? Es inseguridad. ¿Veis esos músculos que marca con poses de culturis-

174

ta? No sirven para nada. Os aseguro que a ese pintamonas le podría arrancar la cabeza con una sola mano». Y con el mismo desparpajo, en cuanto le dijimos que no éramos periodistas —yo le mentí—, sino escritores, se puso a disertar sobre la poesía de Seamus Heaney y Dylan Thomas. Pedimos un par de cervezas, nos caímos bien y quedamos para esa noche, con la promesa de darle una vuelta por el centro, que yo conozco al milímetro de cuando vivía allí. «Bob se acuesta pronto, cena en su cuarto y ya no vuelve a salir», nos dijo. «Y no como Keith, que sale de fiesta tras cada concierto, es incorregible e incansable; cuando vas con él no llegas nunca a tu habitación del hotel». Lo pasamos bien, nos contó algunas cosas de Dylan, que al parecer aquella misma mañana había recorrido tranquilamente la ciudad para comprar un abanico pintado a mano que le había prometido a alguien, y nos acostamos de madrugada.

El día del ensayo y la prueba de sonido, usé mis tarjetas de acceso al recinto para colarme hasta la cocina, aunque, eso sí, después de dar mil vueltas hasta que encontré un acceso en el que no hubiera personal norteamericano, porque esos individuos no te dejaban pasar hasta el escenario sin una acreditación específica que sólo podían darte ellos, que eran los promotores del evento, pero que no te podían proporcionar los responsables de la Expo '92, porque con sus pases se llegaba nada más que hasta la zona reservada a la prensa. Sin embargo, con un poco de paciencia y aprovechándome del hartazgo que los vigilantes locales empezaban a sentir por la prepotencia de los extranjeros, que los ninguneaban y se dirigían a ellos con malas formas y como a unos subalternos, logré mi objetivo: allí estaba el mismísimo Keith Richards —años después, cuando vino a España para promocionar alguno de sus discos en solitario, le entrevistaría dos veces, una para *Diario 16* y otra para *Rolling Stone*—, derrochando energía y buen rollo con todo el mundo. Si no recuerdo mal, también estaban, como parte de la banda, los guitarristas de los grupos

Roxy Music, Fairport Convention y Queen, es decir, Phil Manzanera, Richard Thompson y Brian May. Casi nada.

Debían de haber pasado tres cuartos de hora cuando, de repente, aparecieron al fondo, por la izquierda del escenario, Jim Calllahan, otro forzudo con mandíbula de cascanueces y, en medio de los dos, Bob Dylan, que se apoyó en un monitor de sonido y echó una mirada entre aburrida y cautelosa, o al menos eso me pareció, a los asientos donde estábamos los cuatro gatos que habíamos conseguido sortear los controles. Empecé a calcular de qué modo aproximarme a él sin levantar sospechas y sin ser interceptado. Vi cómo se le acercaba una gran jefa de la división española de su casa discográfica, con la que yo tenía bastante trato a través del periódico, e iniciaba, o eso pretendía, una conversación —luego me contó que le dio la bienvenida y se puso a su servicio para ofrecerle cualquier ayuda que pudiera necesitar— ante la que él mostró un desinterés absoluto; de hecho, le pidió a uno de los matones que levantase las manos y se puso a lanzar golpes, igual que si fuera un boxeador entrenando en el ring. La directiva se retiró y yo me dije: no va a ser fácil, pero es ahora o nunca. Ahí estaba mi ídolo, a unos metros de mí, y tal vez nunca volviese a tener una oportunidad semejante. Valor y al toro.

Subí con toda la calma de la que fui capaz a la tarima, intentando pasar desapercibido entre la legión de operarios y técnicos que iba y venía de aquí para allá con instrumentos, micrófonos, cables, intercomunicadores y herramientas; pasé al lado de Richards sin casi ni mirarlo y me planté ante mi héroe, que en ese instante parecía estarle firmando un autógrafo a uno de los montadores, cosa que hizo con una lentitud infinita y una cara de aburrimiento descorazonadora. Le pregunté si podría saludarle. Me observó con desconfianza, de arriba abajo. Sus famosos ojos azules me estudiaban y los de Jim Callahan, a quien saludé ostensiblemente como a un viejo compañero de fatigas, echaban llamas. Su jefe le hizo un gesto que significaba: «¿Lo conoces?». Pero, finalmente, me tendió la mano. Luego, señaló el rotulador que sostenía ente los dedos: ¿lo que quería de él era otra firma? En realidad, tenía ya una: se la había pedido para mí el artista Osvaldo Gomariz, íntimo de Allen Ginsberg, en el estudio de Nueva York de un pintor amigo de ambos.

—No quiero molestar, sólo expresarle mi respeto y pedirle su autorización para ponerle a un libro mío de poemas el título de una de sus canciones —dije, en el inglés más inteligible que pude y tratando de que no se me notasen los nervios.

—¿Así que escribes poesía? —se interesó Dylan, apuntando una leve sonrisa.

—Sí, ya he publicado un par de libros —respondí.

—¿Te han traducido al inglés?

—Aún no.

—¿Y de qué canción mía hablas?

—«Shelter from the Storm».

Pareció cavilar unos instantes. Lanzó otro par de directos a las manos del segundo guardaespaldas. Valoré la posibilidad de preguntarle si la cantaría aquella noche, para alargar un poco la conversación, pero me contuve.

—¿Por qué esa? ¿Qué significa para ti? —dijo, cuando yo estaba ya a punto de darle las gracias y despedirme.

—Bueno, creo que es una buena definición de la literatura: un lugar donde uno se puede refugiar de las tormentas.

Volvió a pensárselo.

—No es mala idea. Vale, me parece bien, tienes mi permiso. Házmelo llegar, cuando salga.

Era una simple frase de cortesía, pero le hice caso ocho años más tarde, en 1999 y con otro libro, cuando le pedí a su telonero Andrés Calamaro que le diera a él o a la gente a su servicio un ejemplar de mi *Nunca le des la mano a un pistolero zurdo*, en la edición norteamericana que había salido un año antes en la editorial St. Martin's Press. ¿Lo habrá leído o lo dejó abandonado en cualquier parte?

—Muchas gracias. Que Dios le bendiga —dije, no sé por qué, para despedirme de él aquella tarde en Sevilla que nunca se me iba a olvidar.

Cuando Jim Callahan, quizá para salir airoso del compromiso en el que le había puesto, dio un paso al frente y apoyó una mano en mi espalda que era, de alguna forma, la diligencia preliminar de un empujón y, por tanto, un aviso que significaba que mi minuto de gloria tantas veces soñado con Bob Dylan había terminado, yo me dije que se equivocaba de parte a parte: esas cosas te duran para toda la vida, son mucho más fuertes que el tiempo, las desilusiones y el olvido. «Te recordaré / cuando ya haya olvidado todo lo demás», dice el genio en una de sus canciones de los años ochenta.

Por cierto, que al final mi *Shelter fom the Storm* se publicaría no una, sino dos veces en Estados Unidos, en ediciones bilingües de la University Press of North Georgia, en el año 2013, y de la delegación norteamericana del sello Valparaíso, en 2018, ambas llevadas cuidadosamente al inglés por el profesor Gordon E. McNeer; y con la primera sucedió otro de esos hechos que son pura brujería: cuando apareció la primera de ellas, viajé a Atlanta para presentarla. Lo haría de nuevo, cinco años más tarde, con la segunda, y me organizaron varias lecturas, la primera en el rascacielos donde se celebraba un congreso SAMLA de la ciudad, en el que ya había participado a principios de la década y donde ideé y ambienté el comienzo de la novela *Mala gente que camina*; la segunda en Athens y las dos últimas en la facultad de Dahlonega (Georgia), donde daba clase mi traductor, amigo y compañero de viaje por carretera, siempre con los discos de los Traveling Wilburys a todo volumen, en algunas excursiones que hicimos a Dakota del Sur, en dirección al Bosque Nacional de las Colinas Negras, donde está el monte Rushmore, con sus cabezas de los cuatro presidentes talladas en la montaña —por cierto, que son Washington, Jefferson, Roosevelt y Lincoln, pero en el proyecto inicial del escultor que las llevó a cabo iban a ser Buffalo Bill y los jefes indios Nube Negra y Caballo Loco— o rumbo a la inenarrable Helen, un antiguo pueblo maderero venido a menos que se reinventó a sí mismo y salió adelante al convertirse, por orden municipal, en una réplica de una ciudad bávara, sólo que situada en los Apalaches en lugar de en los Alpes. Allí se cuida hasta el último detalle al turista y nadie se sale de su papel, todos sus habitantes sin excepción van vestidos con ropas tirolesas, no hay edificio sin alardes de marquetería fina en puertas, balcones y ventanas y, lo más sorprendente de todo, en todos los establecimientos los dependientes te hablan fingiendo acento alemán.

La última lectura en Dahlonega, la ciudad donde se dice que comenzó la fiebre del oro, se hizo en un bonito café-librería desde el que se divisaba un bosque. Al concluir el acto se me acercó una mujer con dos ejemplares del libro, sobre el que yo, como no podía ser menos, había contado la historia de cómo le pedí su bendición a Dylan, en Sevilla, para que me autorizase a utilizar su título *Shelter from the Storm*.

—Uno es para que me lo firmes a mí —dijo—. Mi nombre es Mariana Stone y soy profesora asociada de lengua española en este centro. El otro se lo voy a dar a una persona, íntima amiga mía, de la que te gustará saber que es desde hace cuarenta años el cocinero de Dylan. Él se lo entregará de tu parte a Bob.

Así ocurren a veces las cosas. «La casualidad nos da lo que nunca se nos hubiera ocurrido pedir», dice el poeta Alphonse de Lamartine. No seré yo quien le lleve la contraria.

La segunda cosa sobre la que más he escrito en mi vida es sobre música. Lo primero que hice al llegar a jefe de sección del suplemento *Culturas*, de *Diario 16*, fue convencer a su director, César Antonio Molina, de que dedicásemos unas páginas cada semana a hablar de artistas ya canoniza-dos, incluso entrevistar a alguno de ellos, y añadir un apar-tado de críticas de discos, en la que yo me encargaba de las reseñas del rock, el pop o el jazz y el compositor Tomás Marco de los clásicos. Fue un éxito y la iniciativa atrajo a lectores distintos, aunque creó algunas tensiones con los responsables de Cultura y Espectáculos, de la que pronto pasaría a formar parte, compatibilizando las dos tareas en jornadas agotadoras que me obligaban a entrar en el perió-dico a las diez de la mañana y salir de él a las doce de la noche. La recompensa era que un día entrevistaba al poeta John Ashbery y otro a Keith Richards, uno a Octavio Paz, John Berger, Idea Vilariño o Jaime Gil de Biedma y otro a Neil Young, Paul McCartney o Sinéad O'Connor. Con esta última estuve en París, en 1994, es decir, dos años después de que escandalizara al mundo, sobre todo a los grupos ultracatólicos de su país, Irlanda, y de los Esta-dos Unidos, tras romper en el programa de televisión *Sa-turday Night Live* una foto del Papa, en protesta contra los abusos a menores de miembros de la iglesia, y gritar al pú-blico presencial y a una audiencia de millones de especta-dores: «Lucha contra el verdadero enemigo». Después con-taría en sus memorias que esa imagen que hizo trizas en directo era la que tenía enmarcada en su cuarto su madre, una mujer violenta y cleptómana, que vivía a Dios rogan-do y con el mazo dando, ya que la había maltratado cruel-mente durante su infancia a la vez que ofrecía de puertas para fuera una imagen beata y piadosa.

La cacería en su contra fue implacable: grupos y aso-ciaciones religiosas contrataron una apisonadora para aplastar cientos de sus álbumes frente a su compañía disco-gráfica; la prensa conservadora la calificó como «el rostro del odio más profundo»; Madonna se burló de ella; Frank Sinatra la describió como «una simple e insignificante es-túpida» y el siguiente invitado del mismo programa, el ac-tor Joe Pesci, tras desacreditarla en antena, mostró a la cámara la misma fotografía que ella había roto, pero con todos los fragmentos pegados, consiguiendo una gran ovación. Pero lo peor vino a los diez días del incidente, cuando subió al escenario del Madison Square Garden, en Nueva York, para participar en el homenaje a su gran ídolo, Bob Dylan, que había montado Columbia Records para celebrar el treinta aniversario de su primer álbum con la compañía. Allí estaban la flor y nata del negocio, de Eric Clapton a Neil Young, Willie Nelson, Johnny Cash, Lou Reed, Chrissie Hynde, George Harrison, Tom Petty... Ella, paradójicamente, iba a interpretar la canción «I Believe in You», del álbum cristiano de Dylan *Slow Train Coming*, pero no se lo permitieron: fue recibida con más silbidos que aplausos y cuando se encaró con los que abucheaban, mandó callar al pianista y aulló con gesto rabioso «War», de Bob Marley, el guirigay fue ya monumental.

Le pregunté en París por qué había escogido precisamente aquel tema del repertorio de Dylan. «Era un sortilegio para mí y es una demostración de que el espíritu no necesita las creencias, sobre todo cuando está en poder de un genio», me respondió. «Por ese motivo —añadió, con un esbozo de sonrisa— es por el que ese disco es mi favorito... y el tuyo». ¿Cómo lo supo? ¿Sería bruja o adivina, además de las otras cosas que le atribuye Kris Kristofferson en «Sister Sinéad», la canción que le hizo años después: «Puede que esté loca y puede que no lo esté, / tal vez lo esté como lo estaba Picasso y lo están los santos. / Nunca le gustaron los grilletes ni las cadenas / y ahora es demasiado vieja para que la podáis romper / y demasiado joven para que podáis domarla». Murió en 2023, a los cincuenta y seis años, en su casa de Londres, sin haber llegado a levantar cabeza, tras cometer varios intentos de suicidio y, al final, destruida por el de uno de sus hijos adolescentes. A mí, su mirada verde, que entraba en ti como tú en un bosque, y el modo en que me dijo aquella frase de hechicera no se me han olvidado.

Entre las otras estrellas a las que entrevisté hubo de todo: Neil Young, que o es así de hosco o tuvo un mal día, contestaba a todo de forma que pensases que la pregunta le había incomodado y su actitud era la de alguien a quien, como decía mi madre de los amargados, parece que se lo deben y no se lo pagan; Paul McCartney es simpático hasta lo inverosímil y Leonard Cohen era absolutamente adorable. Con él ocurrió algo divertido. Fui a verlo al hotel Ritz, acababa de publicar su disco *Ten New Songs* y me encargó entrevistarlo *Rolling Stone*. Me recibió en una antesala de su habitación. Me pidió que robase un cigarrillo del bolso que había en la butaca de al lado, lo encendiera, se lo pasase de vez en cuando y si entraba alguien jurase sobre la Biblia que era mío. «Es que Sharon no me deja fumar», se justificó, mientras daba una profunda calada y dispersaba con la mano el humo a su alrededor. Sobre un mueble pegado a la pared había un aparato de música sofisticado, hecho de algún material transparente que dejaba ver su interior. «Qué bien suena eso, ¿verdad?», me interrogó, señalándolo.

Hablamos de su nuevo trabajo, de música y literatura; le llevé para que me los firmase una novela suya que adoro, *Los hermosos vencidos*, en la traducción del sello Júcar, y su libro de poemas *La caja de especias de la tierra*, publicado por Visor, explicándole que yo era autor de la misma editorial; le conté que por las mismas razones que su hija se llamaba Lorca, la mía, que entonces tenía un año, se llamaba Dylan; y le pregunté, como a todo el mundo, por el gran Bob.

—Es el número uno y un genio rápido —me dijo—. En una ocasión fui a verlo tocar en París, en los años ochenta, entré a su camerino al acabar el concierto y quedamos en vernos en un café de la ciudad. Estábamos allí sentados, hablando de la familia, cuando me preguntó cuánto había tardado es escribir mi canción «Hallelujah». Le mentí por vergüenza, diciéndole que habían sido dos años, que en realidad fueron casi siete, y me detuve en explicaciones sobre rimas, estructuras, cambios de perspectiva, versos tachados, docenas de cuartillas tiradas en el suelo de un hotel de Nueva York que no conseguía ordenar... Él parecía aburrirse por momentos. Entonces, para salir de aquel laberinto y cambiar de tema, le dije que en su último álbum, *Infidels*, había una que a mí me encantaba, «I and I», y le devolví la pregunta: ¿Cuánto tiempo había tardado en componerla? «Ah, ¿esa? Sí, bueno, unos quince minutos». Lo peor no era que yo le hubiera engañado, sino que él, seguramente, decía la verdad.

—La tocó en directo, tu «Hallelujah». Fue el primero en hacer una versión, luego llegarían muchas más.

—Lo sé, lo sé. La cantó en 1988, en Montreal.

—Y también en Los Ángeles, unos días después. ¿Las tienes?

—Qué más quisiera, pero no se han editado.

—No oficialmente, pero yo tengo una grabación pirata. Te la he traído.

La recibió con entusiasmo y se levantó a quitar su *Ten New Songs* del sofisticado equipo de alta fidelidad, cuyo sonido había vuelto a alabar dos o tres veces durante nuestra conversación, para poner el cedé que le había llevado. Escuchó las dos versiones con los ojos cerrados. Cuando terminó, hizo dos cosas inauditas: apuntarme su dirección en el libro de poemas, «por si pasas por Canadá y quieres visitarme», y pedirme que le esperase un momento mientras iba a buscar una cosa a su cuarto, porque quería consultarme algo importante. Me quedé a la expectativa: ¿qué me iba a mostrar? ¿Una letra inédita o algunos versos nuevos? Sin embargo, apareció con una bolsa de deporte y, señalándome el elegante reproductor Bang & Olufsen que tanto parecía atraerle, me dijo: «¿Tú crees que eso cabrá aquí?». Desde esa mañana fabulosa no he dejado de preguntarme si bromeaba o de verdad estaba pensando robarle aquel loro de altos vuelos a la compañía.

Entre una cosa y otra, en el campo minado del periodismo logré abrirme paso por tres caminos a un tiempo: los libros, que son mi ámbito natural y el más aceptado como propio por los demás; la música y la opinión política. Ni que decir tiene que en estas sociedades del zapatero a tus zapatos hubo quien me miró con suficiencia, pero a todo se acostumbra uno y las miradas por encima del hombro no me hicieron variar el rumbo: muy al contrario, he conseguido transformar mis pasiones en profesiones y hacerlas compatibles —así fue en *Diario 16*, en *El País* e *infoLibre* y en la cadena SER, por ejemplo, llevo a día de hoy casi quince años apareciendo dos veces por semana, los lunes para recomendar lecturas y hablar de novedades editoriales y los viernes para hablar de discos e intérpretes; igual que comento en Radio 3, cada miércoles, novelas de intriga o policíacas—, sino también en el terreno de la creación, escribiendo composiciones de las que ya hablaremos, y en los escenarios, recorriendo una y otra vez el país con una mezcla de recital y concierto que me ha proporcionado experiencias inesperadas y, por lo tanto, dos veces gratas.

Una noche del año 1981 entré, como tantas otras, en el Rincón del Arte Nuevo y me quedé en la barra, charlando con los amigos y oyendo al fondo, sin echarles muchas cuentas, las interpretaciones de siempre. Pero al rato descubrí que esa vez allí había alguien más, un invitado al que uno de los habituales había pedido que subiese al diminuto escenario para acompañarle en una canción y luego que tocara un par de las suyas. Me gustó mucho lo que escuchaba, pedí un poco de silencio y me acerqué a ver quién era aquel joven —tenía entonces treinta y tres años— que fraseaba con un deje a lo Dylan y cuyas letras me parecieron espectaculares. «Se llama Joaquín Sabina —me contaron—, ¿no lo conoces? Sacó hace poco el disco *Malas compañías* y está empezando a sonar bastante». Cuando acabó su breve introducción me lo presentaron, cruzamos unas palabras mientras fumábamos a la puerta del local, comparamos algunas lecturas afines —casi estoy seguro de que hablamos de Jaime Gil de Biedma, sobre el que cuarenta años después escribiríamos una canción a día de hoy inédita—, nos caímos bien y, de momento, ahí se quedó la cosa.

Pero el mundo es un pañuelo y la siguiente vez que coincidimos —nada raro, porque frecuentábamos los mismos bares de Madrid, que eran a los que iba todo el mundo de nuestra cuerda en aquel entonces— ya hablamos de amigos comunes y muy recientes en mi caso, Luis García Montero, Álvaro Salvador y Javier Egea o el profesor Juan Carlos Rodríguez, a quien él conocía de sus años en Granada, y le conté mi relación con Rafael Alberti. Joaquín me propuso ir algún día a comer los tres y muy pronto lo hicimos. Hubo química y a partir de entonces esas reuniones se repitieron con bastante frecuencia. En ellas, el maestro contaba sus historias sobre Lorca, Neruda o Picasso y el músico disfrutaba a lo grande y pagaba la cuenta: con él hay que estar muy rápido para que no te invite y quienes lo conocemos bien sabemos que es de una generosidad que hace que tengamos prohibido alabar demasiado algo suyo, porque inmediatamente te lo regala. Una noche en el bar Elígeme, al que íbamos cada dos por tres, le dije a Joaquín que me gustaba una especie de guardapolvo que se acababa de comprar y que era clavado al que llevaba Dylan en su concierto de pocos meses antes en Madrid, el de 1984, y antes de que acabara la frase ya se lo había quitado y me lo había puesto: «Si es que te sienta mejor a ti que a mí», se justificaba ante mis protestas. Una serigrafía firmada del autor de «Like a Rolling Stone», que se había comprado creo recordar que en Nueva York, ha insistido tanto en dármela que una y otra vez me defiendo de él con el argumento de que si el cuadro es mío, lo cuelgo donde yo quiero, y ese lugar es una de las paredes de su casa. Y cuando en pleno divorcio pasé por una mala racha que me hizo pensar que tal vez debiera vender mi casa de Rota, me advirtió que no lo permitiría y se ofreció a pagarme la hipoteca, cosa que desde luego rechacé, pero agradecí de corazón: no tuve la más mínima duda de que hablaba en serio.

Mucho antes de eso, la amistad se fue haciendo íntima a lo largo de muchas noches muy largas, de esas que no acaban cuando sale el sol, y nos veíamos muy a menudo. En los primeros años yo vivía en un apartamento minúsculo de la calle del Amparo, a diez minutos andando de su casa de Santa Isabel, y como por no tener no tenía ni televisión, cuando quería ver el fútbol iba a su piso y me instalaba en el salón. A veces él aparecía y a veces no, pero cuando lo hacía pronto, nos íbamos por ahí. Incluso me llevó de vez en cuando en Madrid a los toros, de los que no entiendo gran cosa y entendí aún menos escuchándole hablar de la faena de este o aquel matador con una rigurosa terminología taurina y mucha seriedad de entendido, que si la serpentina, que si el volapié, que si un natural, que si a portagayola, que si cargar la suerte, que si hacer un galleo, que si una estocada en «el rincón de Ordóñez»... Para mí era como oír hablar a un marciano. Claro que en el tendido número siete de Las Ventas todos eran por el estilo, y en las otras plazas igual: estando con Rafael Alberti en la de El Puerto de Santa María, viendo a Rafael de Paula y Curro Romero, nos encontramos con un señor que a media corrida le pedía al asistente que lo acompañaba que sacase un maletín en el que guardaba doce catavinos y una nevera portátil donde había dos botellas de manzanilla en rama, conservadas entre hielo, e invitaba a los presentes «para olvidar lo mala que está siendo la faena». Eso sí, nadie superará en ese terreno la frase de Oscar Wilde: «Yo bebo para hacer más interesantes a los demás».

Aparte de lo que acabo de contar, mi única relación con ese mundo se reduce a haber leído lo que escribieron sobre él Lorca, Alberti, José Bergamín, Gerardo Diego o, en tiempos más recientes, Felipe Benítez Reyes, y a coincidir de vez en cuando con el matador José Tomás, al que conozco desde que en 2002 ambos presentamos en el teatro de La Abadía y junto a Ana Belén el libro de Joaquín *Con buena letra*. Siempre que nos encontramos me reprocha suavemente mi desinterés por la lidia, pero también es verdad que una noche cantamos juntos una ranchera, rodeados de mariachis. Creo que era «Postdata», la que hicimos Sabina, Leiva, Ariel Rot y yo para *Lo niego todo*.

El otro torero con el que he compartido mesa y mantel es el alicantino Luis Francisco Esplá, con el que se empeñó en cenar Sabina después de una de nuestras lecturas de poemas, en aquella ocasión en Valencia, donde, por cierto, hubo un tumulto de gente que no había podido acceder a la sala porque estaba llena a rebosar y que aporreaba furiosa las puertas, exigiendo ser admitida. Cuando les abrieron, porque con aquel guirigay era imposible recitar nada, se produjo una avalancha: el público triplicó el aforo, ocupando los pasillos, los laterales y hasta el escenario. Al día siguiente, los periódicos locales denunciaban algunos destrozos.

Pero volvamos al restaurante donde fuimos esa noche y al diestro y banderillero, entonces retirado, que se había cortado la coleta en 2009, era licenciado en Bellas Artes, pintaba carteles de los festejos con mucho arte y, todo hay que decirlo, era absolutamente inmisericorde a la hora de ponerles defectos a sus colegas en activo: uno no sabía perfilarse; otro hacía la trampa del pico de la muleta al citar o era tendencioso con el estoque; a un tercero le faltaba temple; un cuarto echaba el brazo por delante para entrar a matar... A los postres, Joaquín le preguntó por su hijo, que era novillero, imagino que más que nada por oírle hablar bien de alguien, y para adornar el halago le anunció su interés en ir a verlo a alguna feria de Madrid.

—No gastes tu dinero en eso —replicó Esplá con su voz fina—, que no vale la pena: el niño no es torero.

Nos quedamos mudos. Y desde entonces rezamos para que nadie le pregunte por nosotros.

En 1987, al año siguiente de haberse publicado mi primer libro, *Un caso sencillo*, a los amigos de Granada y a mí no se nos ocurrió mejor idea que participar en la antología *1917 versos*. Estábamos en ella Luis García Montero, Javier Egea, Antonio Jiménez Milán, Álvaro Salvador, Javier Salvago y yo. La sacó Ediciones Vanguardia Obrera y su mezcla de pasión y opinión, textos amorosos y comprometidos fue descrita por algunos críticos como «una intencionada provocación», «un episodio polémico que es una singular anomalía en el panorama de la lírica española» y, más madera, como «el otoño soviético de *La otra sentimentalidad*». La guerra contra lo que algunos llamaron «poesía de la experiencia», en la que mi forma de escribir hace que esté siempre de alquiler, empezaba sus primeras batallas y aún no ha acabado. Lo mismo que en todos los debates, en este también hubo y hay discrepancias comprensibles, argumentos inteligentes y quien aprovecha para intentar pescar en el río revuelto cuyas aguas él mismo ha agitado. Y por supuesto, ahí están siempre la bandera de la pureza usada a modo de arma y el recelo contra todo lo que tenga éxito y, en este caso, lectores. No hay problema: con el tiempo, uno se cura de espanto. En 2020 la Universidad de Cádiz publicó una obra titulada *La semántica del poder: la poesía de Benjamín Prado*, en la que Fernando Candón Ríos, doctor en Artes y Humanidades y, al menos en aquella época, profesor del Departamento de Lengua Española, Lingüística y Teoría de la Literatura en la Universidad de Sevilla, mantenía a lo largo de casi trescientas páginas la teoría de que si yo no fuera tan famoso no sería tan conocido. En ese birlibirloque estaba de nuevo la idea de que la exposición pública de algunos intelectuales en medios de comunicación y escenarios legitima y magnifica fenómenos culturales que se benefician de su popularidad o su cercanía a determinados círculos de poder, acaparan premios e imponen cánones estéticos. Por añadidura, en mi caso y salvando todas las distancias, igual que Borges bromeaba con que no darle el Premio Nobel se había convertido en una vieja tradición nórdica, podría añadirse que acusarme de fomentar a jóvenes poetas con el fin de convertirlos en mis discípulos y publicistas es ya un lugar común. Una de mis fotografías preferidas es de la presentación en Granada de *Un caso sencillo*, en la que se me ve a mí recitar, con toda la ilusión de mis veinticuatro años, y a Alberti que me observa y sonríe orgulloso. Cuando he podido mirar a otros con esos mismos ojos, yo también me he sentido muy feliz.

La portada de *1917 versos* se la pedí a Rafael Alberti, que hizo un bonito dibujo en el que nos representaba abrazados a los seis participantes en la compilación. Para nosotros era un modo de reivindicar su magisterio y, por su parte, con esa ilustración nos extendía un aval literario, aunque debo confesar que no todos los presentes le gustaban por igual.

Pero si algo provocó esa obra colectiva fue mi debut como letrista: en el libro habíamos incluido varios de nosotros poemas menos convencionales y yo en concreto una canción de ecos dylanianos llamada «Viajero que regresas a esa ciudad del norte». Al poco tiempo, Joaquín me pidió que fuera a su casa y me la cantó por sorpresa en la cocina. Le había cambiado el título, ahora se llamaba «Cuando aprieta el frío», y añadido versos que mejoraban sin duda los originales. Me encantó. Luego le dimos un par de vueltas para afilarla y descubrimos que hacerlo juntos era aún más divertido: otra cosa había comenzado, no sé bien si por casualidad, pero sí por una suma de azares. Al ponerse a la venta el disco en el que estaba incluida, *El hombre del traje gris*, sentí que acababa de salir de la cárcel, que es lo que dice Bob Dylan que sintió la primera vez que escuchó a Elvis. Después hemos coescrito muchas más, como veremos, pero cada vez que le he visto interpretar esa en sus conciertos me he emocionado de una manera muy especial.

Para mí, colarme en el mundo de la música, aunque sea de copiloto, ha sido y es un premio extra del que tal vez disfrute aún más por formar parte de él en calidad de aficionado. En el instituto me hice amigo del que con los años se convertiría en el autor de las portadas de mis libros, el pintor Pablo Pino, y con él pasaba tardes infinitas practicando acordes de guitarra y éxitos del momento. Incluso llegué a ensayar con un grupo y a tocar en algún pub, aunque sólo para divertirme y sin dudar ni por un segundo de que mi sitio estaba en la literatura. Sin embargo, con el tiempo he encontrado ese punto intermedio que es subirme al escenario con solistas o bandas, para leer mis poemas y, si me vengo arriba, cantar un estribillo y tocar la armónica a lo Dylan o unos acordes en una acústica. Y lo he disfrutado de lo lindo.

Y el caso es que todo eso empezó, de nuevo, por otra casualidad. Resulta que yo viajaba con frecuencia a Cuba; me habían llamado una primera vez para proponerme editar allí *A la sombra del ángel* e ir a hablar de él a La Habana; la segunda, para hacer lo mismo con María Teresa León y su *El gran amor de Gustavo Adolfo Bécquer*; dos más para ir a presentar sendas antologías: la temática *Lo que canté y dije de Rafael Alberti* —que había salido en España en 2004 en el sello Renacimiento y ahora se reeditaba para servir de apoyo a mi participación en un congreso sobre él, junto a su hija Aitana y Luis García Montero— y la genérica *Aquí y entonces*, que fui a firmar a la Feria del Libro. Por cierto, que estaba muy sorprendido por la enorme cola de gente que iba a llevarse un ejemplar dedicado cuando el agregado cultural, Javier Hergueta, que a la hora de escribir estas líneas sigue en el mismo destino, pero ya como embajador, me bajó los humos: «Bueno, es que aquí y en este caso los ejemplares no se venden, se regalan». Ya me parecía a mí.

La quinta propuesta para volar a La Habana fue invitarme al festival de cine de la localidad de Holguín, que se clausuraba cada año con una actuación a la que asistían miles de personas. Lo que me encargaban era que fuese acompañado de un músico e hiciéramos un concierto híbrido de poesía y rocanrol. A esas alturas ya estaba perdidamente enamorado de la ciudad. Me encantaba alojarme en el hotel Meliá Cohiba; disfrutaba saliendo a correr muy temprano por el malecón, hasta el edificio *art déco* de la Casa de las Américas y vuelta, luego un rato al gimnasio, una ducha y el desayuno que más me gusta de todos los que conozco, con sus frutas americanas, sus tortillas a la carta y sus zumos. Al caer la tarde, iba con alguien a la plaza de Armas para buscar libros antiguos y las noches que estaba libre a cenar a algún paladar, La Cocina de Lilliam, Gringo Viejo o mi favorito, Vistamar, con su piscina y su terraza sobre el océano. Como adivinarán, tanto disfrute también me inquietaba y producía mala conciencia al compararlo con la vida llena de carencias y prohibiciones que llevaba la gente que vivía allí, sometida a una dictadura interminable que no les permitía ni salir de la isla libremente. Una amiga que era presentadora en la televisión me dijo que la cuenta que yo acababa de pagar en uno de esos encantadores restaurantes equivalía a su sueldo de cinco meses. Me sentí avergonzado.

Por supuesto, uno hacía lo que le era posible para echar una mano sin ofender a nadie: hablé con editoriales de España, recomendé a autoras y autores, los animé a presentarse a premios que alguno ganó y cuando dirigí *Cuadernos Hispanoamericanos* les encargaba artículos bien pagados que, por cierto, después tenían que hacer mil equilibrios y cambalaches para poder cobrar sin que aquel Estado voraz se quedara con casi todo. No era gran cosa, pero era lo que estaba a mi alcance y literariamente era justo: hablamos de narradores y poetas magníficos a quienes les era muy difícil abrirse paso entre tanta burocracia y bajo la lupa de aquel sistema opresivo.

Que me acompañara a Holguín se lo propuse a Coque Malla y lo que ocurrió en aquel escenario, la mezcla de sus canciones y mis poemas, fue el principio de una colaboración que al volver a casa daría lugar a una larga gira por casi todo el país en la que fueron creciendo las salas y el público, según se hablaba de ella en la prensa, y pronto empezó a colgarse el letrero de «localidades agotadas» en todos los teatros y auditorios donde íbamos. Por suerte o por desgracia, la vida de carretera desgasta y tensa las relaciones, y nuestro caso no fue una excepción: tras muchos conciertos de mucha intensidad, que requerían una gran energía, se enfadó porque hice una actuación con la banda de moda, los Pereza de mis hoy hermanos Leiva y Rubén Pozo. Así me lo habían propuesto los organizadores y no pensé que fuera nada malo: en ese mundo del espectáculo todos tocan con todos; las colaboraciones están a la orden del día. Él quizá sintió celos o tal vez yo no le tuve el respeto que se merece, y cuando se lo conté tampoco pareció importarle, pero el resultado fue el mismo: la confianza se quebró, tuvimos una discusión muy subida de tono durante la prueba de sonido previa a una actuación en Granada y ambos nos dimos cuenta de que, simplemente, el ciclo había terminado.

Sin embargo, ese fin también sería el principio de otras muchas cosas, porque las espadas habían quedado en alto, los promotores llamaban con sus ofertas y desde entonces no he parado de compartir esa mezcla de recital y concierto con diferentes artistas, muchas veces con los mismos Leiva y Rubén —juntos y por separado—; cuando ha surgido, con los cantautores Ismael Serrano y Marwan; con la diva pop Amaia Montero —a quien además le escribí las letras del disco *Nacidos para creer*—; una tarde increíble, en Avilés, con el mago del jazz Jorge Pardo y su grupo, en una muestra de arte efímero que consistía en interpretar poemas hechos para la ocasión y de una sola vida, que nunca más volverían a oírse ni a ser publicados; cientos de veces y en los lugares más insospechados, lo mismo grandes teatros que garitos, con mi *prima* Rebeca Jiménez y su banda o con Shuarma, líder del cuarteto Elefantes, amigo cercano, de una educación exquisita y un hombre inquieto, de una curiosidad insaciable, que siempre tiene varias propuestas simultáneas que hacerte y que es un artista de talento superlativo, voz hipnótica y, antes que nada, una persona de trato delicioso con quien ya he dado muchos recitales por toda España, he escrito canciones y al cierre de esta edición tramamos hasta un musical, que para eso somos un par de cómicos: si yo he hecho de actor en la serie *Los años nuevos*, él ha encarnado a *El principito* de Antoine de Saint-Exupéry en el teatro.

Mis modelos para esa combinación de poesía y música popular son Patti Smith y Allen Ginsberg. A la primera me la presentó brevemente Laura García Lorca, en octubre de 2007, después de verla dar un concierto exclusivo, para trescientas personas, en La Casa Encendida, en Madrid, con el que se ponía la guinda a una exposición y un congreso sobre Rimbaud. Yo había tenido contacto con ella por correo electrónico, porque me habían encargado hacer una antología de su obra literaria los responsables del Museo de Arte Contemporáneo del País Vasco, que preparaba en Vitoria una muestra de sus fotografías y otros trabajos suyos. Su directora me había facilitado en préstamo muchos de sus libros, algunos de ellos inencontrables por ser ediciones de artista o plaquettes de tirada muy corta y que luego iban a exhibirse en unas vitrinas, y me había dado, con el consentimiento de la artista, su dirección de correo electrónico, para que le consultase mis posibles dudas. Lo hice, me respondió siempre con amabilidad y curiosidad por mi selección y, cuando me sugirió que incluyese algún poema con el que no había contado y que era importante para ella, lo hizo con un respeto absoluto. Así que me fue fácil identificarme y preguntarle para romper el hielo, aprovechando que durante su actuación había recitado al propio Rimbaud, qué había ocurrido con la casa de Londres donde vivieron éste y Verlaine, el primero escribió parte de las *Iluminaciones* y *Una temporada en el infierno* y el segundo sus *Versos sin palabras*. Ella y Bob Dylan habían encabezado una campaña internacional para salvarla de la demolición. «Y tuvimos éxito —me dijo—; un mecenas la compró, para que se convirtiese en una fundación cultural». Pero más allá de ese encuentro fugaz, lo que se me quedó grabado fue su forma de medio leer y medio cantar algunas de sus letras y su modo de convertir la poesía en rocanrol y viceversa. «Algún día haré eso», me dije.

A Allen Ginsberg lo vi actuar en el Círculo de Bellas Artes, donde yo había tenido mi primer trabajo, en diciembre de 1993. Era la primera vez que recitaba en España y también la última, porque le quedaban poco más de tres años de vida. Me invitaron a ir al acto y al cóctel posterior, para unos cuantos privilegiados, los poetas José María Parreño y Nacho Fernández, que debían de ser los organizadores del acto, y yo me llevé a Christina Rosenvinge y Ray Loriga. Lo que vi me dejó hipnotizado: el maestro beat leyó su mítico «Howl», el arrebatador «Father Death Blues» y «The Tyger», de William Blake; le hizo un homenaje a Fernando Pessoa y logró que la muchedumbre corease algunos estribillos. Se acompañaba de un armonio que le daba a la velada un aire místico; se cuidaba la garganta, entre número y número, bebiendo el té verde japonés en rama que había pedido tener siempre a mano, en una mesa auxiliar, y su forma de declamar le envolvía en un aroma de predicador o chamán. A media actuación hizo un alto, descendió al patio de butacas y firmó algunos libros a sus incondicionales. Fue fascinante. Luego, en la copa de después, le pedí que me dedicara *La caída de América*, que guardo como un tesoro. Camino a casa, pensé lo mismo que catorce años más tarde en el concierto casi privado de Patti Smith: esto es lo que yo quiero hacer.

La amistad con Joaquín siguió adelante. Montar nuestra propia colonia de vacaciones en Rota, donde nos juntábamos prácticamente a diario con Almudena Grandes, Luis García Montero y Chus Visor, Felipe Benítez Reyes y su mujer, Silvia, hizo que surgieran nuevas colaboraciones de forma natural, sin buscarlas: sencillamente, cualquiera de las muchas veces que nos quedábamos él y yo a solas se nos ocurría alguna idea y nos poníamos a hacer estrofas y estribillos, yo creo que más que nada para matar el rato y por no tener que terminar la fiesta y recogernos. Algunas de esas canciones se conocen y otras duermen, por ahora, el sueño de los justos.

Pero en 2009 llegó el viaje a Praga que ya he mencionado y esa vez las cosas fueron de otro modo: ahí no hubo improvisaciones, nos marchamos a trabajar y con el propósito de hacer un álbum entero. Quien desee conocer de forma pormenorizada lo que ocurrió en aquellos días y cómo nos enamoramos de la ciudad de Kafka, Rilke y Vladimir Holan puede leer el libro *Romper una canción*, donde se cuentan nuestras aventuras.

Alojados en un hotel en cuya cafetería, que bautizamos con el nombre de Hopper's Bar, armábamos todas las noches las canciones de su futuro disco *Vinagre y rosas*, nuestra rutina era la siguiente: cada mañana me levantaba temprano e iba al gimnasio —cosa que él consideraba por completo vergonzosa y me afeaba a grandes voces—, luego a desayunar y después regresaba a mi habitación para avanzar con el manuscrito de mi novela *Ajuste de cuentas*. Ese era el plan inicial, pero en cuanto se me empezaron a meter en la cabeza rimas y versos fui incapaz de hacer compatibles las dos tareas: las canciones me absorbían de tal manera y hacerlas con Joaquín era tan aleccionador, tan mágico y tan divertido que, de hecho, me centré en el objetivo de estar a su altura o, al menos, no desentonar, y aparqué hasta tal punto la redacción de aquella tercera entrega de los casos del profesor Juan Urbano que cuando, meses más tarde, intenté seguir adelante, me sentía tan lejos de la historia y tan incapaz de recuperar el tono de la narración que borré las ciento cincuenta páginas que llevaba hechas y empecé otra vez desde cero. Hay cosas que sólo crecen si las cortas por lo sano.

Cuando él estaba listo, alrededor de media mañana, dábamos un paseo por la ciudad hasta el único kiosco internacional que encontramos donde se podía encontrar prensa española, se tomaba un par de horas en leerla y luego íbamos a comer por ahí, dábamos una vuelta, regresábamos al hotel, repasábamos lo hecho el día anterior y luego hacíamos algo de turismo, visitábamos Malá Strana, la casa del poeta Holan a orillas del río Moldava o la Taberna del Soldado Švejk, el personaje de la obra maestra de Jaroslav Hašek, donde encontró la portada del disco al ver a un trombonista que se paseaba soplando su instrumento entre las mesas; y al regresar nos quedábamos en el Hopper's Bar, puliendo las letras hasta que nos vencía el sueño. Los camareros, viéndonos abrazarnos, darnos besos y bailar tregua y catala, como dice Julio Cortázar, cuando, después de mucho tachar, encontrábamos la palabra que nos faltaba, creerían que éramos una pareja en su luna de miel o algo así. No puede ser casualidad que con las letras del sustantivo «recepcionista» se pueda formar el adjetivo «escéptico» y eso fue lo que parecieron los dos del hotel Kempinsky cuando, quince días más tarde, les preguntamos dónde podíamos ir a comprarle unas flores a la mujer de Sabina, que iba para pasar el fin de semana con él y volverse ya juntos a Madrid. Durante su estancia, los dos hubiéramos jurado que esa gente miraba a Jimena con cierta lástima.

Aquella experiencia había sido única; en Praga fuimos felices e indocumentados, como dice García Márquez, nos cundió el tiempo y mejoró el ánimo, él volvió a España con tres cuartas partes de su disco a punto de caramelo y yo eternamente agradecido, con otra perspectiva menos dramática de los problemas sentimentales que me habían acorralado y dispuesto a que un clavo lo sacasen del corazón otros clavos. Los poemas de *Marea humana* hablan de algunos de ellos.

Tras el regreso, seguimos trabajando en *Vinagre y rosas*, unas veces en su casa y otras en algún restaurante —recuerdo una comida, él y yo a solas, en el famoso Lhardy, en la Carrera de San Jerónimo, donde los camareros se desesperaban porque no probásemos su reputado cocido en una mesa llena de papeles donde corregíamos «Viudita de Clicquot»— y le insistí mucho para que hiciera algo con los chicos del grupo Pereza, que me gustaban mucho y que le sacaron un piropo cuando le puse sus últimos rocanroles: «Son buenos, parecen argentinos». A él también le había hablado de esa banda Guti, el futbolista del Real Madrid —que siempre compite conmigo por ser quien se los descubrió— y yo los conocía de uno de los saraos que organiza la banda de Joaquín sin él, pero con algunos invitados que hacen de él, incluso a veces gente del público. La noche en cuestión actuábamos, si no recuerdo mal, ellos dos, el actor Santiago Segura y yo. Y Leiva y Rubén Pozo me habían parecido dos muchachos angelicales y fáciles de querer, que es justo lo que son. Así que Joaquín y yo nos pusimos manos a la obra, le dimos una letra a cada uno y ellos las musicaron —me encanta ese verbo— de forma increíble. Una de ellas, «Tiramisú de limón», recuerdo que la hicimos durante una jornada interminable, encerrados en el estudio de su casa desde después de comer hasta el día siguiente, y que el original era siete u ocho veces más largo de lo que ha sobrevivido y se conoce; la otra, «Embustera», resumía a la perfección el espíritu que nos había llevado a la República Checa: «Siempre voy a tenerte que agradecer / que hayas sido conmigo tan embustera / y me hayas enseñado lo que es querer: / bailar mientras rodamos por la escalera. / [...] Por eso sé que perderte / no era quedarse sin nada. / La muerte es sólo la suerte / con una letra cambiada. / [...] Por mucho que me duela debo admitir / que otras me ven sin ropa y tú desnudo. / Será mucho mejor si pretendo huir, / cortar la cuerda, deshacer el nudo».

Por nuestra parte, Joaquín y yo aprovechamos varias de las lecturas de poemas que hacemos al alimón de vez en cuando, por ejemplo una en Tenerife, donde acabamos «Virgen de la amargura» en el jardín del hotel Mencey. Y un poco más adelante nos marchamos por fin a Rota para rematar la faena. Él se adelantó con sus músicos y yo le seguí en mi coche, un par de días más tarde, pero antes de salir hacia Cádiz, telefoneé al director de cine Fernando León, que tenía en mente realizar lo que trece años después acabó siendo su documental *Sintiéndolo mucho*. «Salgo en tres horas. Si te quieres venir, paso a buscarte», le dije. Y aceptó, pese a que le vi despedirse de su mujer y su hija lo mismo que si partiera al frente de guerra. «¡Oye, que tampoco somos tan malos!», protesté. El autor de películas memorables como *Familia* o *Los lunes al sol* es un hombre tranquilo, me parece que poco dado a los excesos, pero aceptaba los nuestros con una sonrisa cómplice y nos seguía el paso hasta donde se lo permitían su naturaleza y el hecho de que él lo filmaba casi todo, lo que se ha visto y lo que no.

La leyenda no miente cuando dice que nos tiramos una semana de juerga ininterrumpida, pero calla la otra mitad: que regresamos a Madrid con el trabajo acabado y listo para ir al estudio, donde se grabó durante el único mes de agosto que no he pasado en Formentera o en Cádiz en las últimas cuatro décadas, porque Joaquín quiso que yo estuviese allí y con razón: hicimos muchos cambios sobre la marcha y todos mejoraron lo que había, sobre todo porque él estaba en vena. Al acabar cada sesión nos íbamos a su casa, Jime nos reñía por ir pasados de copas, le enseñábamos las maquetas que iban completándose, ella nos perdonaba más o menos, sacaba algo de cenar y nos quedábamos hablando un rato, hasta que llegaba la hora de echar el cierre a la tienda.

La gira de presentación de *Vinagre y rosas* fue un éxito sonado, igual que todas las suyas; empezaba cada actuación con siete canciones de las nuevas —yo estuve en el primer concierto, en Santander, y en muchos otros, en España, Argentina y México— y resultaba muy emocionante ver sobre las tablas y bajo los focos el resultado de tanto esfuerzo, descubrir que algo que había sido tan privado y en el fondo tan artesanal, hecho por dos amigos que buscaban rimas con la única ayuda de un par de bolígrafos y unos cuadernos, se había transformado en un espectáculo de masas. Por supuesto, tampoco olvidé nunca que todo había surgido de su voluntad de ayudarme a pasar una mala racha, por mucho que él siempre lo cuente al revés, haciendo ver que el favor se lo hice yo por realquilarle mis sinsabores amorosos. Un auténtico caballero. Cómo no le voy a querer con locura.

Ocho años más tarde, en 2017, Sabina sacó su disco *Lo niego todo*, en el que yo también participé. Algunas de las letras las habíamos ido haciendo a salto de mata y sin prisa, a menudo también de forma discontinua: hoy unos versos, tres meses más tarde los siguientes... Hemos contado la historia de cada una de esas composiciones en el libro *Incluso la verdad*, pero a modo de resumen, la que terminó por darle título al álbum, por ejemplo, se nos ocurrió en Sanlúcar de Barrameda, mientras comíamos en el restaurante Bigote, uno de sus favoritos de la zona. Alguien dijo algo sobre la diferencia entre conocerte y saber quién eres, surgió la idea, aparecieron los primeros esbozos, a los postres encontramos la fórmula del estribillo, nos dimos cuenta de que aquello era caza mayor y la cosa se puso tan al rojo vivo que al volver cada uno a su casa Joaquín se saltó su famosa «siesta del carnero» y su costumbre de no volver a aparecer hasta por la noche. Acababa de cerrar la puerta de la mía cuando sonó el teléfono móvil: «Benja, ¿por qué no pasas al ordenador lo que hemos hecho, se lo envías a la Jime para que lo imprima, te vienes por aquí y le dedicamos la tarde a esa joya?». Antes de que acabara la frase, ya pedaleaba en mi bicicleta, rumbo a su jardín.

Otra de ellas, «Quien más, quien menos», surgió del nombre de una cafetería del aeropuerto. Y una tercera, «No tan deprisa», la habíamos compuesto a tres manos con Rubén Pozo, el verano anterior, cuando le invité a pasar unos días en la playa, y él y Sabina, a quien le encantaban su timidez de suburbio y sus mañas de gato callejero con la guitarra, pasaban las tardes tocando blues y melodías estilo J. J. Cale. A ratos, yo me sumaba con la armónica. Un día, encontraron una variación que les gustó y le pusimos letra: fue la primera piedra del futuro disco, del que, por otra parte, nadie hablaba como de algo cercano, ni era un tema que, por el momento, a su autor pareciese interesarle gran cosa. Pero él es siempre así: puede pasar aletargado una temporada que parezca interminable y de pronto, sin previo aviso, se levanta una mañana y dice: «Jime, quiero salir de gira», llaman a Berri, su representante de casi toda la vida, y en ese preciso momento se ponen a dar vueltas las ruedas de una maquinaria que le llevará por España, toda Latinoamérica, Nueva York, París y Londres, en auditorios donde las entradas se agotan a las dos horas de salir a la venta y ciudades como Buenos Aires, México capital o Madrid, donde para satisfacer la demanda tiene que actuar ocho o nueve veces. En cualquier caso, nadie pensaba en eso, ni falta que hacía, mientras jugábamos en el porche de su chalé de Rota a imitar a J. J. Cale y a echar la tarde, como se dice de manera tan bella en Andalucía.

En el caso de *Lo niego todo*, las cosas se precipitaron el siguiente verano con la llegada de Leiva a Cádiz. En principio, iba allí en calidad de productor, en visita casi formal y a modo de toma de contacto, lo que ya indicaba que Sabina le había metido otra marcha al proyecto; pero tardó diez minutos en convertirse en la mano derecha de Joaquín: su talento increíble como músico, su capacidad pasmosa para encontrar melodías sobre la marcha a la vez que nosotros discutíamos las letras que acabábamos de enseñarle; su forma de ser, de ir siempre de frente y decir las cosas a la cara; el aura que le rodea, su romanticismo de garaje y furgoneta y el respeto con el que trataba a su ídolo conquistaron al maestro en un visto y no visto. Con los tres en su casa, compartiéndolo casi todo y a todas horas, las canciones empezaron a salir con una facilidad pasmosa. El rocanrol «Las noches de domingo acaban mal» lo hicimos en hora y media y con bastante alcohol en el cuerpo, cantando ellos dos las estrofas en caliente, según las terminábamos. El *reggae* que ahora da título a estas memorias, «¿Qué estoy haciendo aquí?», lo tramamos, entre copa y copa de manzanilla, mientras comíamos en la terraza La Gaviota, del hotel Playa de la Luz, y prácticamente se acabó durante el trayecto de quince minutos a pie hasta la casa de Jime y Joaquín. Nada más entrar, Leiva, que ya había ido tarareándola por el camino, fue a por su guitarra y la tocó de una forma muy parecida a lo que ha sido la versión final. Estábamos en estado de gracia. Y sobre todo, lo estábamos pasando muy bien.

Vinagre y rosas es un disco melancólico y *Lo niego todo* es un disco optimista que, sin embargo, también pasó su mal momento cuando nos peleamos, en la última escucha del material en el estudio de casa del maestro, por la canción «Sin pena ni gloria», a propósito de unos cambios hechos en el último momento que no nos gustaban igual a los dos. Seguramente la cosa venía de más lejos porque, esto se comprenderá bien, en la escritura a cuatro manos tiene que haber desacuerdos y conflictos, por muy uña y carne que se sea y por muy compenetrados que se esté, pero nosotros los hemos sorteado siempre con humor, respeto y cariño. Menos esa vez, que la disputa fue menos amable, tal vez porque se produjo por acumulación y tenía algo de ajuste de cuentas. Leiva, el único al que dejamos quedarse cuando les pedimos al resto que nos dejaran a solas, estaba pálido. «Chicos, ¿y no podríamos llegar a un acuerdo?», se atrevió a decir. «¡Pero qué acuerdo ni que niño muerto!», bramó Sabina. «¿Es que no ves que estamos a punto de darnos de hostias?». Al final, cuando ya soltamos toda la tensión, lo que nos dimos fue un abrazo y lo que le dije va a misa: «Para mí vales más tú y más lo que nos queremos que todas las canciones del mundo». «Aquí no ha pasado nada —me respondió—. Y además, ¿te das cuenta, Benja? En cuarenta años no nos hemos tirado los trastos a la cabeza por un tanto por ciento ni un *royalty*, ¡y casi nos matamos por un adjetivo!». Eso sí, años más tarde, cuando los entrevistaron a los dos y a Fernando León en el programa más visto de la televisión, *El Hormiguero*, con motivo del estreno de *Sintiéndolo mucho*, Leiva contó un secreto que durante todo ese tiempo había callado: «Fue salir Benja del cuarto hacia la cocina, para traer unas copas, y llamar Joaquín a su mujer para decirle, de repente contento como un niño que se sale con la suya: "¡Jime, se la he colado!"».

El final de la historia, de todos modos, no fue ese, sino otro mucho mejor y que iba a darle un giro inesperado. Cuando llegué unas horas antes, llevaba en el bolsillo los primeros versos de una posible canción que había garabateado en el taxi con la esperanza de que pasara algo que no había sucedido y que era un dúo entre Joaquín y Leiva, quien yo intuía que lo deseaba, pero no se había atrevido a pedirlo, lo cual, de nuevo, dice mucho de él. Aquella noche se lo había sugerido a Joaquín según me lo eché a la cara y me dijo que para el próximo disco, que ese estaba acabado y él de vacaciones; pero que, en cualquier caso, se los enseñara después de la escucha de la copia ya mezclada de *Lo niego todo*. Tras la audición, el duelo a cuchillo y la firma del tratado de paz, ya con los vasos en las manos y los brindis hechos, Sabina dijo, sin duda para hacerse el magnánimo: «Y ahora, saca esos versos que llevas ahí, que como eres tan cabrón encima seguro que serán de puta madre». Se los leí y le brillaron los ojos de esa forma que conozco tan bien.

—Benja, son una joya —reconoció— y, además, sé perfectamente cómo los seguiría si fuésemos a escribir esa canción ahora, cosa que no vamos a hacer ¡porque estoy de vacaciones, fuera de servicio, en talleres!

—Pues, la verdad —se metió Leiva—, yo he oído algo bueno ahí... Si cojo la guitarra, en media hora la tengo.

—¡Genial! La compones y la grabáis aquí y ahora mismo —le secundé—. Será increíble cerrar el disco con un número acústico, como hace Dylan en *Empire Burlesque* con «Dark Eyes», esa que luego interpretaba a dúo con Patti Smith en los conciertos.

—¿Qué? ¿Ahora? ¡No, no y no! Ni de broma —gritó Joaquín—. ¡Jime, Jime, echa a estos dos tíos de nuestra casa!

Leiva empezó a rasguear una melodía. Sonaba a alguien tocando en una autocaravana en El Paso; a aquellas notas se les veía al fondo una frontera y gente pasando a medianoche de un país a otro. Cantó las cuatro líneas que había. Sabina volvió a mirar el papel y añadió, ya un poco menos a regañadientes, un par de versos que eran magníficos.

Creo que los tres estábamos en la misma onda: después de aquellas semanas de trabajo, tan llenos de risas y camaradería, no queríamos que el colofón fuese una pelea, por muy olvidada que estuviera. Y qué mejor que rematar la jugada, a cambio, con un último latigazo creativo. Nos pusimos manos a la obra y acabamos la letra en un visto y no visto.

—Vale —sentenció Joaquín—. Ahora el Benja y yo nos salimos a tomar otra copa y tú grabas la música. La vamos a titular «Por delicadeza» y la cantamos los tres, uno cada estrofa.

—La llevas clara —me defendí—: yo no canto con vosotros dos ni muerto. Tú lo que quieres es vengarte de mí obligándome a hacer de pulpo en un garaje.

En ese momento, Jimena asomó la cabeza.

—¿Están bien? ¿Necesitan algo?

—No —respondió Joaquín—, vamos a grabar otra canción—. Luego os llamamos para que la oigáis.

—¿Otra canción? ¿Nueva? ¿Ahora, a las cinco de la mañana?

Nos miró como a tres locos y se fue por donde había venido, moviendo la cabeza como lo hace quien da a otro por imposible.

Y así fue: en menos que canta un gallo, la canción estuvo lista y era muy hermosa, en mi opinión; se le notaban la falta de sueño, el alcohol y el tabaco, y las tres cosas le sentaban bien. Y por encima de todo fue una manera de convertir las lanzas en cañas y de ponerle un punto final delicioso a un momento único de nuestra amistad: de ese estudio doméstico salimos los tres más hermanos que nunca.

Pero si hubiera quedado algún resquemor o cabo suelto, por mínimos que fuesen, ya se encargó de combatirlos con diplomacia Leiva, que ahí volvió a demostrar por qué es tan especial: cualquier otro hubiese aprovechado esa trifulca y otros momentos de desacuerdo lógicos entre quienes trabajan en común y con materiales sensibles para sembrar cizaña y tal vez ocupar mi sitio; pero él hizo justo lo contrario: puso todo de su parte para sellar grietas y reconstruir puentes que hubieran ardido, dejándome asombrado por su capacidad para cazar al vuelo las cosas, entender lo que estaba en peligro y cómo ponerlo a salvo. Yo se lo agradecí dedicándole mi siguiente libro de poemas, *Paradero desconocido*: «Para mi hermano Leiva, que oye llover y sabe de qué río es el agua». Ni se imaginan la cantidad de secretos y confidencias entre él y yo que hay escondidos en esa frase.

Y ahora, si me lo permiten, voy a dejarlo aquí, de momento, y me voy a pasar por la casa de Jimena y Joaquín en Rota, donde llamo casi todas las mañanas de este verano de 2025 para estar un rato con ellos, tomar un tequila o dos y un café, fumarme su tabaco negro y empezar el día de la mejor forma, que es en compañía de personas a las que quiero de verdad. Han pasado nueve años desde *Lo niego todo*, hemos hecho más canciones juntos: «Contra todo pronóstico», «Un último vals», «Dime que no, dime que sí»... Leiva nos llama «el tridente», y a mí me sigue pareciendo que no hay minuto malo en su compañía. Y más a esta edad y en estos tiempos a los que no tengo interés alguno en seguirles el ritmo: lo nuevo no me interesa; sin lo de siempre y los de siempre, no podría vivir.

El periodista

No soy periodista, no estudié esa carrera ni tampoco acabé Filología Hispánica, que había empezado para aprender cosas que me enseñaran a ser poeta y de la que me aburrí mientras recorría España en coche con Rafael Alberti, que a su manera era una universidad ambulante. Sin embargo, llevo a estas alturas más de cuarenta años en los medios de comunicación, al principio en los años formativos de *Diario 16*, en la doble tarea de calle y redacción; luego en *El País*, donde como ya he dicho hice de todo, y finalmente en *infoLibre*, haciendo artículos de opinión y donde, por cierto, encontré en Jesús Maraña, su director, a una persona íntegra, sensata y, antes que nada, encantadora, siempre atenta e inteligente, que se ha convertido en un camarada total y ha pasado a formar parte de mi círculo más íntimo en Madrid y en Rota.

Pero si tuviese que elegir el medio que más me gusta, me quedaría con la radio, donde soy más yo mismo y soy completamente feliz desde hace tres décadas, en Radio Nacional y luego en la SER. En la primera de las dos empecé a colaborar en un formato nocturno para el que me reclutó el poeta y alto directivo de la cadena pública Ignacio Elguero, que siempre ha tenido la infrecuente virtud de la generosidad y con el tiempo se ha hecho uno de los habituales de las cervezas de los lunes con Chus Visor. En esa emisora que él llegó a dirigir, hallé una vocación que no he abandonado y me busqué los problemas sentimentales que se dejan entrever en mis poemas de *Marea humana* y en las canciones de Sabina de *Vinagre y rosas*.

Estando en Rota, la última semana de junio de 2010, me llamó por teléfono Carles Francino, director y presentador de *Hoy por Hoy*, el matinal de la cadena SER, y sin andarse con rodeos me dijo: «Te quiero en mi programa, a partir de septiembre. Me gustaría que vinieras dos veces por semana a hablar de libros y de discos. Haremos algunos viajes y lo pasaremos bien». Le respondí que me halagaba la oferta y me gustaría aceptarla, pero que me sentía en deuda y comprometido con RNE —no le dije nada, por supuesto, de la locutora por la que bebía los vientos—. Y él, en el único rasgo de arrogancia que le he visto en quince años, me soltó: «Mira, estoy por Tarragona, pero si hace falta que me suba a un avión y vaya a Cádiz a convencerte, lo haré».

En realidad, la tentación volvía a presentarse en el momento justo y con la escalera de incendios al hombro, porque entre unas cosas y otras la situación en Prado del Rey se había enrarecido, las luchas internas características daban lugar a una guerra sin cuartel en la que los contendientes tiraban piedras contra su propio tejado y al final hubo cambios que terminarían con la presentadora destituida y con otra responsable al mando. Ya no me encontraba cómodo allí y tampoco necesitaba de manera imperiosa el trabajo, porque tenía uno estable y que me gustaba mucho en la revista *Cuadernos Hispanoamericanos*, que dirigía desde 2007 y en la que aún iba a permanecer hasta 2012. Hablé con Elguero para rogarle que, cuando fuera posible, me buscara algún lugar en Radio 3, de la que siempre he sido oyente y que era mucho más compatible con la SER. Y al dar ese paso comenzó una de mis aventuras más gratificantes, entre otras cosas porque Francino se convirtió para mí en un modelo de comportamiento, un referente al que desde el principio seguí como se sigue a un santo: es una persona que huye de la solemnidad como de la peste, infatigable en su entusiasmo, que ama su profesión y se deja la piel por dignificarla cada día, sabe ser exigente con los demás y consigo mismo y amable con todo el mundo, trata bien a la gente que entrevista, lee, ve o escucha con el máximo respeto sus obras, evita la tentación de ponerse barroco o grandilocuente para sentar cátedra, no imposta ni almidona la voz en el micrófono y no consume el veneno para los oídos que es escucharse a uno mismo con demasiada reverencia. Y además todo su equipo lo pasamos muy bien con él en las salidas, cuando vamos a hacer el programa en directo por diferentes lugares de España y por lo general ante cientos de espectadores que quieren vivirlo con sus propios ojos. Su manera de ser y de hacer le ha convertido en un líder de audiencia imbatible que superó todas las marcas, primero en el *Hoy por Hoy* y luego en *La Ventana*. En esas excursiones en tren o en avión, suelo tener que recordarle que tampoco es el mozo de las maletas: si fuera por él, se las subía a los portaequipajes a todos y cada uno de los viajeros. O me quedo anonadado al ver que llega a una emisora local, durante otro de nuestros exteriores, con una caja en las manos y al preguntarle qué lleva ahí me cuenta que es una cafetera de cápsulas que les va a regalar a los compañeros de esa emisora local porque la última vez que estuvo le comentaron que la calefacción del edificio tardaba en caldear el ambiente en invierno y por las mañanas pasaban bastante frío. Así es él.

A *Cuadernos Hispanoamericanos* llegué con toda la ilusión de quien emprende un nuevo reto del que espera aprender buenas lecciones y con el añadido simbólico de hacerme cargo de una cabecera histórica que habían dirigido, entre otros, dos poetas que conocía y respetaba: Luis Rosales y Félix Grande. Del primero de ellos descubre esta mañana el diario *El País* un drama inédito, escrito en 1946, hallado en un archivo remoto por la profesora universitaria Noemí Montetes-Mairal y titulado *¿Por qué?*, donde el autor de los admirables *Diario de una resurrección* y *La casa encendida* parece referirse en clave a la tristemente célebre detención de Federico García Lorca en su casa de Granada, en la que él mismo lo tenía escondido, y le hace confesar a un personaje que se llama igual que él: «No puedo proceder de otra manera. Un deber de conciencia me obliga a ello. Nunca lo dije a nadie, pero hay algo en mi vida que necesita esta reparación. Hace ya muchos años. Era yo joven y pertenecía en mi país a un club revolucionario. Era entonces la moda. En los días de la revolución... yo delaté a un hombre [...] que se encontraba refugiado en mi casa. Le costó la vida. Yo creí que era una obligación de justicia revolucionaria, pero desde entonces su recuerdo ha perturbado mi conciencia. Me repetía continuamente la palabra infamante: "¡Eres un delator! ¡Eres un delator!"». Ha sido inevitable recordarlo en una de las reuniones que tenía con Rafael Alberti en un restaurante de la plaza de España, en Madrid, sobre todo en la época en que, tal y como ya he avanzado, Rosales hizo todo lo posible, desde su posición de académico, para que no dejasen a Alberti sin el Premio Cervantes, que ya había recaído en casi todos los supervivientes de la Generación del 27 —y en el propio Rosales la edición anterior— y parecía querer saltarse al maestro de El Puerto de Santa María. La verdad es que puedo dar fe de que movió Roma con Santiago para que el galardón recayese aquel noviembre de 1983 en el autor de *Baladas y canciones del Paraná* y *Versos sueltos de cada día* y de que, por lo que nos contaba, vivió una situación realmente incómoda, porque al hacerlo se enfrentaba al otro gran candidato de aquella convocatoria: el futuro premio Nobel y compañero suyo en la RAE, Camilo José Cela. Ni que decir tiene que era mutua la antipatía entre el creador de *La colmena* o *La familia de Pascual Duarte* y el poeta gaditano, que solía referirse a su colega como «un elefante desinflado».

En una de las conversaciones entre Alberti y Rosales que presencié hacia mediados de 1982, mantenida en la

210

cafetería Sunset, junto al apartamento del primero de ellos en la calle Princesa, el segundo le había querido explicar de forma pormenorizada lo ocurrido en la vivienda de su familia en 1936, durante el arresto de Lorca, y aún puedo oírle preguntándonos vehementemente si alguien podría creer que él iba a denunciar al mismo amigo a quien ofreció refugio y un plan de fuga que no dio tiempo a ejecutar, arriesgándose a ser fusilado por tenerlo escondido, y poniendo sobre la mesa que tras la detención fue al Gobierno Civil con dos de sus hermanos también falangistas, para exigir la liberación del cautivo —se cuenta que uno de ellos, José, llegó a encañonar al comandante José Valdés—. También contó que tras el asesinato él fue objeto de una investigación y un juicio, esquivó la pena capital por ser de la familia que era y fue condenado a pagar una multa muy elevada, de la que se hizo cargo su padre. La investigadora Montetes-Mairal no cree que el párrafo citado del tercer acto de esa obra inédita sea una confesión, sino producto de la impotencia: «Es la culpa del superviviente, del que cree que debería haber hecho más y se castiga de forma incansable por ello».

Alberti no culpaba en modo alguno a Rosales de la entrega de Lorca —yo le vi enfadarse y hasta pegar un puñetazo en la mesa para acompañar un rotundo: «¡Eso es mentira!», en una cena donde alguien sostuvo lo contrario—, pero en privado tampoco dejaba de añadir que sí había formado parte de la élite que propició y apoyó el levantamiento militar que causaría cientos de miles de víctimas, ni que después había llevado una existencia cómoda, llena de privilegios y honores durante la interminable dictadura. No olvidemos, sin embargo, que Rafael volvió de su exilio de treinta y ocho años, en 1977, para pronunciar una frase histórica que simboliza el famoso espíritu de reconciliación que hizo más fácil el regreso de la democracia, aunque dejara impunes a tantos: «Me fui con el puño cerrado, vuelvo con la mano tendida». Con su ejemplo como faro, igual que tantas veces, cuando en los últimos momentos de Luis Rosales, encontrándome yo en El Escorial para participar en los Cursos de Verano de la Universidad Complutense, me pidieron que me sumara a un bonito homenaje a él, que consistía en ponerle su nombre a un mirador en la sierra de Guadarrama, accedí sin problemas. Estábamos en 1986, yo era muy joven y a él le quedaban tres años de vida.

Recuerdo que tanto los dos o tres que íbamos a decir unas palabras y a leer un par de poemas como el público, bastante numeroso, que se sumó a la inauguración, subimos andando por la montaña y que junto a mí iba la esquiadora Blanca Fernández Ochoa, ganadora de una medalla olímpica y que se suicidaría tres décadas más tarde, en 2019. Un año después haría una breve aparición en mi novela *Todo lo carga el diablo*, donde se cuenta la historia de las pioneras del deporte español en tiempos de la República que después, por razones políticas o por las imposiciones del patriarcado cayeron en el olvido.

Un todoterreno de los guardabosques, los únicos autorizados a transitar por aquellos senderos, subió al viejo poeta, que obviamente no estaba en condiciones de escalar ninguna pendiente, y lo sentaron frente al nuevo monumento natural en su honor, desde el que se contemplan unas vistas formidables y en el que hay grabados unos versos suyos: «Las noches de Cercedilla / las llevo en mi soledad / y son la última linde / que yo quisiera mirar». A falta de otros medios, tuvimos que recitar, para que nos oyese todo el mundo, con ayuda de un megáfono que, al terminar la sencilla ceremonia, su peculiar mujer insistió en que usara también el propio Rosales, «para dar las gracias y no quedarte ahí como un pasmarote».

La buena de doña María era aficionada a montar discusiones matrimoniales ante los extraños y tenía la costumbre de airear viejos rencores y querellas. La primera vez que la vi fue en una cena en la que estábamos ellos dos,

Alberti con su sobrina Teresa y yo con una novia, la Isabel de *Un caso sencillo*. La esposa de Rosales, sentada enfrente de nosotros, se quedó mirando fijamente y como embelesada a mi pareja y soltó sin venir a cuento: «¡Qué guapa es tu muchacha! Cuídala mucho y no la engañes, como hizo este bobo», dijo, señalando con un gesto de la cabeza a su marido, «que se fue con la galerista esa, se puso a tomar pastillas para lo que ya puedes imaginarte, le escribió ese libro ridículo —se refería a *Diario de una resurrección*— y cuando lo pusieron de patitas en la calle tuvo que volver a casa con el rabo entre las piernas».

Ninguno sabíamos dónde meternos; el ambiente se tensó igual que un arco a punto de soltar su flecha; su esposo, con un gesto entre la furia y la resignación en el semblante ya de por sí trágico, masculló entre dientes un «cállate, insensata» y ella, con una sonrisa de triunfo en los labios y complacida por haber acaparado la atención de los presentes, añadió: «Ahora, que puedes estar bien seguro de que se lo he hecho pagar con creces: salió a por lana, volvió trasquilado y desde entonces está más suave que un guante, por la cuenta que le tiene. ¿Te acuerdas, Luis, cuando en Melilla te hice comprarme en un anticuario una vajilla entera y cargarla en brazos hasta Madrid? Pues así todo».

La tarde de la peregrinación a Cercedilla fue realmente estremecedor oír, en medio de un silencio sepulcral, la voz ya fantasmagórica e incomprensible de Luis Rosales, sonando por obra y gracia de aquel megáfono como un rugido del más allá. Yo no le entendía, pero a cambio escuché por dentro uno de mis poemas favoritos, «Autobiografía», de su libro de 1951 *Rimas*: «Como el náufrago metódico que contase las olas que faltan para morir, / y las contase, y las volviese a contar, para evitar errores, / hasta la última, / hasta aquella que tiene la estatura de un niño y le besa y le cubre la frente, / así he vivido yo con una vaga prudencia de caballo de cartón en el baño, / sabiendo que jamás me he equivocado en nada, / sino en las cosas que yo más quería».

En la ruta de la sierra de Guadarrama hacia los miradores de los poetas hay un Reloj de Sol Camilo José Cela. Al perdedor de aquel premio Cervantes de 1983 —se lo darían en 1995, y en 1989 el Nobel— lo traté con frecuencia, precisamente gracias a mis empleos de periodista. Todo empezó, de nuevo, en *Diario 16*, que en su época dorada fue reuniendo una nómina impresionante de firmas para sus páginas de opinión, entre ellas las de Francisco Umbral y el propio autor del *Viaje a la Alcarria*.

Cuando apareció su novela *El asesinato del perdedor*, en 1994, la primera tras el reconocimiento de la academia sueca, el entonces director del periódico, Justino Sinova, me encargó que le hiciese una entrevista. Me cité con él en una habitación del hotel Miguel Ángel de Madrid, que al parecer tenía alquilada permanentemente y en la que realizaba todas sus gestiones en la capital, dado que en aquel momento residía en Guadalajara, en una urbanización donde luego le visitaría con frecuencia.

Aquella nueva obra era un tanto etérea en lo argumental, seguía el camino de experimentación lingüística pero poca sustancia narrativa iniciado con *Oficio de tinieblas* (1973), *Mazurca para dos muertos* (1983) y *Cristo versus Arizona* (1988), que a él pareció sorprenderle que conociera y admirase por su estilo híbrido que, en mi opinión, las convertía casi en poemas en prosa. Sin embargo, hacer preguntas concretas sobre un texto tan abstracto no resultaba sencillo. Yo hice el esfuerzo y, sorprendentemente, él se mostró muy agradecido.

—Si es que es usted una rareza, porque aquí nadie lee nada, y menos todavía los que vienen a entrevistarlo a uno —me dijo.

—Hombre, eso igual es generalizar mucho.

—No lo es, en absoluto. Y como muestra, un botón: justo antes que usted ha venido una que me ha preguntado ¡dónde nací!

—¿En serio? ¿Y qué le ha contestado?

—Pues mire, le he respondido: en Iria Flavia, Padrón, La Coruña, y que ella tenía que haber sabido eso, el día, la hora y, si me apuras, hasta el nombre de la comadrona. «Como no lo sabes», le he dicho, «¡a tomar por saco de aquí!». Y la he echado con cajas destempladas.

Su fe en los medios de comunicación era poca, por no decir ninguna. Una de las veces en que fui a visitarlo a Guadalajara me explicó su teoría de que la prensa nacional era «aburrida, burocrática e ilegible» y que las únicas excepciones podían encontrarse en los diarios de provincias, de los que él coleccionaba noticias estrambóticas. «Fíjese en este, por ejemplo, vea qué hermosura», me dijo, mostrándome el último que había recortado de la sección de sucesos de una cabecera local, donde se titulaba a cinco columnas: «Joven perturbado viola a madrastra por conducto ilegal». Un disparate. Por cierto, que sus teorías las usaba también para meterse con Gabriel García Márquez, de quien le escandalizó que yo alabara *El amor en los tiempos del cólera* y *Crónica de una muerte anunciada*: «Pero mire usted, si es que ese señor no se ha inventado absolutamente nada: abres cualquier periódico colombiano, le arrancas ocho o diez páginas, las metes intercaladas en una de sus obras y no hay quien encuentre la diferencia».

Pero todo eso ocurriría más adelante. La primera vez que fui a entrevistarle al hotel Miguel Ángel por *El asesinato del perdedor* me recibió en calzoncillos de rayas blancas y rojas y mientras le hacían la pedicura. Yo no me alarmé mucho ni me sentí epatado: en aquella época iba teñido de rubio, llevaba un pendiente de oro y calzaba las botas de vaquero con puntas de plata que tanto escandalizaban a mi madre. Eso sí, durante la conversación me saltaron a la cara varias uñas suyas. El hombre que se las cortaba tenía un dulce y melancólico acento gallego.

—¿Y cómo sigue la mujer? —se interesó Cela.

—Bueno... Pues ahí, ahí... La verdad es que con bastantes dolores —se quejó el otro.

—A ver, que no te pregunto eso, que es la hojarasca —le interrumpió el narrador—, sino lo importante: ¿sana o perece?

Y el otro, encogiéndose de hombros, replicó.

—Hombre, don Camilo, perecer, lo que se dice perecer, quiera Dios que no.

—Pues entonces, si saldrá de esta, no se hable más. Ya sabes mi divisa: quien resiste, gana.

El autor de *Pabellón de reposo* era, sin duda, un hombre de fuertes contrastes o que jugaba con dos barajas. Para unos fue el censor con pocos escrúpulos y una sintonía indudable con la dictadura; para otros, alguien que podía ser generoso —recuérdese lo que hemos contado sobre el salvavidas que le echó a Ana María Matute— y que ayudó a muchos en la época en que dirigió la revista *Papeles de Son Armadans*, que por otra parte, y según algunas investigaciones basadas en documentos oficiales, se afirma que utilizó para atraer a colegas disidentes y pasar informes sobre ellos al Ministerio de Información y Turismo en los que a algunos los señalaba por pertenecer al Partido Comunista y a otros los consideraba «totalmente recuperables» para el régimen si se les incentivaba «con la publicación de sus obras o mediante sobornos». Entre esos últimos se encontraban los miembros de la Generación del 27 Vicente Aleixandre y José Bergamín, el dramaturgo Antonio Buero Vallejo y el poeta social Gabriel Celaya.

Al acabar mi primer encuentro con él, aquella mañana de la entrevista para *Diario 16* sobre *El asesinato del perdedor*, en el hotel Miguel Ángel, me estrechó la mano calurosamente y dijo, mientras me firmaba un par de obras suyas que le había llevado para que me las dedicase:

—Prado, es usted un tío que se viste por los pies. Se ha leído mi novela de cabo a rabo y nos ha tratado a ella y a mí con respeto. Aquí tiene un amigo y si alguna vez necesita algo de mí, no dude en pedírmelo.

Y el caso es que lo necesité: al poco de empezar a colaborar en *El País* me encargaron desde su suplemento dominical un reportaje sobre la literatura española, para unas páginas donde tenía que preparar un artículo más teórico e informativo y complementarlo con una serie de pequeños cuestionarios que debía realizarles a varias figuras relevantes del género que yo podía elegir libremente y según mi criterio, pero que a la vez me recomendaron consultar antes de llevarlas a cabo, por si acaso en la lista hubiera alguna a quien se hubiera entrevistado hacía poco y en la misma sección. Cuando propuse que una de ellas fuese Cela, algunos gestos se torcieron y hubo quien lo consideró antipático, facha o pasado de moda, pero me mantuve firme: estábamos ante el único narrador español que ha ganado el Nobel. Los otros habían sido dos dramaturgos, José Echegaray y Jacinto Benavente, y dos poetas, Juan Ramón Jiménez y Vicente Aleixandre.

Sin embargo, cuando lo llamé respondió al teléfono una secretaria o asistente que me informó de que «el señor Cela no respondía encuestas». Le dije que no se trataba de eso, sino que él tendría su espacio propio, una fotografía a toda plana y un cuestionario personal en el que sólo se hablaría de su carrera. Mi interlocutora se cerró en banda: su jefe no participaba en textos colectivos. Lo intenté dándole mil vueltas, pero no había forma de saltar ese muro. Le recordé que él me conocía de sobra, que durante un par de años le había ido a ver cada mes a Guadalajara. Al otro lado de la línea, la respuesta seguía siendo que con mucho gusto le trasladaría cualquier otra propuesta, pero esa no. Y entonces, en un fogonazo de la memoria, me acordé de su promesa aquella lejana mañana de *El asesinato del perdedor* y se la repetí a la mujer con la que negociaba, como quien

217

usa su última bala: el maestro me había dicho que, si alguna vez necesitaba algo de él, se lo pidiera. «Pues bien —dije, poniéndome solemne—, ese momento ha llegado». Así quedó la cosa, en el aire y conmigo seguro de que no había nada que hacer.

Al día siguiente sonó mi teléfono a las siete de la mañana.

—¡Prado! —tronó la voz inconfundible del autor de *San Camilo, 1936*—. Soy Cela. Le espero a las once en el Miguel Ángel. Ya se lo dije: un premio Nobel nunca miente.

Y colgó, sin permitirme darle las gracias.

Llamé a *El País*, el fotógrafo le tomó su retrato y yo le hice mis preguntas. Había pasado bastante tiempo desde que me dio su palabra, pero la cumplió. Y de bien nacidos es ser agradecidos.

Mi tarea durante el tiempo que estuve al frente de *Cuadernos Hispanoamericanos* fue conservar parte de su esencia y a la vez modernizar la revista. Así lo hice desde el principio, después de asegurarme de que se cumplirían algunas exigencias. La más importante de todas —porque de ella dependerían las demás y porque era la única que no estaba en mi mano cumplir— fue que se cuadruplicara el presupuesto por número, que cuando llegué estaba completamente desfasado, para lograr que colaborasen las firmas más destacadas de nuestro idioma y pagarles por sus artículos decentemente. En el primer número participaban con textos inéditos Juan Gelman, Alfredo Bryce Echenique o Mario Benedetti; en el segundo, Mario Vargas Llosa o Gioconda Belli; en el tercero, Almudena Grandes o Francisco Brines. Encargué un nuevo diseño, más actual; incluí en cada entrega secciones dedicadas el ensayo, la crítica y la autocrítica, el análisis de una o un librero y la creación literaria, esta última orientada en parte a las y los jóvenes de los dos lados del océano, que quería que sintiesen más cerca y más contemporánea la venerable publicación. Finalmente, me las ingenié para que sus característicos monográficos, en mi época dedicados no a autores concretos, sino a las letras actuales de diferentes países de América, se pudieran difundir y presentar en los lugares a los que se refería el dosier, aprovechando, como ya he dicho, las invitaciones que yo recibía para hacer promoción de mis novelas o participar en tal o cual feria de libro: así la llevé a Nicaragua —escribían Ernesto Cardenal, Claribel Alegría, Sergio Ramírez, Gioconda Belli y, como siempre, un grupo nutrido de autores más jóvenes—, Perú —con textos de Mario Vargas Llosa y Alfredo Bryce Echenique, entre otros—, Cuba —ahí estaban Pablo Armando Fernández, César López, Nancy Morejón, Antonino José Ponte, Miguel Barnet, Roberto Fernández Retamar o Reina María Rodríguez—, Brasil —conseguí inéditos de Nélida Piñón, Lêdo Ivo y Ferreira Gullar— o Argentina —no faltaron a sus páginas Diana Bellessi o Hugo Mujica—. Estoy satisfecho del resultado y ahí quedan los alrededor de setenta números que hice en los seis años que estuve al mando, hasta que en 2012 hubo un cambio de Gobierno, venció en las elecciones la derecha y se ve que los recién llegados al poder consideraron algo prioritario echarme a mí. No había absolutamente nada político en mi gestión, ni asomo de un sesgo ideológico en las páginas que encargaba, faltaría más; pero, aun así, no tuve nada que objetar: estas cosas se van como vinieron; el valor de lo realizado lo puede juzgar cualquiera que tenga interés en ello, que ahí están las hemerotecas, en esta era digital a un simple clic de distancia, y lo cierto es que el despido trajo su cuota de alivio, porque hacer la revista con el nivel de exigencia que me había impuesto yo mismo me reclamaba una gran cantidad de tiempo y energía. Y la serie de Juan Urbano estaba muy lejos de su objetivo: sólo habían aparecido dos volúmenes de los diez anunciados, *Mala gente que camina*, en 2006, y *Operación Gladio*, en 2011. El próximo sería *Ajuste de cuentas*, que saldría a la venta en 2013, pero para que eso ocurriese ya sabemos que antes tendría que atravesar un desierto, volver de Praga y escribirlo dos veces.

Llego hoy a casa después de recoger en la Academia de Cine el Premio Arte y Memoria, un galardón que se entrega «a personas o entidades que destacan por su compromiso con la memoria histórica y por la defensa de los derechos humanos, utilizando el arte como herramienta de denuncia y sensibilización y que han plasmado en sus obras los cambios sociales y políticos que marcaron nuestro país». Es un reconocimiento que me ha hecho ilusión recibir porque, de alguna manera, viene a decir que a lo largo de todos estos años no he olvidado ni sido infiel a las enseñanzas de mi maestro Rafael Alberti y al ejemplo de otros referentes como Blas de Otero, el propio Ángel González o Neruda.

Pero también es verdad que he aligerado de una parte de esa carga de responsabilidad voluntaria a mis novelas y poemarios, o al menos he podido dosificarla, gracias al periodismo de actualidad, a los artículos y debates televisivos donde expreso puntos de vista que tienen más que ver con las noticias que con la cultura y satisfago una necesidad de opinar que admito que, por lo que sea, está siempre ahí.

Mis primeras columnas de esa clase las publiqué en la etapa final de *Diario 16*, cuando ya había escapado de ciertas compañías indeseables en una sección de Cultura y Espectáculos igual de decadente que el resto del diario, para refugiarme en la de Opinión. Esos textos, que salían cada día, terminaron por ser importantes, porque fueron los que llamaron la atención de Joaquín Estefanía en *El País* y facilitaron mi fichaje. En el nuevo medio ya los escribí desde el principio cada semana en las páginas de Local y un par de veces al mes en la tercera. Y años más tarde fue prácticamente lo único que hice cada martes en *infoLibre*.

A comienzos de septiembre de 2012 recibí una llamada de la responsable de producción de un nuevo espacio de LaSexta, un medio del grupo Antena 3, que la cadena iba a comenzar a emitir en octubre. Mi interlocutora y desde entonces muy buena amiga, Esther Morodo, me ofrecía participar en él como analista. Me sorprendió la propuesta, porque yo había hecho bastante televisión, pero siempre en programas culturales como *Extravagario* o *Atención Obras*, de RTVE. Pero le respondí que, más allá de las dudas, me apetecía probar algo nuevo. También se pusieron en contacto conmigo Mamen Mendizábal, la jefa y presentadora de *Más vale tarde*, que así se iba a llamar aquel magacín, a la que conocía por haberme entrevistado en la SER cuando ella era casi una niña, y el jefe máximo de la corporación, Antonio García Ferreras, con el que me intercambiaba divertidos mensajes futbolísticos desde la época en la que era director de Comunicación y Contenidos del Real Madrid y que también empezaría a llevarme de vez en cuando a su formato matinal, *Al rojo vivo*. Me daba un poco de miedo tirarme a esa piscina, quién sabe si llena de tiburones, pero lo hice y la experiencia no fue mal ni flor de un día, ya que mientras escribo estas líneas han pasado catorce años y ahí sigo, tanto en esa como en otras tertulias de gran audiencia que se emiten los sábados, *La Roca* y *La Sexta Xplica*, una vespertina y otra nocturna. Eso sí, desde el minuto uno aprendí a qué me enfrentaba en ese terreno informativo muy polarizado, donde algunos propagan consignas o cursos de adoctrinamiento, desde una militancia inquebrantable, y para muchos es más decisiva la línea editorial de la empresa para la que trabajen que sus propias convicciones.

En esas mesas siempre me acuerdo, una vez más, de Rafael Alberti, le oigo repetirme aquel lema suyo de que se pueden aprender cosas muy interesantes de quienes piensan de modo diferente a ti y trato de aplicarlo a mi manera de escuchar y de actuar. Me llevo bien con casi todos mis antagonistas, que en la distancia corta y más allá de las cámaras son mujeres y hombres cordiales. Y el esfuerzo, en cualquier caso, sabes que merece la pena cuando alguien se acerca a ti en cualquier acto público o por la calle para darte las gracias por defender lo que defiendes. Por eso me agradó tanto recibir ese premio Arte y Memoria que, por añadidura, tuvo la recompensa de que me lo entregase la actriz Lola Herrera, que aparte de ser una gran diva del teatro —donde había ya marcado un hito con sus más de dos mil representaciones, a lo largo de cuarenta y tres años, de la obra *Cinco horas con Mario*, de Miguel Delibes— era la primera artista que yo había conocido: en mi breve discurso de aceptación rememoré de qué manera me topé con ella, nunca mejor dicho, cuando yo tendría unos trece o catorce años y su hija Natalia Dicenta, también futura actriz, era compañera mía, desde los diez, en el colegio Virgen de Europa, aquel centro muy por encima de nuestras posibilidades donde mi madre había insistido en meterme y que a mi padre le costaba Dios y ayuda pagar cada mes.

Un sábado, Natalia hizo en su piso de Madrid uno de aquellos guateques de la adolescencia en los que se merendaba, se bailaba, se tenían las primeras escaramuzas amorosas en las canciones lentas —por entonces las reinas de la pista eran «If You Leave Me Now», del grupo Chicago, y «Europa», de Santana, que aún hoy me ponen el corazón en un puño cada vez que las oigo— y se propagaban leyendas urbanas como la de que si echabas una aspirina en la Coca-Cola las chicas perdían la vergüenza y se dejaban besar. Cosas de niños que creen que ya no lo son.

En medio de la fiesta y haciendo una de esas gamberradas que se hacían para llamar la atención de la compañera de clase que te gustaba, me dejé caer hacia atrás, con postura de nadador de salto de trampolín, los brazos en cruz y las piernas rectas, sobre uno de aquellos pufs árabes que por aquellos tiempos estaban tan de moda, con sus estampados geométricos y sus evocaciones marroquíes, y el pequeño asiento, literalmente, explotó. Alguien debió de irle con la copla a la dueña de la casa, porque entró al salón donde estaban la música y las medias noches, con cara de muy pocos amigos, una aguja enorme en la mano y al grito de: «¡Ahora mismo te pones ahí y lo coses!».

—Y así fue como tuve el enorme privilegio de conocer a la gran Lola Herrera e integrarme en su taller clandestino de costura —conté, entre las risas del público y las suyas.

Por cierto, que hablar de ella remite de forma inevitable a Miguel Delibes, el autor de la novela en la que está basada la adaptación teatral de *Cinco horas con Mario,* y siempre que yo pienso en él me acuerdo de la primera excursión que hice a Valladolid, la tierra de mi madre, para acompañar a Rafael Alberti a un recital al que lo habría invitado el autor de *Los santos inocentes,* o al menos en el que hizo de anfitrión, llevándonos a ver las maravillas de la imaginería religiosa que guardan las iglesias de la Santa Vera Cruz, San Miguel y San Julián, Santa María de la Antigua o San Lorenzo Mártir, donde admiramos las esculturas de Gregorio Fernández o Juan de Juni, creador de la escuela castellana junto a Alonso Berruguete. Y también recuerdo lo que ocurrió con mi novela *Mala gente que camina,* donde él aparece como personaje: cuando tuve acabado el manuscrito, le telefoneé a la única hora del día en que él, de lunes a viernes, respondía las llamadas, que si la memoria no me falla era antes de comer; le conté la historia del libro y el modo en que él aparecía haciendo cosas basadas en las que hizo en la realidad, sobre todo en su época de director de *El Norte de Castilla,* pero también otras de mi invención, y le pedí permiso para usar su nombre y el favor de que le echara un vistazo a los fragmentos donde se le citaba.

—¿Pero cómo se le ocurre? ¡De ninguna manera! —me respondió—. Mándemela completa y la leeré atentamente, con mucho gusto.

Y vaya si lo hizo: me devolvió a vuelta de correo las pruebas que le había hecho llegar, con bastantes sugerencias y correcciones en tinta roja de algunos fallos en los que yo equivocaba una calle o confundía un parque del Valladolid de la posguerra, y las acompañaba de una tarjeta manuscrita muy amable —que conservo como un tesoro, dentro de uno de los muchos libros suyos que tengo dedicados— en la que aseguraba haberse encontrado en mi ficción «muy favorecido». Qué grande y qué generoso.

Cuando se publicó *Mala gente que camina*, a Miguel Delibes le quedaban poco más de tres años de vida: murió en marzo de 2010. Pero lo que acabo de contar tuvo un epílogo muy hermoso: en otro viaje a Valladolid, esta vez para hacer en directo *La Ventana* de la SER, al llegar a la estación de tren oí que alguien me llamaba en el vestíbulo, me di la vuelta y vi a una mujer muy sonriente que se me acercaba: era Elisa Delibes, hija del maestro y presidenta de la fundación que cuida su legado.

—Te quería saludar —dijo, tras presentarse— y contarte algo que quizá te guste saber y es que tu novela *Mala gente que camina* fue el último libro completo que leyó mi padre. Y le agradó mucho. Lo comentó con nosotros, le hacía gracia que lo hubieras convertido en coprotagonista o secundario de lujo.

Me sentí honrado y casi bendecido porque, aunque ahora me dé la impresión de que, igual que a tantos otros, al autor de *El camino* y *La hoja roja* se le mira un poco por encima del hombro, para mí es un escritor de primera y representa un modelo de persona buena y honrada que, como se recrea en aquella narración mía, ayudó a todo aquel que pudo y fue un ser decente en un tiempo de canallas. Y siempre es una obligación reivindicar a quienes en modo alguno se merecen el olvido, que por desgracia es lo que espera a casi todos en esta época donde lo que no está de moda no existe. Antes pensábamos que el movimiento de la cultura era del pasado hacia nosotros: por eso nos imponíamos el deber de conocerlo, ir hacia atrás, leer a los clásicos, a las generaciones del 98 y el 27 en pleno, de los más conocidos a los más ocultos; descubrir en la postguerra a Blas de Otero, pero también a Ángela Figuera Aymerich; empezar con Jaime Gil de Biedma o Ángel González la del 50, pero no quedarse ahí; buscar los libros de Claudio Rodríguez, de José Ángel Valente; incluso estudiar a autores menores, no imprescindibles, pero sí importantes, y de los que se aprendía mucho porque ayudaban a rehacer el panorama completo de cada momento y te daban la impresión de poner en tus manos todos los mimbres que necesitarías para hacer tu propia cesta. Y con la prosa, otro tanto de lo mismo. Hoy en día, en la era del presente por encima de todo y la falta de interés por la tradición, me temo que se mira más alrededor, a lo que tiene éxito en cada instante o se considera más representativo de la actualidad, más contemporáneo. Nos hemos rendido a un arte de cuerpo presente.

Pero uno viene de otro sitio, donde las cosas eran de otra manera. Y ya lo ven: los periódicos, la radio, la televisión, las revistas, Cela, Delibes, Rosales y Alberti, las novelas... Una cosa lleva a otra, como suele decirse, y en eso, tanto entonces como hoy, consiste la vida. Sobre todo, si te acompaña la buena suerte.

El novelista

Tras el paréntesis de *La nieve está vacía*, una novela negra que apareció en Espasa, sello del grupo Planeta —en este último también saldría el tomo escrito al alimón con Sabina, *Incluso la verdad*—, volví a Alfaguara y allí, en el año 2006, inicié el proyecto de diez novelas protagonizadas por el profesor Juan Urbano, con *Mala gente que camina*. Desde entonces me pregunto si llegaré a concluirlo, y más ahora que he decidido intercalar entre la séptima y la octava entrega esta autobiografía. Con el tiempo contrarreloj y en las condiciones actuales, será difícil que lo consiga; si empeoran, resultará imposible.

La breve ida y vuelta de una editorial a otra tuvo cierta gracia. El flamante director de Espasa, que quería modernizarla a todos los niveles, desde el diseño hasta el contenido, se llamaba Juan González —que desparecería, siendo aún muy joven, unos años más tarde— y fue él quien me llamó, nada más ser nombrado para su puesto, e insistió en invitarme a comer, para hacerme «una propuesta que no podría rechazar». Ahora no es tan frecuente ese tipo de regateo, entre otras cosas porque la gran mayoría de las empresas independientes del ramo, que antes luchaban entre ellas por incorporarte a su catálogo, han sido absorbidas por otras más poderosas o por multinacionales y no van a competir contra otras que pertenecen igual que ellas a los dos gigantes del sector, Penguin Random House y Planeta; pero por entonces, cuando aún seguía en construcción lo que vino en llamarse «nueva narrativa española» y ya se buscaban sus herederos, no eran raros esos intentos de fichaje: las agentes, en mi caso Raquel de la Concha

—y hablo en femenino porque casi todas eran y siguen siendo mujeres—, oían cantos de sirena, hacían con algunos títulos auténticas subastas o, al menos, no se cerraban ninguna puerta —como dejé caer al hablar de mi supuesto deseo de ir a Anagrama— y a su vez eran tentadas por la competencia con adelantos sustanciosos y ambiciosas campañas publicitarias. A mí también me rondaba con insistencia Seix Barral, liderada en aquellos momentos por el poeta y narrador Adolfo García Ortega.

Pero volvamos a la proposición de Espasa, para señalar que en unos instantes en los que pendía sobre mí la espada de Damocles de una hipoteca, lo que me ofreció González era desorbitado en lo económico, es decir, digno de curarse uno en salud citando al maestro Juan Marsé, cuya máxima era que «el mejor editor es el que da un euro más»; y que, aparte del dinero, mi pretendiente me quería seducir con una catarata de promesas y con el argumento de que la colección de narrativa que él tenía en mente era justo lo que yo necesitaba, una plataforma desde la que saltaría a un nivel superior y en la que sería uno de sus buques insignia, mientras que en Alfaguara siempre iba a estar por detrás de primeros espadas como Mario Vargas Llosa, Javier Marías, Arturo Pérez-Reverte, Antonio Muñoz Molina y otros. Puede que hasta echara mano de la frase de si prefería ser cabeza de ratón o cola de león, que es una de las expresiones que más detesto, junto con el lugar común de quedarse con la miel en los labios, la muletilla de calificar algo de «dantesco» o «kafkiano» y la epidemia contemporánea de que algo no está lejos o es aburrido, «sino lo siguiente».

La nieve está vacía, como dije, tuvo más éxito fuera de España que dentro y le fue realmente muy bien en Estados Unidos y Alemania, por ejemplo, donde tuvo muy buenas críticas y ventas decentes; pero aquí, tras una presentación faraónica en los salones de un hotel de lujo, acompañada de un cóctel al que se invitó a docenas de periodistas y con

Almudena Grandes en el papel de madrina, no volví a saber prácticamente nada ni de Espasa ni de sus jefes, que en cuanto me tuvieron en su nómina pareció que perdían por completo el interés en mí y en mi obra. Debí de ser muy mala inversión, porque no llegó ni a reimprimirse. Afortunadamente, la novela tuvo después una segunda vida en el formato de bolsillo de Penguin Random House.

Unos años después, cuando empecé a documentarme para hacer *Mala gente que camina*, tracé el plan de la serie de Juan Urbano y quedó decidido dónde se publicaría y que no pensaba volver a sacar los pies del tiesto, fue por dos grandes razones: la primera, porque estaba claro que para mí era mejor lo bueno conocido que los cien pájaros volando, y la segunda porque el desde hacía poco nuevo director general de Alfaguara se reunió conmigo y con mi agente para asegurarnos que me volvían a recibir con los brazos abiertos, que mi sitio natural estaba allí, que en ninguna parte me iban a tratar mejor y que nada podía ser más beneficioso para mi prestigio que estar donde estaban Vargas Llosa, Marías, Pérez-Reverte o Muñoz Molina. El director general de Alfaguara recién llegado era... el mismo Juan González.

Estuve cuatro años investigando y asustado por si alguien me pisaba el tema, mientras le daba forma a *Mala gente que camina*. Lo primero, desde el instante en el que di con la historia de los niños robados por los golpistas de 1936 a las familias republicanas. Recuerdo que fue enterarme de ese drama, en un programa nocturno de televisión donde se emitía el documental *Els nens perduts del franquisme*, de Joan Salvat, Montse Armengou y Ricard Belis, y saber que tenía que escribir una novela basada en esa tragedia sobre la que, como ocurre con tantas de las provocadas por el levantamiento militar, la Guerra Civil y la dictadura, se había echado tierra. Cuando la publiqué, en 2006, mucha gente pensó que era una historia ficticia, basada en hechos reales pero que habían ocurrido en otros países, básicamente durante las dictaduras de los años setenta en Argentina o Chile. Y en algún medio de comunicación poco dado a cuestionar sin matices el franquismo, se sugirió que me inventaba aquel «supuesto hurto de menores». Abarqué mucha bibliografía y visité muchos archivos para establecer los cimientos de *Mala gente que camina*, acumulé y destilé información y fui uniendo la línea de puntos entre los personajes de carne y hueso de la trama: el coronel del ejército y psiquiatra Antonio Vallejo-Nájera teorizó la necesidad de «separar el grano de la paja», que en la práctica equivalía a quitarle sus hijos a las personas de izquierdas para que estas no les transmitiesen su ideología, dado que él consideraba el socialismo, literalmente, una enfermedad contagiosa; Mercedes Sanz-Bachiller, viuda del dirigente falangista Onésimo Redondo, caído en una emboscada en el Alto del León, en la sierra madrileña de Guadarrama, montó una red de hospicios, bajo el nombre de Auxilio Social, donde se recogía y adoctrinaba a los huérfanos de los republicanos y de los que estaban en la cárcel, habían cruzado la frontera o se encontraban en un paradero desconocido que solía ser una cuneta o fosa común, y en esas casas de beneficencia fueron entregados muchos de ellos a familias afectas al régimen, tras falsificar su identidad, frecuentemente con ayuda de la Iglesia, en cuyas parroquias desaparecían o se modificaban las partidas de bautismo; y para completar esa red de secuestradores, la hermana del mártir fascista José Antonio Primo de Rivera, Pilar, creó desde la Sección Femenina una especie de mili para las mujeres, el Servicio Social, que las obligaba a realizar tareas caritativas que, para cerrar el círculo, a menudo se llevaban a cabo en aquellos orfanatos. Sumabas todo eso y descifrabas el modo de operar de aquella banda que se apropió de miles de criaturas y borró su rastro, sobre todo el de los recién nacidos que sustraían a las presas, a las que se hacía creer que sus bebés habían muerto en el parto.

A los cuatro años entregué el manuscrito en Alfaguara y esperé impaciente la opinión de la editora Amaya Elezcano, que había sustituido a Juan Cruz en el puesto al poco de llegar yo a la editorial: *Alguien se acerca* la hice con él de director, y *No sólo el fuego* ya con ella. La nueva jefa era una magnífica lectora y solía dar consejos atinados, pero tenía un carácter muy particular: era a la vez tímida y de Bilbao, y fue más lo segundo que lo primero el día que nos encontramos en su despacho para oír su veredicto.

—Le sobran cien páginas —fue su saludo, tras dejar caer el original a plomo sobre la mesa.

En una conversación anterior, ya le había hecho caso con el título primitivo de la obra, que era *Óxido*, el de la presunta novela de la protagonista, Dolores Serma, que busca Juan Urbano y donde se denuncia entre líneas el robo de su hijo y de otros niños: «Haz lo que quieras, pero eso suena a novela centroeuropea aburrida, protagonizada por un tendero viudo, y no la venderemos nada», me advirtió entonces; y hacerle caso fue para bien, porque dio lugar a que Joaquín Sabina me sugiriese el definitivo, a partir de los célebres versos de Antonio Machado.

—¡Cien páginas! ¿Por qué? ¿Cuáles?

—Las reincidentes y porque has estudiado tanto, has reunido tal cantidad de material que has querido demostrar tus conocimientos, como si tuvieras que justificarte o pavonearte. El éxito de este libro o su fracaso dependerán de que su tanto por ciento de ficción y su parte de ensayo estén equilibradas.

—Y tú crees que no lo están.

—Es que es así. Mira, por ejemplo, si tienes un personaje tan perturbador, en todos los sentidos, como el Dionisio Ridruejo que tú representas, creo que ahí dando de lleno en la diana, ¿qué necesidad tienes de contar la vida y milagros de otros mil y un intelectuales falangistas? Si lo haces, más que potenciar al que importa, lo diluyes.

—Pero es que es básico dibujar un panorama de aquella época y muchos de ellos hicieron cosas que la definen.

—Pues píntalos con un par de pinceladas, no le hagas un retrato a cada uno. Y lo que importe, atribúyeselo a él, hazte una muñeca rusa.

—¿Qué es una muñeca rusa, aparte de lo evidente?

—Hasta donde te sea posible, mete los secundarios, los pequeños, dentro de los más grandes: el propio Ridruejo o Vallejo-Nájera.

—Entonces serían menos fieles a la verdad.

—Pero, a cambio, serían mejores malos de novela. Mira, haz lo que te pida el cuerpo o no hagas nada, que yo lo voy a publicar igual. Pero si fuera tú, me lo pensaría. Creo que tenemos una auténtica bomba entre las manos, pero si abarcas menos, apretarás más.

Hice una revisión integral del texto, seguí en parte sus recomendaciones y crucé los dedos para que los temores a los que aludía más arriba no se hiciesen realidad. Y parece que acertamos, porque el eco de la novela fue inmediato y tan sostenido en el tiempo que aún hoy, veinte años más tarde, se sigue reeditando una y otra vez. Pero hubo dos cosas que me agradaron por encima de todas las demás: la primera, los mensajes y confidencias que recibí de muchas personas que se contaban entre las víctimas de aquel latrocinio o de quienes al leerla habían atado cabos y empezado a indagar si eran de verdad quienes ellos creían; y la segunda, una llamada de cierto sello especializado en textos académicos que me propuso hacer una edición crítica de *Óxido*. Estuve por aceptar y seguir la broma hasta el fin, pero opté por aclararle a mi interlocutor que esa novela no existía y su autora, tampoco; de hecho, como sabemos, su apellido es un anagrama del de Juan Marsé.

Al autor de *Últimas tardes con Teresa* y *Un día volveré*, que es mi novelista fetiche, me daba un poco de miedo conocerlo, en parte debido a la admiración que le tenía desde que leí sus libros y a ese temor que siempre se tiene a que nuestros ídolos nos decepcionen en la distancia corta y en parte por su fama de no tener ni mucha paciencia ni contemplaciones con quienes lo importunaban por cosas como bromear sobre sus amigos para hacerse los graciosos, ponerse remilgados o no tratar con el debido respeto a la gente trabajadora: en un restaurante de El Escorial le vi reñir y avergonzar sin contemplaciones a un conocido escritor superventas que se puso flamenco con el empleado que nos atendía a nosotros y a medio comedor y que tardaba más de la cuenta en servirnos la bebida. «¿Te imaginas a ti mismo atendiendo las quince mesas que atiende él y que en todas hubiese un tipo como tú?», le espetó. Un día, cuando ya éramos amigos, le repetí una frase de Jack Kerouac: «Para mí la felicidad sería recorrer el mundo hablando sólo con los camareros». Le gustó. Cuando en el año 2000 salió su novela *Rabos de lagartija*, fue a Madrid un par de días, para hacer promoción. A media mañana del segundo, le llamé a su hotel.

—¿Qué tal? ¿Muchas entrevistas?

—Demasiadas.

—O sea, que estás muy contento.

—Estoy deseando salir por piernas.

—Has venido con Joaquina, ¿no? ¿Tenéis plan para comer?

—Bueno, nos han dicho de Lumen que vienen a buscarnos, si nos apetece.

—¿Os recojo yo y os invito a comer en un merendero de campo que le gustaba a mi padre, se llama Mosca Jilton, con jota, y donde sólo dan conejo al ajillo, chuletas de cordero y tortilla de patatas?

Aceptó encantado y sobre todo Joaquina disfrutó de lo lindo intercambiando recetas con el cocinero. A los Marsé les gustaban los platos y los lugares sencillos. Por lo general, cuando iba a Barcelona preferían darme de comer en su casa una escalivada o unos deliciosos huevos con pisto antes que salir a alguna parte, algo para lo que aducía una desgana sobre la que siempre daba la misma explicación: el lugar donde había crecido y del que hablaban sus novelas y relatos ya no existía, se había convertido en un parque temático. Como mucho, le podía apetecer ir a tomar algo a la caída de la tarde a la cafetería del Majestic o almorzar en el Leopoldo, un establecimiento del Barrio Chino al que nos acercamos en un par de ocasiones en compañía de Manuel Vázquez Montalbán. Pero por lo común, cada vez se sentía más ajeno a lo que le rodeaba. Algo de eso conté en el poema que escribí sobre él en *La edad de los fantasmas*:

> *Se le veía andar despacio por las calles*
> *de Sicilia o Bailén,*
> *como recién salido de una de sus novelas,*
> *con la mirada de alguien para el que hacía mucho*
> *que la realidad era el extranjero.*
>
> *La ciudad que pisaba*
> *ya no estaba allí*
> *y él la reconstruía*
> *para salvar su historia y comprender quién era:*
> *sólo sabes de ti lo que sepas contar.*
>
> *Con su cara de antiguo boxeador*
> *y sus ojos románticos, se parecía a un verso*
> *de Mercè Rodoreda en que se llama*
> *una abeja furiosa de su miel;*
> *pero le conmovían*
> *la asistenta que llora sobre unos vasos rotos,*
> *las personas que entran a las tiendas con miedo*
> *o los desempleados*
> *que vagan por las plazas*
> *como salmones remontando un río.*

Los gustos de Juan eran humildes porque esa era su naturaleza, pero tampoco debía de sobrarle el dinero. Lo había ganado con algunos premios, en especial con el Planeta obtenido por *La muchacha de las bragas de oro*, pero imagino que lo que fue ahorrando lo invirtió en mudarse a una vivienda mejor —las dos calles que salen en los versos citados reflejan el traslado— y en comprar primero y ampliar después su residencia de verano en Calafell, que es donde se le veía más contento y en su salsa: cuando yo iba a su domicilio de la capital, en más de una ocasión me leyó algún fragmento del libro en el que estuviera trabajando; cuando fui a la de la playa, me llevó a una majestuosa higuera de su jardín para darme a probar las brevas. Llevaba un vetusto bañador Meiba a rayas, con cadenita y todo, y una camisa abierta de lobo de mar: se parecía, por pura vocación, al Pijoaparte, su héroe charnego y macarra con ínfulas y ganas de medrar que, en mi opinión, es uno de los personajes más extraordinarios e imposibles de olvidar de nuestra narrativa contemporánea.

Sospecho que su antipatía por el mundillo literario era mutua, porque le he tenido que defender muchas veces de quienes le querían negar el pan y la sal o trataban de echarnos en cara a sus discípulos su carácter hosco. Nosotros, sin embargo, sabíamos que no era tan fiero y hasta podía ser cariñoso. Siempre que nos veíamos o nos despedíamos nos dábamos un abrazo y yo a él un beso que no me devolvía, pero tampoco rechazaba. Siempre que lo llamaba por teléfono, alrededor de una vez por semana, me atendía en su número fijo con deferencia y contento de charlar un rato, aunque con los años las conversaciones pasaron de ser sobre amigos comunes o cotilleos literarios a centrarse en su salud, cada vez más precaria según avanzaba su tratamiento de diálisis. Siempre me abría su puerta cuando pasaba por Barcelona y me ponían él y su esposa un cubierto en la mesa de la cocina, junto a los suyos, o nos tomábamos una cerveza en su despacho. Escribió una frase para promocionar mi novela *Alguien se acerca* —«desdeñando los arrogantes embates del intelecto y el *prêt-à-porter* cultural, Benjamín Prado se mantiene fiel a la auténtica literatura y a los sueños de la infancia»— y la presentó en Barcelona —le habían gustado mucho, les dijo a los periodistas y al público, «la forma de tratar el tema del otro y la interesante estructura del relato», y yo respiré aliviado—, asistió a la de *Mala gente que camina* —lo que propició, durante una comida en la que los tres éramos jurados del Premio Salambó, una intensa e interesante discusión entre él y Eduardo Mendoza sobre Dionisio Ridruejo— y a otras en las que puse de moda la costumbre de llevarme amigos a las ruedas de prensa, pedirle a Alfaguara que los invitase a comer conmigo y luego seguir de juerga hasta la madrugada. El grupo estaba formado por Marsé —que iba llamando desde los bares a Joaquina para echarme a mí la culpa de todo—, la exquisita Ana María Moix, Ignacio Martínez de Pisón y Enrique Vila-Matas, que escribió en *El País* la crónica de una de aquellas jaranas donde decía que mis presentaciones eran «más largas que un discurso de Fidel Castro en La Habana: la última duró diez horas y la caravana de amigos que nos habíamos unido al café más largo de la historia desayunamos en el Tragaluz y seguimos desayunando en el Bistrot de la Diagonal, en el Velódromo, en el Salambó». El maestro de *Si te dicen que caí* y *El embrujo de Shanghai* aguantaba hasta el final y puedo asegurarles que a partir de cierto momento sus conversaciones con Vila-Matas bordeaban los límites del surrealismo.

Pero es innegable que Juan tenía un ángulo de cascarrabias y que eso le abocó a mantener algunas trifulcas en público y otras en privado que, en ocasiones, fueron sonadas. Y, desde luego, podía ser rencoroso: en una de nuestras citas en Barcelona, me contó que una tarde volvía de hacer unos recados cuando vio a su compañero de generación Juan Goytisolo dentro de un local y, sin pensárselo dos veces, entró y fue a encararse con él: «¡Oye, ¿tú qué andas diciendo por ahí de que me dieron el premio Biblioteca Breve sólo porque era amigo de Carlos Barral y que los dos manipulamos al jurado?!».

—Pero ¿eso cuándo lo ha dicho?

—Lo dijo cuando lo gané.

—¿En 1966?

—Claro.

—Han pasado más de treinta años...

—Sí, sí, pero hasta ahora no había tenido ocasión de cantarle las cuarenta y a mí me gusta dejar las cosas claras.

Y más a alguien, supongo, de quien siempre decía que se dedicaba todo el rato «a sacarse en procesión a sí mismo». La verdad es que el mayor de los hermanos Goytisolo se había ido enrareciendo con los años y solía regresar a España desde Marruecos, donde residía, para sermonearnos a sus compatriotas sobre la irrelevancia de nuestra literatura y la falta de libertad que, según él, se respiraba en el país, aunque sin decir una palabra de la dictadura monárquica en la que él vivía. Harto de sus admoniciones, yo mismo escribí una tribuna en *El País* que empezaba por presentarle mis respetos:

> Siempre he seguido con interés a Juan Goytisolo y no soy, además, de los que saltaron en marcha de su obra después de leer libros tan sobresalientes como *Señas de identidad*, *Paisajes después de la batalla*, *Para vivir aquí*, *Makbara* o *Reivindicación del conde don Julián*, sino que le he sido fiel a lo largo de los años y no me parecen nada desdeñables textos suyos como *Las virtudes del pájaro solitario* —que es una hermosa recreación de la espiritualidad de san Juan de la Cruz puesta en perspectiva con la de los místicos sufíes, por la que lo entrevisté para *Diario 16*— o *La cuarentena*.

El artículo —que quería tener, como los de Juan José Millás, cabeza, cuerpo y aguijón— daba un giro para criticar, sin morderme la lengua, sus contradicciones al poner de vuelta y media nuestra democracia y no decir ni pío de Hasán II, un tirano que me interesaba desde que había visto por televisión las imágenes de la Marcha Verde, la toma del Sáhara español en 1975, y del que ya reunía la información que en el futuro lo convertiría en uno de los protagonistas de mi novela *Los dos reyes*. Y, para terminar, dejaba caer el aroma a rencor que despedían sus lamentos: se sentía ninguneado, aún con prestigio, pero ya sin lectores ni fama de los que vivir. Durante nuestra conversación de 1988 para el periódico, su evidente amargura me recordó a la de Javier Egea cuando fue enredándose en una telaraña de celos y frustraciones por verse superado en éxito y prestigio por Luis García Montero. Esos sentimientos son malos, sobre todo para quien los tiene. Yo al autor de *Paseo de los tristes* le tenía mucho cariño y trataba de hacerle entrar en razón cada vez que iba a Granada y me esforzaba en verlo, pero me daba cuenta de que su envidia era más fuerte que él. Se suicidó en 1999, el mismo año que murió Rafael Alberti. Juan Goytisolo murió en Marrakech, en 2017. Había recibido el Premio Cervantes en 2014, pese a anunciar que nunca lo aceptaría y parece que para atenuar ciertos problemas económicos.

Juan Marsé lo había obtenido en 2008, así que tuvo doce años para disfrutarlo. Los últimos transcurrieron, sin embargo, en interminables idas y venidas de casa al hospital, para las sesiones de diálisis, lo que debió de ser espantoso para un hipocondríaco como él, que sin duda se había vuelto así tras sufrir un infarto en 1985 del que le gustaba contar que mientras lo llevaban al quirófano se debió de cruzar por los pasillos de la clínica Quirón con el poeta Salvador Espriu y el músico y estrella de Hollywood Xavier Cugat, que también se encontraban allí ingresados, el primero con otro ataque al corazón y el segundo por una enfermedad pulmonar. Al cinéfilo irremediable que él era, le impresionaba mucho más la segunda celebridad que la primera. «Hombre, es que no hay color —ironizaba—, uno tiene una estrella en el Bulevar de la Fama y el otro era ayudante de notaría».

El autor de *La oscura historia de la prima Montse* lo pasó también mal, aunque fingiese tomárselo a chirigota, durante el *procés* en Cataluña, sobre todo después de que unos gamberros fuesen a varias bibliotecas a escribir en los ejemplares disponibles de sus libros la palabra *botifler*, traidor. Hablamos mucho, durante esos días espinosos de 2017, de la celebración del referéndum, la declaración de independencia anulada por el Tribunal Constitucional, la intervención de la Generalitat rebelde y el cese de sus miembros por parte del Gobierno central y la huida a Bélgica, oculto en el maletero de un coche, del *president* inhabilitado. Juan charlaba conmigo sobre todo eso y, bajo la máscara de indiferencia que se ponía para ese baile, yo percibía un sentimiento de tristeza, y lo digo pese a saber cuánto detestaba las interpretaciones emocionales: por ejemplo, le llevaban los demonios las que hizo Miguel Dalmau en su biografía de Jaime Gil de Biedma.

—Es que se pone a recrear sus penúltimos días, que conocíamos bien porque lo teníamos nosotros en casa, y dice que una mañana empezó a sonar en la radio que tenía enchufada Joaquina un cuplé y que al oírlo se puso a llorar porque se le vino a la cabeza lo que les gustaba esa canción a sus padres. ¿Me quieres tú explicar cómo sabe él lo que pensaba y con qué prismáticos le vio ese llanto que dice?

—Pues se equivocó de persona: la del llanto era yo —intervino entonces su mujer—. Él estaba muy mal, el maldito sida... Yo estaba cortando unos tomates y le veía desde la ventana. Le debí de contar a alguien eso, el recuerdo de ver las lágrimas caer sobre los tomates, y esa persona se lo contó al otro.

El equívoco parece improbable, pero me pareció que esa imagen tan humana, tan doméstica, expresaba mejor que mil palabras el dolor de los amigos íntimos por el sufrimiento del camarada que a todas luces tenía «puesto ya un pie en el estribo, / con las ansias de la muerte», como dicen los versos que usó Miguel de Cervantes en el prólogo a su última obra, *Los trabajos de Persiles y Segismunda*, que redactó cuando ya se sabía desahuciado: «Ayer me dieron la extremaunción y hoy escribo esta. El tiempo es breve, las ansias crecen, las esperanzas menguan [...]».

Esas líneas también valen para la última vez que vi a Juan Marsé, en su casa de Barcelona. Su salud estaba ya muy deteriorada y él cada vez más consumido: le abrazabas y era todo huesos y fragilidad. Como se cuenta en el poema dedicado a él en *La edad de los fantasmas*, yo me di cuenta de que ya no había vuelta atrás, que no volvería a estar con él y que otra parte del mundo que tanto he amado iba a disiparse, cuando le pregunté si no repondría mejor fuerzas en Calafell y me contó que ya no tenía su casa de la playa, que se habían deshecho de ella.

> *Allí lo había visto tan feliz un verano,*
> *tan en su personaje de estatua que desciende*
> *del pedestal y finge ser un hombre cualquiera,*
> *que cuando aquella tarde,*
> *ya cerca del final,*
> *tras hablar de ambulancias, clínicas y diálisis,*
> *me contó*
> *que la había*
> *tenido*
> *que vender,*
> *salí de su despacho con el corazón roto.*
> *Sabía lo que aquello significaba: todo*
> *había terminado.*

Tras su muerte, el 18 de julio —la fecha le haría poca gracia— de 2020, su hija Berta, también narradora, me llamó para ofrecerme volver a la calle Bailén y llevarme un recuerdo de su mesa de trabajo: «A él le hubiese gustado que cada amigo de los buenos guardara un detalle». Pero han pasado cinco años y no he podido: me hubiera deprimido tanto entrar allí sin él... Quizá algún día lo haga.

A Mario Vargas Llosa le gustaba Juan Marsé y viceversa. A mí siempre me hablaron el uno del otro con respeto y en público no era raro oírlos intercambiarse parabienes. Cuando al segundo le dieron, en 1997, el Premio Juan Rulfo, el autor de *La ciudad y los perros* declaró: «Pocas veces un jurado literario ha estado tan acertado». Y tras la desaparición de su colega dijo que «con su muerte se queda vacía Barcelona», certificando con la pérdida del amigo el fin simbólico de la época dorada de una ciudad donde él había sido feliz. Por su parte, Juan consideraba a Mario, y lo repitió a menudo, «el mejor del *boom* latinoamericano» y se mostró «especialmente contento» cuando fue reconocido con el Nobel: «Se lo merecía desde hace años», sentenció ante las preguntas de la prensa.

Lo primero que se me viene a la mente cuando pienso en Mario Vargas Llosa es su risa. A años luz de la imagen de seriedad institucional que mucha gente tuvo de él, creyéndole adusto, severo y cariacontecido, en las distancias cortas era un hombre con un infatigable sentido del humor y al que le divertían siempre las bromas, que aceptaba de mil amores: en un largo vuelo con escala que hicimos desde Córdoba (Argentina), donde los dos habíamos participado en el Congreso Internacional de la Lengua, hasta Madrid, él me divirtió a mí con historias por lo general rocambolescas sobre Augusto Roa Bastos, Borges, Elena Garro y Octavio Paz o Juan Carlos Onetti, y yo a él contándole que durante mi intervención junto a Joaquín Sabina en el Teatro del Liberador había ironizado con unos ripios sobre su reciente controversia pública con el presidente de México, diciendo que las rimas del cantante eran «más inimaginables que una carta de amor / de Vargas Llosa a López Obrador». En toda esa larga travesía —que empezó con la casualidad de que ambos llevábamos como lectura la misma novela de Luis Landero—, no paró de soltar sus carcajadas un poco arrítmicas y un poco equinas —no se olvide la famosa socarronería del propio Onetti, que explicaba que no se había podido arreglar los dientes, porque el médico le dijo que los tenía todos Vargas Llosa— y me maravilló, una vez más, con su inteligencia y su cultura, ambas libres de pedantería y sobradas de entusiasmo. Y con su infatigable curiosidad: en una de sus últimas publicaciones, *La mirada quieta (de Pérez Galdós)*, me sorprendió que confesara no haber leído hasta poco antes mucho más que *Fortunata y Jacinta* y, a continuación, fuese dando impresiones de lectura de cada una de sus obras. ¿Era posible que a su edad, muy cerca ya de los noventa años, se las hubiese leído del tirón para subsanar esa carencia de tantos miles de páginas? Pues sí, lo era, y él mismo me lo confesó la última vez que lo vi, que fue cuando asistió a la presentación de un libro de poemas de su amiga Soledad Álvarez, galardonado con el premio Casa de América, que hice en Madrid. Esa noche él ya estaba regular de salud, tenía el rostro demacrado y se ayudaba de un bastón, pero su vestimenta era intachable y el deseo de acompañar a una persona cercana, con la que le unían muchas cosas, fue más fuerte que su evidente debilidad. Eso sí, no se vino luego a la cena. Le acompañé al coche que lo esperaba y aunque me repitió cuatro o cinco veces que nos viéramos más y pronto, le di un abrazo que me supo a despedida y lo fue.

De Mario no te distanciaban las cosas que te separaban de él, por ejemplo la ideología, un terreno en el que era apasionado pero respetuoso. Un día en que le pregunté si realmente creía lo que decía cuando alabó en una de sus tribunas semanales en *El País* a una dirigente neoliberal que a mí me horrorizaba, se mantuvo en sus trece y su explicación fue argumentada y firme, pero la dio sin mostrar ofensa o enfado algunos. Lo que cuento lo explica mejor que yo una foto en la que se nos ve celebrando mi cumpleaños en un café de Granada a él y a mí, a Almudena Grandes, Luis García Montero, Chus Visor, los composi-

242

tores Leiva y Rubén Pozo... Y todos, los conservadores y los de izquierdas, estamos felices y aplaudimos y jaleamos a Sabina, que tiene una guitarra entre las manos. En una ocasión, le dije cuál es mi divisa: a mis amigos no les pido que piensen como yo, les pido que me quieran y se dejen querer. Me contestó: «Bravo, la hago mía».

También existen muchas imágenes de la conversación pública que mantuvimos ese mismo día en Granada, en el Auditorio Manuel de Falla, aunque no grabaciones, por fortuna, de un momento delicado que se produjo en los prolegómenos de aquel encuentro: al llegar, nos condujeron entre cámaras, periodistas y curiosos, a una entrada de artistas, nos pusieron los correspondientes micrófonos en la solapa y nos dejaron a solas en un camerino, donde por fortuna nos pusimos a hablar de fútbol: este delantero era un paquete, el guardameta de cierto equipo parecía un portero de futbolín. Al rato, apareció uno de los responsables de la organización, pálido y haciendo aspavientos: «¡Callen, por Dios, callen, que les dejaron los micros abiertos y mientras el alcalde decía unas palabras sobre el terremoto de Lorca a ustedes se les está oyendo todo!». Mario dijo: «¡Uy, se nos habrán escuchado los tacos! Y le interrumpimos el discurso». «Bueno —le consolé—, peor que hablar a la vez que el alcalde hubiera sido hablar de su corbata verde, que es un poco *guachafa*...». Entre esas fotos de las que hablaba me llama la atención la que se tomó al final del acto y donde se le ve a él, la estrella a quien el público ovaciona puesto en pie, aplaudiéndome a mí, el entrevistador. Ese detalle explica quién era «el joven cadete», como siempre lo llamamos Joaquín y yo; pero también otro, más significativo aún, y es que aquella charla de mayo de 2011 fue una excepción al retiro transitorio que se había impuesto tras la ceremonia del Premio Nobel, menos de cinco meses antes, agotado por los mil y un compromisos y peticiones que conlleva recibir el máximo galardón literario al que puede aspirar un escritor. Es verdad que le insistí hasta casi el acoso, con la ayuda impagable de su entonces secretaria personal y mano derecha, la novelista Verónica Ramírez, pero al final tuvo la deferencia de aceptar, pidiéndome una sola cosa: que los llevase a su esposa, Patricia, y a él a escuchar «flamenco auténtico, tal vez a uno de esos tablaos del Sacromonte».

Se lo dije a los poetas Fernando Valverde y Daniel Rodríguez Moya, que eran los directores del festival, y me dieron su palabra de que sería complacido. Pero el caso es que ellos tenían otros planes: tal y como dije unas líneas más arriba, me habían preparado una fiesta sorpresa de cumpleaños —que era tres meses después...— en un bar al que vamos desde hace más de cuarenta años, La Tertulia, e incluso habían editado en mi honor un tomo no venal con textos de amigos: Almudena Grandes, Joaquín Sabina, Luis García Montero, Chus Visor y todos los demás sospechosos habituales. El problema era: ¿quién se lo decía a Vargas Llosa? Al final, mientras a mí, con no sé qué disculpas, me llevaban a otro lado para despistarme y que al entrar en el local me los encontrara allí, se lo contaron. «¿Cómo? ¿Una fiesta? ¿Y él no lo sabe?», preguntó Mario. Patricia torció el gesto. Los presentes contuvieron el aliento. «¿Y no sospecha nada?», insistió. La gente seguía sin respirar. «¡Qué divertido! ¡Pues vamos para allá!», dijo el maestro. Y fue, lo repito, una noche memorable, todo el mundo riendo y bebiendo, Sabina cantando canciones de Lole y Manuel. Los chicos del grupo Pereza, Leiva y Rubén, con los que yo actuaba al día siguiente, con un espectáculo de rock y poesía, en la Huerta de San Vicente, miraban con ojos como platos aquel jolgorio donde todo era felicidad y compañerismo. Siempre que piense en Mario Vargas Llosa lo veré allí, sin prisas, pasándoselo en grande.

En 2013, con motivo del estreno en el Teatro Español de su obra *La chunga*, le solicitaron una entrevista monográfica sobre su teatro para *Atención obras*, un programa de RTVE presentado por la actriz Cayetana Guillén Cuervo donde yo recomendaba libros cada semana, y el autor de

La fiesta del chivo puso una condición: que se la hiciera yo. La verdad es que hoy entras a verla en la página del canal público y te quedas anonadado con la inteligencia y profundidad de todas y cada una de sus respuestas, su energía y su modo de exponer puntos de vista que pueden ser discutibles, pero son siempre interesantes. Eso sí, me temo muy seriamente que algunos de los que lo adularon en vida ahora vengan a criticarlo con una bandera en la mano. Al tiempo.

También lo censuraron muchos cuando decidió hacer de actor, en compañía de su amiga la actriz Aitana Sánchez Gijón, y tras una representación en la que simplemente leía de un libreto, se lio la manta a la cabeza y se dio un papel en su propia versión del *Decamerón*, de Boccaccio, donde salía a escena ataviado con una túnica y era capaz de interpretar un número en el que se revolcaba por el suelo. «Te he visto muy acrobático —le dije en los camerinos—. Si entrenas un poco, lo próximo que harás será de trapecista de circo». Su respuesta, cómo no, fue una gran risotada.

El maestro de *La fiesta del Chivo* le había dado un volantazo a su vida para dejar plantada a su mujer durante más de cincuenta años y marcharse con la entonces reina indiscutible de la prensa rosa, Isabel Preysler, viuda de Miguel Boyer —antiguo ministro de Economía, Hacienda y Comercio en el Gobierno socialista de Felipe González— y exmujer del cantante Julio Iglesias y del aristócrata Carlos Falcó, marqués de Griñón y de Castel-Moncayo. Acababa de publicar el ensayo *La civilización del espectáculo*, donde quienes no lo han leído aseguran que criticaba las revistas del corazón, cuando en realidad es una aguda reflexión sobre nuestras sociedades —hecha sobre todo con algunos de sus artículos semanales en *El País*— donde habla de la banalización de la política, el periodismo y la cultura: «Tólstoi, Joyce, Faulkner o Thomas Mann escribían libros que pretendían derrotar a la muerte, sobrevivir a sus autores», sostiene, mientras que los productos de hoy están pensados para «desaparecer y dejar espacio a otros igual de efímeros: la cultura es diversión y lo que no es divertido no es cultura».

La inesperada pareja causó sensación y escándalo, pero él parecía un adolescente enamorado, esa es la impresión que me dio las dos veces que coincidí con ellos, una en una recepción y otra en el preestreno muy privado —para quince o veinte personas— de una película sobre las cuevas de Altamira, que vimos sentados en butacas contiguas. Mario estuvo tan cercano como siempre y ella me miró a la defensiva al llegar, luego registró de qué forma me recibía y trataba él y de inmediato, al comprobar los abrazos y la confianza, formó una sonrisa perfecta y me trató con una exquisita simpatía. Duraron juntos ocho años, hubo una ruptura sonada —que ella insiste en atribuirse y presentar como una decisión propia en su autobiografía, donde la cortesía se transforma en mezquindad, o al menos a mí me lo parece el que saque varias cartas amorosas de Mario y la que ella le envió para echarle de su casa— y tras ese paréntesis el narrador volvió con su familia, que lo iba a cuidar hasta el último momento: Vargas Llosa falleció en su domicilio de Lima, el 13 de abril de 2025, rodeado de quienes más lo querían, con los suyos poniéndole la música que siempre le gustó y turnándose para leerle fragmentos de las obras que amaba.

Cuando en 2020, en medio de la pandemia de covid —un virus que él sufrió más de una vez y que tuvo bastante que ver con su fallecimiento— publicó *Medio siglo con Borges*, escribí un texto sobre ese ensayo delicioso en *infoLibre* y pronto me llegó una carta suya que ahora, al releerla, me hace añorarlos mucho a él y la cortesía que entonces acostumbraba a tener la gente educada, por muy importante que fuese:

Querido Benjamín:

Aunque no lo hago nunca, quiero agradecerte el precioso artículo que has dedicado a mi libro sobre Borges. Es generoso, está lleno de humor y destila inteligencia en todas las frases. Me ha conmovido mucho y por eso te pongo estas líneas para que lo sepas. Varias personas me lo enviaron apenas lo leyeron, entre ellas su editora, Pilar Reyes. Veo que has sobrevivido al coronavirus, como, felizmente, todos los de esta casa. Eso sí, cumpliendo rigurosamente con las prohibiciones y las mascarillas. Espero que nos veamos en alguna parte muy pronto.

Un fuerte abrazo de Mario.

Él era así, exuberante en el afecto; siempre que te lo encontrabas tenía unas palabras agradables sobre algún libro tuyo que le habías mandado, acerca de cualquiera de tus artículos o relacionado con algo que le habían contado que dijiste aquí o allá sobre él, como si con esas demostraciones de interés quisiera ofrecer un contrapeso a la admiración enorme e innegociable que sabía de sobra que siempre le tuve. «Y además tú eres el único que habla sobre mi novelita policiaca *¿Quién mató a Palomino Molero?* ¡Ese libro y mi teatro sólo nos gustan a ti y a mí!», remataba, para aligerar todavía más cualquier posible tentación de solemnidad con una broma, seguida, naturalmente, de otra de sus sonoras carcajadas.

El obituario que escribí sobre él en el mismo *infoLibre* lo acabé con estas palabras: «Yo al narrador hipnótico que es Mario Vargas Llosa lo echaré de menos, como tantos millones de lectores alrededor del mundo, y hoy, 14 de abril de 2025, me hace daño pensar que no puedo ya esperar otra de sus creaciones, que siempre he devorado en cuanto eran publicadas; pero extrañaré más aún al hombre de carne y hueso que tuve la inmensa fortuna de conocer y en cuya compañía les aseguro que no recuerdo haber pasado un minuto aburrido o carente de interés. Te vamos a echar mucho de menos». Mantengo lo dicho, palabra por palabra.

Qué importantes fueron para mi formación Juan y Mario, cuánto aprendí primero de sus libros y después de ellos, cuando charlamos, tantísimas veces, de sus obras —ambos lo hacían con una especie de azoramiento— y de las ajenas, Marsé casi siempre de autores del pasado o compañeros de la Generación del 50 y Vargas Llosa lo mismo de Borges que de Faulkner, de Onetti que de Flaubert y hasta de las novedades más recientes a las que le llevaba su curiosidad sin fondo. Quienes lean *Dos soledades: un diálogo sobre la novela en América Latina*, que transcribe un debate entre él y Gabriel García Márquez celebrado en 1967 en la Universidad Nacional de Ingeniería de Lima, tendrán una idea precisa de la lucidez abrumadora de ambos y del tesoro que era hablar de literatura con el autor de *Conversación en la catedral*.

Los extraño a los dos y no puedo sino celebrar de nuevo el haber coincidido con gente de ese talento e inteligencia en este mundo de todos los demonios, cada vez más embrutecido, inculto y gobernado por bárbaros. No me tengan en cuenta el adorno retórico si les aseguro que fueron para mí dos de los faros que me guiaban en medio de las dudas, las tempestades y la oscuridad.

La segunda entrega de la serie de Juan Urbano fue una ficción ambientada en los últimos años de la dictadura y los primeros de la transición a la democracia, titulada *Operación Gladio*, que tuvo enfrente a los defensores a ultranza de aquella época santificada, que algunos consideran intocable y a mí me parece que tiene sus luces y sus sombras, que es un triunfo de todos que tuvo sus perdedores. Viendo en perspectiva cómo han acabado varios de sus héroes, empezando por el rey Juan Carlos I, uno puede calcular la diferencia de tamaño entre el mito y la realidad. Pero los partidarios de la versión oficial, que no quieren ni oír hablar, por ejemplo, de las cesiones hechas a un franquismo por cuyas atrocidades nadie pagó un precio ni se sentó en un banquillo, sino que la impunidad fue completa, sacaron sus espadas contra mi novela, algunos con el silencio, otros de viva voz: recuerdo al entonces todopoderoso Juan Luis Cebrián, antiguo director de *El País* y por entonces jefe plenipotenciario del Grupo Prisa, diciéndome en un acto público en el que compartíamos estrado que lo que contaba mi libro sobre la infiltración de la ultraderecha más violenta en las fuerzas del orden, su metamorfosis para seguir en el poder y las actividades criminales de la red terrorista Gladio en nuestro país eran «una licencia narrativa», para dejar caer luego una frase, dicha de modo genérico pero indudablemente dirigida a mí, según la cual hay teorías que son a un tiempo «fábula literaria y falacia histórica». Aunque también cosechó algunas muy buenas críticas, a esa entrega de la serie es a la que más le ha costado abrirse paso hacia los lectores. Con el tiempo, algunos de sus personajes reaparecieron en *El anillo del general*.

Más fortuna tuvo *Ajuste de cuentas*, donde se recreaba, con el ambiente propio de una narración de serie negra, la España del pelotazo, como fue conocida en los años ochenta y noventa del siglo pasado, con sus hazañas especulativas y sus beneficios rápidos, sus empresarios rutilantes, sus escándalos políticos y su aristocracia bancaria, que brilló en sus comienzos lo mismo que un cometa y se convirtió en un modelo social, el de los triunfadores jóvenes que alardeaban de su éxito, tanto en las páginas de la información macroeconómica y bursátil como en las satinadas de las revistas del corazón, pero que, en gran parte, también acabaron mal, enfangados en mil y una tramas delictivas, peleados entre sí y a veces en prisión.

Las dos siguientes, *Los treinta apellidos* y *Todo lo carga el diablo*, continuaban indagando el origen de un significativo tanto por ciento de las grandes fortunas de nuestro país; la primera, reconstruyendo, con la estructura de una narración de piratas, los negocios siniestros de los esclavistas, el horror de los ingenios azucareros y las vidas de ida y vuelta de los indianos; la segunda, que tiene un perfume de novela gótica y ecos de mis amadas *Jane Eyre* y *Rebeca*, simbolizando el paso del tiempo con los cambios producidos en nuestra industria farmacéutica y recreando la figura de las deportistas que triunfaron cuando la República impulsó la práctica del ejercicio físico entre las mujeres y que después fueron borradas de los anales con la llegada de la tiranía y sus enfermizos códigos morales.

Los dos reyes reflexionaba sobre las relaciones difíciles entre Marruecos y España, deteniéndose en el negocio ilegítimo de los vendedores de arena, que roban del Sáhara para restaurar o inventar playas turísticas y, entre otras cosas, fabricar cosméticos o componentes electrónicos. Para mí la gran alegría que me dio esa obra fue que la presentase uno de mis referentes, Luis Landero, a quien siempre leí con una admiración ilimitada. Ni que decir tiene que corrí a pedirle a la editorial que en las siguientes ediciones pusiera una frase suya: «Decía Ortega y Gasset que hay libros que te cortan la retirada; *Los dos reyes* es uno de ellos: no lo he leído, lo he devorado». Pensarán que la reproduzco aquí para pavonearme y les puedo dar mi palabra de que aciertan: cómo no enorgullecerme de que diga de mí algo tan amable un escritor cuya prosa siempre ha hecho magia conmigo y al que suelo homenajear en público tan a menudo que alguna vez ha tenido que reñirme: «Querido amigo Benja, ya me he enterado de que andas hablando bien de mí a mis espaldas. Que sepas que, en cuanto nos veamos, habrá que ajustar cuentas. Te mando catorce grandes abrazos, que ojalá que el uno de junio sean quince». Eso último es una referencia a las Copas de Europa del Real Madrid, del que es tan forofo como lo era Javier Marías: de hecho, he mantenido con ambos conversaciones intercambiables sobre fútbol, entrenadores y sistemas de juego que habrán sido, a su vez, las mismas que tienen millones de personas, durante diez meses al año, los lunes por la mañana —aunque con el que más partidos he visto es con García Montero, en el estadio Santiago Bernabéu.

Además de un maestro literario, el autor de *Juegos de la edad tardía*, *Una historia ridícula*, *Lluvia fina* y otras maravillas es un hombre encantador, sencillo en sus maneras, de una inteligencia penetrante y, cuando quiere, muy divertido. Y nunca le dice que no a un buen güisqui y un rato de conversación agradable. Una tarde en que fue a *La Ventana* de la SER para que lo entrevistásemos, sin duda porque habría salido alguna nueva obra de las suyas, quedamos él y yo antes, para charlar, en un bar cercano a la emisora, y a los dos se nos fue un poco la mano con las copas. Una vez en antena, yo intenté hablar lo menos posible, para que no se me notase el pecado cometido, porque los micrófonos son unos Judas que te delatan siempre; pero él era el protagonista y, en consecuencia, no podía esconderse. Yo le veía haciendo intentos de mantener el tipo, pero sólo lo conseguía muy a duras penas.

—¿Y alguna vez se te ha ocurrido una historia que te haya dado miedo escribir? —preguntó Carles Francino. Su invitado parecía estar en las nubes, tenía la cabeza en otra parte.

—Eh, bueno... Sí... —titubeó, esforzándose por volver a la Tierra—. Lo de la hoja en blanco no, pero eso... A ver... Supongo que cuando estás... Que cuando estás... Oye, discúlpame, ahora mismo es que no recuerdo lo que...

—Sí, no te preocupes —salió al quite, animoso, el periodista—, lo que te había preguntado...

—No, no —le interrumpió Landero—, sé lo que me has preguntado, de lo que no me acuerdo es de lo que te estaba contestando yo...

Genio y figura hasta la sepultura.

A día de hoy, las peripecias del profesor Juan Urbano han llegado hasta su séptimo episodio, con *El anillo del general*. Suelo utilizarla para explicar cómo elijo, entre todos los posibles, los temas de cada uno de los capítulos de la saga: tiene que ser algo que estaba ahí, que no tenga que ir a buscar, un asunto que se me quedó grabado, por lo que sea, desde el instante en que tuve noticias de él, porque algo vi, leí o me hicieron saber, y del que además, por pura intuición, lo primero que pensé fue: de aquí podría salir una historia de Juan Urbano. Por poner unos ejemplos, la chispa de *Mala gente que camina* surgió, como ya he dicho, de un documental sobre los niños robados en España que explicaba muy bien el significado lúgubre de la expresión «hay que separar el grano de la paja», que en el ideario de la dictadura quería decir que había que apartar a los hijos de sus familias republicanas para que no les transmitiesen «la enfermedad mental del socialismo». *Los dos reyes* provenía del impacto que me causaron, a los catorce años, las imágenes de la Marcha Verde, la invasión por parte de Marruecos del Sáhara español. El origen de *Los treinta apellidos* está en la frase de un gran empresario, que le dijo de manera informal a un grupo de periodistas, entre los que estaba el que me lo contó: «Bueno, bueno, el Ibex-35... Nosotros lo llamamos el treinta más cinco... O sea, que hay eso, cinco nombres que entran y salen... Y luego estamos los fijos, que somos las treinta familias que mandamos en España de toda la vida». Sumé eso a la sentencia de Balzac que me había regalado en una ocasión Mario Vargas Llosa, «bajo toda gran fortuna se esconde un crimen», y empecé a documentarme.

La idea de *El anillo del general* venía de más lejos y de dos sitios distintos. Uno de esos lugares era la residencia madrileña del tres veces presidente de Argentina, el militar Juan Domingo Perón, la famosa Quinta 17 de Octubre —donde consumió sus últimos ocho años de exilio, doce de los cuales fueron en España, tras ser derrocado en su país y vivir los primeros cinco en diferentes países latinoamericanos—. Yo pasaba a menudo por allí, porque vivía relativamente cerca, y muchas veces me encontraba con gente que se hacía fotos en la entrada y, si les preguntabas, te repetían que la momia de Evita estuvo allí; que la restauraron cuando llegó desde Milán, donde yacía sepultada con un nombre falso; que su marido hablaba con ella por las noches y que a su nueva esposa y futura sucesora en la Casa Rosada, María Estela Martínez, la hacían tumbarse junto al cadáver para que el aura del mito pasara, de forma telepática, de la una a la otra... Indagué lo que pude, sin prisas, encontré una montaña de bibliografía sobre todo eso durante mis viajes a Buenos Aires, coleccioné recortes y fotografías que iban reuniéndose en un archivador; supe que por aquella propiedad pasaban nazis huidos de Alemania y acogidos por Franco, viejos camisas negras italianos, el jefe de la red terrorista Gladio, los policías torturadores de la Dirección General de Seguridad...

Los sótanos donde estos últimos llevaban a los detenidos, para someterlos a todo tipo de ignominias, se hallaban en la Puerta del Sol, que es el otro edificio clave de *El anillo del general*. Cuando era presidente de la Comunidad de Madrid el conservador Alberto Ruiz-Gallardón, organizó allí una comida a la que asistimos, hasta donde me alcanza la memoria, José Manuel Caballero Bonald, Almudena Grandes, Luis García Montero y Aitana Alberti, a cuyo padre conocía desde niño, había visitado en su exilio italiano de Roma, admiraba hasta el grado de tener las paredes de su casa llenas de dibujos suyos y recitaba de memoria el abogado y político, un gran lector a quien no era raro encontrarse en el paseo de Recoletos buscando primeras ediciones en las casetas de la Feria del Libro Antiguo y de Ocasión. Mucha gente de izquierdas teníamos buena relación con él, que en la distancia corta es divertido, amable y un conversador culto y apasionado. Por ejemplo, guardaba cierto parentesco con el cantante Luis Eduardo Aute —era primo de su mujer— y presumía de una estrecha amistad con el cubano Silvio Rodríguez que había comenzado de una forma insospechada cuando el cantautor, de camino a España para actuar en un concierto organizado por los sindicatos, se quedó atrapado en París, donde hacía escala su avión, procedente de La Habana. Por lo visto, le faltaba algún sello a su visado, así que las autoridades no le permitían embarcar y se le advirtió que el vuelo iba a despegar sin él, con el consiguiente destrozo que supondría su ausencia para los promotores de su concierto en Madrid. Entonces a alguien que conocía al presidente de la Comunidad se le ocurrió telefonearle, para solicitar su intervención. Este movilizó a secretarias y asesores, hizo todas las gestiones que pudo con la embajada y con algunos colegas franceses y al final se consiguió que el intérprete siguiera el viaje.

Cuando el mito de la Nueva Trova aterrizó en las pistas del aeropuerto de Barajas, le esperaban los organizadores del recital, para llevarlo directamente al lugar donde este iba a celebrarse, una nube de periodistas y alguien que estaba al tanto de lo que había ocurrido y que, cuando le oyó dar las gracias a quienes lo recibían, le dijo: «Esto, en realidad y para ser justos, se lo tienes que agradecer a quien lo ha hecho posible, por cierto que con un gran esfuerzo». «¿Y quién es esa persona?», preguntó Rodríguez. «Pues no es otro que el gran jefe de este Gobierno regional: Alberto Ruiz-Gallardón». Al oír eso, el autor de «Ojalá» y «Unicornio» palideció: «Pero eso no puede ser —dijo—, ¡si resulta que yo he venido aquí a cantar contra él!». Luego, sobre el escenario, confesó lo que había ocurrido y hubo abucheos del público. Y al acabar, Aute y él se fueron a cenar con el presidente de la Comunidad de Madrid.

Lo pasarían bien, porque a este le sobraban ingenio y talante para salir airoso de las pullas que sus amistades progres le gastaban, entre otras cosas, por su fama de ser un verso suelto de la derecha y dentro de su propia formación, donde se repetía a menudo que sus jefes no le miraban con buenos ojos. En un programa de televisión donde coincidió con Sabina, éste le dijo: «Tú y yo nos parecemos en que a ninguno de los dos nos quieren en tu partido». Y él respondió: «Te equivocas: a ti en el PP te quieren mucho».

En 2009, cuando su cargo era el de alcalde de la ciudad, participé con él en un proyecto municipal que consistió en la suelta de cientos de globos blancos de helio que llevaban escritos versos de la micropoetisa Ajo y míos, lanzados al aire a medianoche, en la Plaza Mayor. «Dónde irán a parar», le comenté, por decir algo. «Los tuyos van todos hacia El Puerto de Santa María», me contestó, obviamente en referencia a Rafael Alberti. Como me gusta comprobar la exactitud de mis recuerdos, acabo de llamarle ahora mismo, dieciséis años más tarde, y nos ha divertido rememorar esa noche y la comida de la que os estaba hablando. Hace tiempo que está retirado de la primera línea, desde que presentó su dimisión como Ministro de Justicia, tras haber fracasado, afortunadamente, en su intento de hacer una reforma involucionista de la ley del aborto, que muchos combatimos sin medias tintas desde la prensa.

Aquel encuentro, organizado por la mano derecha del dirigente y buena amiga mía, Alicia Moreno, hija de Núria Espert, se hizo a mediodía en un comedor de la antigua Casa de Correos, o sea, para entendernos, la Puerta del Sol, era en honor del autor de *Marinero en tierra* e incluyó una visita por las instalaciones, durante la cual Ruiz-Gallardón nos enseñó el lugar donde estuvieron los siniestros calabozos, haciéndonos notar que las paredes habían sido recubiertas con madera de tonos claros para atenuar de alguna forma los ecos del horror que albergaban esas dependencias y contrarrestar las historias terroríficas que contarían aquellos muros si las paredes hablasen. En ese momento supe que algún día iba a dedicarle una novela a eso y lo hice en *El anillo del general*, unas tres décadas más tarde.

Por cierto, que en aquella reunión volvió a brillar el humor sarcástico de Pepe Caballero.

—Sí, sí, pero este edificio también cuenta otra historia —dijo, cuando volvimos a la planta de arriba.

—Otra no, muchas —intervino el presidente—. Imagínate, si hasta se dice que aquí vive el diablo... ¿A cuál te refieres?

—A que desde este balcón —dijo el autor de *Diario de Argónida*, señalando el llamado «del reloj»— se proclamó la Segunda República.

—Así es. ¿Queréis que os lo abra, nos asomamos y vemos la plaza? —reaccionó nuestro anfitrión.

—Yo saldría ahí, pero sólo a proclamar la Tercera —le retó, aunque con una sonrisa gamberra que le quitase hierro al comentario.

—¡Pues no hay ningún problema, no se hable más! Salimos y la proclamamos —dijo Ruiz-Gallardón.

Y así se hizo: él, Almudena Grandes, Caballero Bonald y yo llevamos a cabo lo prometido, con gran solemnidad. Abajo, en la calle, la gente nos miraba sin entender lo que ocurría.

Cuando volvimos a entrar, los cuatro muy satisfechos con la mojiganga, Pepe me dijo al oído: «Sí, sí, muy bien, pero este Alberto, si dentro de diez minutos tiene que salir a celebrar la caída de Madrid y la entrada de los nacionales, lo hace con el mismo entusiasmo». El maestro no daba puntada sin hilo y a veces la aguja estaba envenenada, como las del huso de la Bella Durmiente.

El poeta

Los versos nunca dejan de estar ahí, revolotean a mi alrededor, piden ser escuchados y hacen que lleve siempre conmigo un cuaderno donde los apunto para que no se me olviden; también soy consciente de que la poesía es el género con el que más me relacionan gran parte de quienes hablan de mí o tratan de definirme y, de alguna manera, da la sensación de ocupar el centro de mi actividad literaria. Sin embargo, hace poco, en una feria del libro, una lectora que fue a que le firmase un par de ejemplares de mis obras me hizo notar —yo no había caído en ello— que a estas alturas ya he publicado más novelas que poemarios, trece contra diez, a día de hoy. A mí mismo me sorprendieron esas cifras, pero en cuanto lo pensé dos veces di con una explicación: las novelas son algo más planeado y sistemático, un trabajo que, al menos en mí, requiere una dedicación continua, porque si no estás muy encima de ellas, pierdes el hilo: recuerden lo que conté de *Ajuste de cuentas* y por qué tuve que borrarla cuando llevaba la mitad y recomenzarla desde cero. La poesía, en cambio —y hablo siempre de mi propia experiencia y dejando claro que en otros autores puede ser de otra forma y por otros métodos—, la puedo escribir de manera discontinua, a menudo con una distancia de semanas o meses entre una estrofa y la siguiente. No sólo es que me baste releer lo ya hecho o esbozado para ponerme en situación, sino que ni siquiera me hace falta revisar nada: lo tengo en la cabeza y, de pronto, se me ocurre algo, una idea, una palabra, y regreso al borrador para seguirle dando forma. Recuerdo que Jaime Gil de Biedma me contó en Madrid, mientras comíamos en el restaurante José Luis, del paseo de la Habana, al día siguiente de una lectura suya en la Residencia de Estudiantes, que para él un poema era igual que un caramelo que se deshace poco a poco, sólo que en la sien en lugar de en la boca, y que esa parte, lo que vas elucubrando antes de ponerte a escribir en serio, era la que más le gustaba cuando aún hacía poesía: como se sabe, había dejado de publicar muy pronto, después de reunir toda su obra en un tomo breve y de una influencia extraordinaria, *Las personas del verbo*, al que de manera obvia rinde homenaje mi *Acuerdo verbal*, que al ser ya más extenso que el suyo me hace recordar el día en que Jaime le dijo a Ángel González: «No me puedo comparar contigo, tú tienes mucha más obra». Y el otro, con su ironía habitual, le contestó: «Di mejor más sobras». Pues eso. Ya he dicho que Jaime Gil es un referente para algunos de los jóvenes que empezamos a escribir en los años ochenta y que reivindicábamos a los autores del medio siglo, tanto en la novela, donde no admitíamos que el boom latinoamericano lo ocupara todo y a veces se nos miraba con condescendencia si además de leer a Cortázar o García Márquez alabábamos a Ana María Matute, Carmen Martín Gaite o, por supuesto, Juan Marsé; como en la poesía, donde proclamábamos el magisterio del grupo de los González, Claudio Rodríguez o el propio autor de *Moralidades*, cuya poesía dulce, narrativa e irónica, de un espíritu inglés que la conectaba con las de Eliot, Auden y Luis Cernuda, nos había fascinado. No es una casualidad que uno de los actos centrales de lo que se llamó «otra sentimentalidad» fuese la publicación en la revista *Olvidos de Granada*, en 1984, de un monográfico sobre la Generación del 50 —yo contribuí con una entrevista a Jesús Fernández Santos, cuya obra *Los bravos* me había entusiasmado—, seguida de un congreso en la ciudad, organizado el año siguiente, al que asistirían casi todos sus supervivientes, con la excepción del propio Gil de Biedma.

A este, como se recordará, lo conocí también en Granada, donde había acudido a dar una lectura y tras pasar una temporada en una clínica de reposo, «en plan personaje de *La montaña mágica* de Thomas Mann», según lo definió él mismo. Me acuerdo de que Álvaro Salvador, Luis García Montero, Javier Egea y yo nos habíamos citado con él en una terraza del centro y que los dos últimos y yo llegábamos de un largo viaje en coche con Rafael Alberti, al que habíamos acompañado a Trebujena (Cádiz), donde le acababan de imponer el Racimo de Oro, una condecoración popular otorgada por los viñadores de la zona. Durante el viaje de regreso, Javier, que cuando se ponía nervioso —y el autor de *Roma, peligro para caminantes*, sin duda, lo intimidaba— solía ponerse también solemne, soltó de pronto, hablando con mucha pompa:

—Rafael, se me están ocurriendo unos versos que empiezan así: «Para decirte te quiero...».

—... navegué cuarenta noches / en un barquito velero» —saltó Luis.

El bueno de Egea, a quien llamábamos Quisquete, encajó mal la broma y la afeó entre grandes protestas. Rafael cabeceaba con desaprobación, en el asiento del copiloto. Pero la chufla ya estaba lanzada y fue a más: entre Luis y yo le acabamos a nuestro compañero de fatigas el poema: «Para decirte te quiero / metí mi pene en el mar, / se lo comieron los meros / y no lo pude sacar».

—¡Qué cosa tan asquerosa —protestó el maestro—. ¡Esto es como cuando Dámaso Alonso quiso gastar una bromita con unos versos de *Marinero en tierra*, «ay mi blusa marinera, / siempre me la inflaba el viento / al divisar la escollera», ¡y se cargó el libro!

—Hombre, pero si lo leen todos los estudiantes de España en los colegios.

—¡Qué no, que se lo cargó!

El encuentro con Jaime Gil de Biedma, ya lo he contado, fue bien, nos divertimos un par de días y antes de marcharse de regreso a Barcelona me dio su teléfono. No dejé de marcar ese número hasta sus últimos días, ni de ir a visitarlo cada vez que pasaba por su ciudad, cosa que, a veces, forzaba sólo con el fin de verlo: en ocasiones la disculpa era hacerle alguna entrevista para *Diario 16* en la que hablase, por ejemplo, de una edición crítica de su poesía o del aniversario de cualquier clásico que le fuese afín: por cierto que gracias a eso logré la hazaña de hacerle romper su silencio de décadas para escribirme un artículo sobre Lord Byron, con motivo del bicentenario de su nacimiento, que me atreví a pedirle usando como coartada una charla con él, de nuevo en Madrid, en la que me estuvo contando que le habían tentado con prologar un tomo que reuniría las más que ambiguas cartas entre el creador de *Don Juan* y *Las peregrinaciones de Childe Harold* y su hermana. Nunca lo llegó a hacer, aunque se sabía al dedillo esa correspondencia, la vida y milagros de ambos remitentes, las convenciones y perversiones de la época y las circunstancias en que fueron redactadas.

Ir a las Ramblas de Barcelona para ver a Jaime en su despacho de la Compañía de Tabacos de Filipinas, que era donde casi siempre quedábamos —sólo en una ocasión fui a recogerlo a su casa de la calle Maestro Pérez Cabero—, resultaba muy divertido. La leyenda dice que cuando era muy joven y la empresa en la que trabajaba su padre atravesaba una crisis financiera, que parecía abocarla sin remedio a la quiebra, lo mandaron a Manila a resolver algunos temas burocráticos, hacer un ajuste de plantilla —entre otros, despidió al progenitor del músico Luis Eduardo Aute, que siempre lo acusó, medio en serio, de no ser rico por su culpa— y preparar un informe que valorara si merecía la pena seguir con el negocio o era mejor retirarse a tiempo y soltar amarras. Al parecer, sus gestiones fueron tan brillantes y sus iniciativas sobre el terreno tan acertadas que al regresar a Cataluña los directivos de la firma le propusieron asumir el mando. El autor de *Poemas póstumos* declinó la oferta, con el argumento de que quien más merecía el puesto era don Manuel Meler —el mismo que fue doce años presidente del equipo de fútbol Real Club Deportivo Español— y que él podría ser su asesor. El nuevo jefe le estuvo agradecido por los siglos de los siglos y las tareas de su autoproclamada mano derecha fueron llevaderas: lo primero que hacía según entrabas a su despacho era pulsar un timbre a cuya llamada acudía un empleado.

—Mire —le decía Jaime, con su cortesía de estilo británico—, el señor desea tomar un güisqui Chivas. Si es tan amable de traérselo... A mí no me ponga nada. Bueno, qué caramba, sírvame otro, para acompañar a nuestro invitado.

Cuando nos quedábamos a solas, me urgía a que bebiese con rapidez, dado que era imposible de todo punto seguirle el ritmo, volvía a pulsar el intercomunicador y la escena se repetía casi palabra por palabra. No olvidemos que hablo de alguien que empleaba como divisa el lema de su querido W. H. Auden según el cual la felicidad consiste en «emborracharse antes del mediodía y saltar desnudo de cama en cama». Al salir de su trabajo, íbamos a cenar y a algún bar de ambiente, donde la primera vez me preguntó en uno de ellos si estaba «completamente seguro» de que no había «nada gay» en mí. En la dedicatoria que me puso, una de aquellas noches, en su compilación de ensayos *El pie de la letra* —más adelante estudiaría esa obra en mi *Siete maneras de decir manzana*— me manda su cariño «con el sentimiento de habernos quedado ambos con una copa de menos».

Pese a todo, él llevaba su agitada vida amorosa más o menos en secreto y guardaba las apariencias de puertas para dentro —aunque su *Diario de un poeta seriamente enfermo* es bastante explícito—, para no escandalizar a sus hermanas. Cuando le avisé de que iba a aparecer en *Diario 16* una de nuestras charlas le pareció bien, pero a la mañana siguiente, muy temprano, me llamó preocupado a casa.

—Oye, discúlpame que te pregunte esto —dijo—, pero en lo que vas a sacar en tu periódico, ¿de qué hablamos?

¿Sólo de literatura? Para ir al grano: ¿digo algo sobre mi homosexualidad? Perdóname por esto: es que, de ser así, me causaría muchos problemas domésticos con una parte de mi familia.

Y luego me contó que recientemente habían salido unas declaraciones suyas, hechas a la columnista y novelista Maruja Torres, en el dominical de *El País*, que le pillaron con «varias copas de más», por lo que estuvo «algo deslenguado», y que eso había provocado «una mezcla de desencuentro y encontronazo» con sus parientes. Le tranquilicé: lo que decía en mi entrevista sólo podía molestarle a quien odiara a Eliot, Auden o Baudelaire.

En una cena con Rafael Alberti y Núria Espert, la actriz nos contó que Jaime tenía sida. Si la memoria no me falla, se lo había anunciado Juan Marsé. La noticia, en aquel momento, aún no era del dominio público y recuerdo el modo en que ella bajó la voz y me tomó de la mano al pronunciar el nombre de la terrible enfermedad. Debe tenerse en cuenta que por entonces el virus era aún un misterio, sus orígenes y formas de transmisión eran todavía una incógnita y corrían muchas leyendas al respecto: que si lo contagiaba la saliva, que si te podía infectar un simple contacto con la piel de una persona afectada e incluso que te lo podía inocular la picadura de un mosquito. Ahora me parece una escena absurda, pero Alberti y yo, dos miedosos por naturaleza, nos metimos en un hipermercado que había entre Las Rozas y Majadahonda para comprarnos cubiertos de los que se llevan a las acampadas y un vaso telescópico, los llevábamos a todas partes y con ellos comíamos y bebíamos en los restaurantes donde nos citábamos prácticamente a diario.

Al recibir la mala nueva, comprendí por qué en los últimos tiempos Gil de Biedma no viajaba o, cuando lo llamabas y respondía Josep, te decía cosas como «no sé si podrá ponerse» o «voy a ver si está para hablar», y luego transcurrían unos minutos excesivos, igual que si le costara un mundo llegar hasta el teléfono. Y su voz había perdido el tono casual, desenfadado y un poco burlón que lo caracterizaba. En cuanto pude, fui a Barcelona a verlo. Lo encontré algo triste, pero hacía un esfuerzo por aparentar normalidad.

Por mi parte, yo le hablaba como si todo siguiera igual —aunque Juan Marsé me tenía al tanto de la evolución nada positiva del mal—, le contaba las aventuras y desventuras de los amigos comunes de Madrid e incluso le hice otra entrevista que, por alguna razón, debió de quedar incompleta o uno de los dos quisimos complementar con algunas preguntas que le mandé por escrito y no salieron en la versión publicada en *Diario 16*, que es la que reproduce Javier Pérez Escohotado en su recopilación *Jaime Gil de Biedma: conversaciones*. Al ir a comprobar ese dato he descubierto que tengo dos ejemplares de ese volumen y, dentro de uno de ellos, una carta de Jaime, acompañada de esas respuestas. Lo impresionante del caso es la forma en que ese envío demuestra hasta qué punto se mantuvo lúcido y activo hasta el último momento:

Querido Benjamín:

Finalmente te remito tu cuestionario —por si no hubieras guardado copia— junto con mis respuestas, que he ido redactando en la oficina a salto de mata. Si quieres ampliar algo, dímelo, aunque nada te puedo asegurar en cuanto a puntualidad en cumplimentar tus deseos —la promesa de escribir algo sobre A. G. ya ves que se pasó de plazo—. Lo siento. Tengo una tarde un poco liada, pero no quisiera retrasar más este envío. Dispensa la brevedad.

Un abrazo.

JAIME

Está fechada el 13 de febrero de 1989. Le quedaban algo más de diez meses de vida.

¿Y esas iniciales? ¿Pone realmente A. G. —la segunda letra no está clara en el manuscrito—, en cuyo caso deduzco que le pediría unas líneas sobre Ángel González? ¿Con qué motivo y por qué, según dice, me prometería hacerlo, cuando rechazaba cualquier propuesta de volver a las andadas de la literatura? Qué inquietantes son esas cosas que parecen haberte pasado como si tú no estuvieses ahí...

Entre Marsé y Ana María Moix me tuvieron al tanto de los últimos momentos de Jaime —luego nos dio él su propia versión de su convalecencia en el cuarto de sus diarios, iniciado en 1985 y aparecido de manera póstuma en 2015—. Supe de sus días en la casa de Juan y Joaquina en Calafell, que los pasaba leyendo y bebiendo champán, que cada vez hablaba menos y fumaba más, que iba perdiendo las fuerzas y el equilibrio... También que todas las tardes le visitaba Carlos Barral para entretenerle y darle ánimos, sin saber que sería él quien desaparecería primero, de forma inesperada y fulminante. El encargado de comunicárselo fue su pareja, el actor Josep Madern, pero pareció olvidarlo y, cuando esa noche vio la noticia en la televisión —la recuerdo perfectamente, dieron unas imágenes desoladoras de la capilla ardiente—, Marsé me contó que sólo hizo un comentario: «En las noticias acaban de decir que Carlos ha muerto». Era el 12 de diciembre y 1989, y él se iría veintisiete días más tarde, el 8 de enero de 1990, a los sesenta años. Me acordé de una noche memorable con ellos dos, Luis García Montero y otros amigos en La Tertulia, en Granada, donde los vimos competir en ingenio, alta cultura, intercambio de pullas certeras y resistencia al alcohol: ganó el autor de *Poemas póstumos* al de *Metropolitano* y *Los años sin excusa*: el primero resistió la ingesta de güisqui y tabaco, apuntalado muy recto contra la pared a su espalda; el segundo acabó dormido de brazos cruzados sobre la mesa.

Jaime Gil de Biedma fue incinerado en Barcelona y sus cenizas se llevaron a su paraíso de Nava de Asunción (Segovia), donde estuvo la casa de verano donde pasó la Guerra Civil y solía refugiarse e invitar amigos: en su salón con chimenea les leyó Juan Marsé, a él y a Ángel González, una noche de agosto de 1964, el capítulo final, que acababa de concluir en su habitación, de *Últimas tardes con Teresa*. Y parece que su anfitrión correspondió con la lectura de su aún inédito «Después de la muerte de Jaime Gil de Biedma». Lo que daría uno por haber estado allí.

En 1991 publiqué mi libro *El corazón azul del alumbrado* y en él se incluía este «Algo como la noche en un embarcadero», donde intenté rendirle homenaje imitando, en la medida de mis posibilidades, su estilo y algunos de sus versos más celebrados: «[...] Hoy he venido a hablaros de Jaime Gil de Biedma. / Y de todos nosotros, por supuesto. / Me pregunto, / en medio de estas horas / dudosas, me pregunto si queda todavía / una historia suya a la que parecernos. // Algo hemos aprendido: a no usar nunca, / nunca jamás el juego de hacer versos / para jugar con nuestros sentimientos; / [...] y hemos aprendido que ser inteligente / hace sentirse un hombre / envenenado por sus propios médicos. // No hay nada más. Acaso / quedaría su forma de compartir las tardes / mediado el mes de junio / y sus secretos. / Luego estaba el personaje a solas / consigo mismo, en cuerpo / y alma, ligeramente / irreal —demasiado similar a sus versos— / y su conversación: / algo como la noche en un embarcadero. // Así recuerdo a Jaime Gil de Biedma / aquel verano que no era el último / de nuestra juventud, igual que en su poema. / Los pinares / movían, / muy despacio, / una gama de verdes con ritmo de bandera».

He hablado de Claudio Rodriguez, otro primer espada de la Generación del 50, que comparte con Jaime Gil la intermitencia en la escritura, que aunque no acabó en su abandono total, como en el caso del autor catalán, sí hizo que sus obras se espaciaran de forma significativa y con unos intervalos crecientes entre cada una de ellas y la próxima: de *Don de la ebriedad* (1953) a *Conjuros* (1958) van cinco años; de este a *Alianza y condena* (1965), siete; *El vuelo de la celebración* salió once más tarde, en 1976, y tuvieron que pasar otros quince hasta que en 1991 apareció el último, *Casi una leyenda*. Otra cosa que nos enseñaron nuestros maestros, por lo tanto, fue a no tener prisa.

Con Claudio tuve una relación más superficial y esporádica, aunque nos vimos muchas veces, le entrevisté en varias ocasiones —una de ellas, por extenso, para *Olvidos de Granada*— y compartimos alguna salida nocturna, sobre todo una memorable e interminable en Santander, tras su participación en un curso de la Universidad Menéndez Pelayo al que yo también estaba invitado, que terminó conmigo pagándole a los clientes de un antro de mala muerte las copas en las que él había echado intencionadamente la ceniza de su cigarrillo, al darme cuenta de que uno de ellos, el de peor catadura de todo el local —y mira que había donde elegir—, sacaba una navaja y echaba a andar hacia el ilustre miembro de la Real Academia Española.

El otro gran caso de silencio editorial de nuestra lírica contemporánea es el de José Hierro, que tras unos inicios en los que daba a conocer su obra con regularidad, cada dos o a lo sumo tres años, se tomó siete entre *Cuanto sé de mí* (1957) y *Libro de las alucinaciones* (1964), ni más ni menos que veintisiete hasta *Agenda* (1991) y de nuevo otros siete para concluir su superventas *Cuaderno de Nueva York* (1998). Igual que Lola Herrera fue la primera actriz que conocí, Pepe fue el primer poeta, y ambos por la misma razón: Joaquín, el último de sus cuatro hijos en común con su esposa Lines, también era compañero mío de clase en el colegio Virgen de Europa. Un día estaba en su casa, jugando en el suelo del salón, cuando apareció el autor de *Alegría*

266

y *Quinta del 42* a buscar un libro. Justo estábamos hablando de las profesiones de nuestros padres cuando entró en la habitación el suyo, dejándonos impactados con su aspecto de forzudo de circo, su mirada incisiva y sus manos de labrador, que siempre me parecieron muy hermosas y en las que luego me fijaría siempre que le viera moverlas con un vaivén teatral en sus recitales, sobre todo la derecha, con la que marcaba expresivamente el ritmo e ilustraba el texto igual que si lo dibujase en el aire.

Había quien se metía con él: lo llamaban «el ferruginoso», por la temática social de muchos de sus poemas y su supuesta tosquedad lingüística, aunque me temo que los murmuradores disfrazaban de juicio literario lo que a mí me suena a deprecio clasista de ciertos autores burgueses hacia quien era hijo de un empleado de telégrafos, había sido obrero y se le notaba. Un poco lo que se dice de Miguel Hernández y algún maestro de la Generación del 27 que, según la leyenda, lo miraba por encima del hombro, emparentando su experiencia como pastor con los excesos tremendistas de algunas de sus creaciones para argumentar que sus versos «olían a oveja». A mí, Hierro me gustó desde que di en un libro de texto con su célebre «Réquiem» y me golpeó su planteamiento directo al grano: «Manuel del Río, natural / de España, ha fallecido el sábado / 11 de mayo, a consecuencia / de un accidente. Su cadáver / está tendido en D' Agostino / Funeral Home. Haskell. New Jersey. / Se dirá una misa cantada / a las 9.30 en St. Francis. [...]»; su nudo a la manera de plano de la desolación —«sobre el mármol [...] pastan toros / de España, Manuel, / (funeral de segunda, / caja que huele a abetos del invierno), / cuarenta dólares. Y han puesto / unas flores artificiales / entre las otras que arrancaron / al jardín...»— y su desenlace que aúna de forma magistral lo prosaico, lo ideológico y lo melodramático: «Me he limitado / a reflejar aquí una esquela / de un periódico de New York. / Objetivamente. Sin vuelo / en el verso. Objetivamente. / Un español como millones / de españoles. No he dicho a nadie / que estuve a punto de llorar». Y en mi palmarés, si es que realmente hace falta establecer uno, es lo mejor de su promoción, por encima de otros que también considero excelentes como Blas de Otero o la Ángela Figuera Aymerich de *Belleza cruel*.

A Pepe le gustaba escribir en los bares o, quizá sea esto más realista, estar en ellos para que la inspiración le pillara con las manos en la musa. Él afirmaba concentrarse mejor que de ninguna otra forma entre los ruidos de tazas y vasos contra los mostradores y el estrépito de las máquinas tragaperras, y lo cierto es que las veces que fui a encontrarme con él en La Moderna, en la avenida Ciudad de Barcelona —él lo llamaba «la oficina»—, allí estaba, sentado en una silla metálica tapizada en rojo a la mesa inhóspita llena de papeles y borradores que escenificaban la sencilla justificación que repetía a cualquiera que le hiciese la pregunta recurrente de por qué era tan poco fecundo: «tacho mucho»; y abstraído hasta tales niveles que cuando le saludabas se llevaba un susto. Pero el estruendo sólo desaparecía para él: en una ocasión fui allí para hacerle una entrevista y la tuvimos que repetir al día siguiente en su casa: en la primera grabación no se distinguían sus palabras entre aquel alboroto.

En su madurez, Pepe obtuvo un gran reconocimiento, le dieron el Premio Cervantes —yo asistí a la entrega en Alcalá de Henares, como siempre que lo ganaba un amigo, ya fuese Alberti, Juan Gelman o Paco Ayala—, el de las Letras, el Nacional, el de la Crítica, el Príncipe de Asturias y el Reina Sofía; entró en la Academia y su *Cuaderno de Nueva York* —confieso que no está, ni de lejos, entre mis libros suyos preferidos— batió marcas en cuanto al número de ventas y pulverizó el récord de semanas al frente de la lista de los más vendidos en poesía. Sin embargo, no siempre había sido así y su carrera, igual que la de tantos de los maestros de la posguerra a los que tanto admirábamos, tuvo que atravesar un largo desierto: cuando los empezamos a seguir y a buscar sus obras, muchas de ellas las encontrábamos sin demasiado esfuerzo en sus primeras ediciones, porque aún no estaban muy valorados y, a menudo, porque nunca había habido una segunda.

Una tarde, salía de la casa familiar en Las Rozas cuando un vehículo se detuvo a mi altura y vi la mano del conductor que abría la ventanilla del copiloto, sin duda para preguntarme alguna dirección.

—Óyeme, chaval, ¿tú sabes por dónde se va al Ayuntamiento?

Y al agacharnos los dos para establecer contacto visual, vi quién era y que, efectivamente, el mundo es un pañuelo.

—¡Pepe!

—¡Pero niño! ¿Qué haces por estos andurriales? Menuda casualidad.

—Yo vivo aquí. ¿Y tú? ¿Vienes a leer poemas? No me había enterado.

Ni yo, ni nadie. Me subí al coche, lo llevé a su destino y aquello era desolador, no hubo quien saliera a recibirlo y en la sala del recital lo esperaban una concejala a la que se le veían a la legua las ganas de cumplir el expediente para poder marcharse y un público de siete u ocho personas, casi ninguna sentada cerca de las otras, como si temiesen contagiarse algo. No es por nada, pero yo había organizado allí mismo y en la Biblioteca Pública lecturas de Rafael Alberti, Gabriel Celaya o Félix Grande y siempre estuvo lleno. Mientras la anfitriona le pedía que firmase unos papeles, supongo que un recibo o factura, yo salí a llamar por teléfono a Luisa y Jaime Martí, aquel matrimonio íntimo de Alberti cuyo piso visitábamos continuamente; les conté dónde estaba y que allí había cuatro gatos y les pedí que se acercasen a la carrera y, si les era posible, llevaran a alguien más. No sólo acudieron a hacer bulto, sino que al terminar el acto invitaron a cenar al poeta en el restaurante de enfrente —ni que decir tiene que nadie de la organización se ocupaba de ello— y luego a su casa, donde se tomaron unas copas, se charló y Hierro dijo de memoria varios poemas de las *Baladas y canciones del Paraná*, que admiraba tanto como criticaba la manera de declamarlos de su autor. No era el primero al que le oía ridiculizar el tono enfático de Rafael. El dramaturgo Buero Vallejo, con el que tenía cierto trato, me dijo después de una mesa redonda que habíamos compartido y donde yo leí unos versos: «Usted puede llegar a ser un poeta respetable, pero no imite el tono de su amigo Alberti, que parece una mezcla de obispo y sindicalista». No estuve de acuerdo, pero qué le iba a replicar un joven don nadie como yo a un académico, premio Cervantes, autor de títulos que yo había devorado, como *Historia de una escalera* o *El tragaluz*, compañero de cárcel de Miguel Hernández y que, además, era tan taciturno que cuando entraba a un café los tertulianos repetían por lo bajo: «Mira, por ahí viene don Antonio, que en paz descanse».

Que a la lectura de José Hierro en Las Rozas no fuera casi nadie era algo muy frecuente en aquellos tiempos. Hoy en día tenemos más fortuna, más medios y más público, las redes sociales han simplificado y puesto al alcance de cualquiera la difusión de las citas culturales —aunque al precio de convertirnos a todos en incansables promotores de nosotros mismos—, los índices de lectura en nuestro país han subido y la poesía, gracias al impulso que le han dado sobre todo algunas poetas jóvenes, como mis queridas Elvira Sastre y Loreto Sesma, en quienes tengo mucha fe, se ha puesto de moda y puede llenar las salas y hasta grandes teatros donde se agotan las localidades si la adornas con alicientes extraordinarios, por ejemplo con una banda que te acompañe y le dé al recital la dimensión de un espectáculo. Son buenas noticias, excepto para los envidiosos, quienes no logran los éxitos que ambicionan y culpan de ello a otros a los que les va mejor. Yo, por mi parte, vivo con intensidad los conciertos multitudinarios, pero también disfruto muchísimo las lecturas a solas, más pequeñas, donde la conexión con la gente es muy íntima.

A una edad en que los aplausos consuelan más de lo que envanecen, uno sigue en la brecha porque ama lo que hace y le gusta compartirlo. Pepe Hierro fue un buen modelo en eso cuando, en sus últimos años, aun maltrecho seguía al pie del cañón, aunque para llevarlo a cualquier parte era necesario que la organización tuviera a su alcance una botella de oxígeno, apuntado el número de las Urgencias más cercanas y prevista una ambulancia, por si el conferenciante sufría una crisis respiratoria. Un día que estaba con él me oyó contar que había invitado a Núria Espert a un homenaje a Alberti que se llevaría a cabo en Córdoba y que yo coordinaba. «¡Pues yo quiero ir! —rugió él—. ¡Haz que me lleven!». Lo miré, un poco amilanado: llevaba en la nariz uno de esos tubos que les ponen a los enfermos con dificultades pulmonares y jadeaba al hablar. Pero qué demonios: si le apetecía estar presente, sería un lujo contar con su presencia. Cuando se concretaron los detalles del viaje, recibí una llamada de su mujer, hecha una furia:

—¿Es que no os dais cuenta de que no está en condiciones de andar danto tumbos? ¡Lo vais a matar entre unos y otros! Pues no le pienso acompañar a Córdoba, ¿me entiendes? Ahí te las compongas tú con él.

—Pero Lines...

—Ni peros ni peras —me cortó, antes de colgar, recordándome a mi madre, que también usaba ese método de alternar el género y la gramática de las cosas cuando se ponía tajante: ni bicicleta ni *bicicleto*, ni cumpleaños ni *cumpleañas*...; y otro aún más definitivo que era transformar el sustantivo en un verbo: «¡Pero mamá, es que viene el circo ruso!», suplicabas tú; y ella cortaba por lo sano: «Ni ruso, ni dejado de *rusear*».

A modo de colofón lógico para una vida que se repartió entre su origen madrileño y su vocación de cántabro, José Hierro no murió dos veces, sino sólo una, en diciembre de 2002, ya octogenario, pero sí tuvo dos ceremonias fúnebres, una en el camposanto de La Almudena, donde asistí a su incineración para dar un abrazo a su familia, y otra en el Pabellón de Hombres Ilustres del cementerio de Ciriego, en Santander, donde un año más tarde fueron depositadas sus cenizas. Y allí quedó, bajo tierra amiga, el primer poeta que vieron mis ojos.

Me gustan las estatuas y hablar con ellas. Siempre que estoy cerca de donde ellas me esperan, voy a saludar a la de Federico García Lorca, a veces en la plaza de Santa Ana, en Madrid, y a veces en el antiguo Café Alameda, de Granada; en la capital, a las de Valle-Inclán en el paseo de Recoletos y Pío Baroja en la cuesta de Moyano; en Segovia nunca dejo de visitar la de Antonio Machado ni en Fuerteventura la de Miguel de Unamuno; y fuera de España, en Moscú disfruté con las de Antón Chéjov, Mayakovski, Pushkin y Dostoyevski —por cierto, que hay una de Miguel de Cervantes en un parque de la ciudad—; en Lisboa estuve con la de Fernando Pessoa en A Brasileira y en Cuba tomé algo con la de Ernest Hemingway en la barra del Floridita; en Copenhague me senté junto a la de Hans Christian Andersen frente al Tivoli y la de Søren Kierkegaard en los jardines de la Royal Library; en Londres no dejo de rendirle tributo a la de William Shakespeare en Leicester Square, ni a la de George Orwell junto a la BBC, a cuya espalda están escritas en un muro unas palabras de *Rebelión en la granja*: «Si la libertad significa algo, es el derecho a decirle a la gente lo que no quiere oír» y desde allí me he acercado a Basingstoke, a una hora de camino por carretera, para conocer la de Jane Austen; en París soy asiduo de la de Alexandre Dumas, en la *place* de Malesherbes, y del busto de Charles Baudelaire en los Jardines de Luxemburgo; a Goethe le he presentado mis respetos en el Tiergarten de Berlín y en Viena, junto al palacio de Hofburg... Podría llenar muchas cuartillas si hiciese el inventario entero. En *Paradero desconocido* hay un poema donde cuento que cada vez que estoy en Santander me siento a conversar un rato con la de Gerardo Diego que mira hacia la bahía: «[...] Aquí paseo, / miro volar a las gaviotas, / voy a oír en el muelle la canción de los mástiles / [...] Con los años, me he vuelto silencioso / —quién lo iba a decir— y otras cosas que no era: / ya no me hago ilusiones, / a menudo me puede el fatalismo / y he llegado a caer en la melancolía. / Quizá por eso en este lugar me encuentro bien: / el maestro es callado —aunque a mí sí me habla— / y el vaivén de las olas / me hace sentir en paz. // A veces / nos reímos hasta de nuestra sombra / y uno de los dos dice, tirando de humor negro, / que todos los que pasan por delante parecen / más felices que yo y más vivos que él. [...]».

Y cuando no son estatuas, son tumbas o, como ya he contado, las casas donde vivieron los autores que admiro. Me pregunto si esa costumbre también será heredada de Rafael Alberti y de nuestras excursiones literarias en busca de San Juan de la Cruz a su huerto de Segovia, de Bécquer en el monasterio de la Veruela, de Antonio Machado en Soria, de Jorge Manrique en el castillo de Garcimuñoz, Cuenca, o de santa Teresa de Jesús en Ávila. Por cierto, que hace poco sufrí el llamado «síndrome de Stendhal», cuando el bibliotecario de San Lorenzo de El Escorial me brindó el privilegio de llevarme a las bodegas más remotas del edificio, donde se guardan en muebles acorazados y climatizados sus tesoros más valiosos, y enseñarme lo que no ve nadie, entre otras cosas el manuscrito del *Libro de la vida*, redactado de puño y letra por la poeta milagrosa y carmelita descalza de Ávila: fue tenerlo delante y echarme a llorar sin consuelo ante tanta belleza. «Para eso te he traído, saltándome todos los protocolos y normas que te puedes imaginar —dijo mi sabio anfitrión—. Quería ver esas lágrimas».

La costumbre de seguirle el rastro a mis heroínas y héroes —y les aseguro que he recorrido muchos kilómetros y asumido en ocasiones ciertos riesgos para llegar hasta algunos de ellos— terminó por convertirse en tema literario y dar pie a toda una sección de mi libro *Ya no es tarde*, titulada «Viajes con la azafata», en la que esa peregrinación literaria se usa a modo de ejemplo aleccionador para la pareja, hoy ya rota, que protagonizaba esa historia: recuerda lo que hicieron Borges en Ginebra, Auden en Kirchstetten, a tres cuartos de hora de Viena; Roque Dalton en San Salvador; Pessoa en Lisboa o Borís Pasternak en Peredélkino, a veinticinco kilómetros de Moscú, y sacarás una lección sobre nosotros.

Cuando acabé *Ya no es tarde*, se lo di a leer a Sabina, que me dio parabienes y buenos consejos, pero también me recordó la anécdota de cuando Verlaine y Rimbaud, que se habían querido y odiado, agredido, puesto denuncias y hasta tiroteado cuando eran amantes, se reencontraron en plena calle y el primero le confesó al segundo que se había casado y era feliz, a lo que el autor de *Una temporada en el infierno* replicó: «¡Cómo has podido caer tan bajo!». Es cierto que en la poesía dan la impresión de tener más prestigio la tristeza, la melancolía, la pérdida o el dolor, pero, si lo pensamos dos veces, hay grandes odas a la alegría, la belleza o los asuntos sentimentales. Mi libro, que era una celebración de las ilusiones y emociones recuperadas, parece que dio en el clavo: las ediciones se agotaban, las críticas lo bendecían y —algo tan importante como sorprendente para mí— la gente joven, que me lo contaba en las firmas o en los institutos a los que luego me llevaban a hablar de él, se sentía identificada con aquellos versos sobre todo románticos, pese a la diferencia de edad y punto de vista. Será que los corazones adolescentes y los crepusculares no son tan distintos.

Y ahora, si me disculpan, tengo que dejarles. Me voy al hospital: esta tarde me someten a una intervención quirúrgica que en principio no es grave y espero que salga bien. Llevo conmigo mis amuletos: la foto de Bob Dylan tomada el día que lo conocí en Sevilla, que siempre me acompaña a los sitios y lugares importantes, y una piedra de la playa de Rota con un agujero de la suerte —de las que usaban los vikingos como talismanes— y en forma de corazón, que me encontraron y regalaron mis hijos en uno de nuestros veranos felices. Nos hablamos en unos días.

El novelista

Por alguna razón, Javier Marías me recordaba a mi colegio, tal vez debido a su aire de inglés con modales un poco estirados, pero con un fondo gamberro, que era lo que teníamos con frecuencia los alumnos del Virgen de Europa. En aquel centro, construido en la urbanización Las Lomas, dejado de la mano de Dios en plena naturaleza y cuyo único horizonte era una suma de chalés de lujo y encinares que llegaban hasta donde alcanzaba la vista, había mil y una normas estrictas para la indumentaria, en la mesa o el reglamento disciplinario, y no me costaba nada imaginarme al autor de *Mañana en la batalla piensa en mí* en aquellas aulas o campos de deporte, ataviado con el jersey azul del uniforme, el polo blanco, el pantalón gris y los zapatos marrones, marca Gorila, americana para el entretiempo y chaquetón de lobo de mar para los meses de invierno. Y todo ello con el escudo cosido en el pecho: la torre y la llave. Algunas de esas normas se fueron relajando con el tiempo, al menos en lo referido a la indumentaria, y se toleraron otros abrigos, por ejemplo, pero el resto siguieron vigentes hasta que me marché a hacer el COU al instituto donde me di de bruces con el profesor Fernando Borlán, el hombre que me cambió por segunda vez la vida.

Matricularme en 1971 en aquel centro para familias pudientes fue, desde luego, una iniciativa de mi madre, que en eso tuvo delirios de grandeza: nuestro nivel económico distaba años luz del de mis compañeros, que me dejaban anonadado con las casas que tenían en La Florida o la Urbanización del Golf, en todas ellas empleadas domésticas, jardineros y hasta vigilantes de seguridad a veces, cocinas gigantescas, salones donde podrías jugar al tenis, coches de ministro en el garaje... En contraposición a tanto lujo, mi padre se las veía y se las deseaba para abonar las mensualidades y a menudo se acumulaban dos o tres recibos que luego teníamos que ir a pagar en mano, con alguna disculpa que justificara el retraso. Pero de alguna forma se las ingeniaba para asumir ese gasto, ya que estuve allí once años. Y mentiría si no dijese que lo pasé muy bien.

El sistema educativo del Virgen de Europa era bastante paradójico, seguía en unas cosas modelos conservadores y en otras liberales; era mixto, pero se vigilaba con lupa el contacto entre chicos y chicas, que además nunca se sentaban juntos en el aula, sino en parejas masculinas o femeninas; se le hablaba al profesorado de tú y por su nombre de pila, pero cualquier acto de desobediencia o falta de respeto eran severamente castigados; había un campo de fútbol de hierba y tres pistas de baloncesto, porque se fomentaba el deporte al máximo, tanto en la asignatura de Educación Física —que no era en modo alguno secundaria y que a más de uno le hizo tener que volver a examinarse de ella en septiembre— como en los diferentes equipos que entrenaban por las tardes balonmano, tres días por semana, para luego jugar los sábados: el nuestro, del que yo fui portero en todas las categorías, era muy potente, ganábamos muchas ligas, la sala de trofeos estaba llena y ser el héroe de algunos partidos tal vez me metiera en la sangre la droga de los aplausos. Se impartía Religión, a cargo de un sacerdote vestido de civil que se llamaba Carmelo; había una capilla de asistencia obligatoria en algunas fechas señaladas, y todas las mañanas una charla entre motivadora y doctrinal del cura, a través de la megafonía, que había que oír en pie antes de ocupar tu pupitre. Otros dos espacios impresionantes eran el taller de pintura y manualidades, donde cada curso debíamos construir un avión de madera de balsa y papel de seda, añadirle un motor de gasolina que a mi madre siempre le parecía carísimo y conseguir el aprobado logrando hacerlo volar sobre la pista de atletismo y el laboratorio, en el que había que entrar vestido con una bata blanca y donde pasábamos horas entre microscopios, vasos de precipitado, quemadores de gas y tubos de ensayo, haciendo experimentos. En aquella sala, donde lo mismo se diseccionaba un corazón de vaca que se preparaba una solución química, había también una gran colección de minerales que me fascinaba, un esqueleto de tamaño natural y varios animales conservados en alcohol dentro de enormes tarros de cristal, que le daban a aquella estancia un ambiente algo fantasmagórico.

Curiosamente, a las chicas nos dirigíamos por su nombre, Yolanda, Marta o Isabel, mientras entre nosotros nos llamábamos generalmente por el apellido: Carmona, Piera, Arévalo, Sarriegui, Prado... También había un Valverde, un muchacho aplicado y servicial, puntilloso y sistemático con los deberes e infalible en los exámenes, que además presentaba un aspecto intachable y aparecía siempre con la vestimenta como recién salida de la tintorería; que era rápido a la hora de levantar la mano para ofrecerse a responder lo que se preguntara en clase y que, dada tal suma insoportable de virtudes, era el favorito del director, Ceferino Maestu. Este nos daba, como mirándonos por encima del hombro y con evidente desgana, falta de metodología y muy poca paciencia, la materia de Formación Cívica, que en realidad era una hora de adoctrinamiento, pues hablamos de un veterano falangista de los que habían participado en la fundación del sindicato Comisiones Obreras y cuyas aventuras más allá del colegio descubriría años más tarde al leer lo que de él contaba el psiquiatra Carlos Castilla del Pino en su obra testimonial *Casa del olivo* y agenciármelas para comprar su propia autobiografía, *La vida que viví con los demás*. Ahí tuve noticia de cómo en julio de 1936 unos soldados marroquíes del ejército golpista los sacaron de su casa de San Roque a él y a su padre, que fue fusilado en su presencia, bajo la acusación de haber sido militante de Unión Republicana y gobernador de Huelva. Se cuenta que el niño fue apartado en el último instante del paredón donde también le iban a asesinar, porque intercedió por él un vecino poderoso con mando en plaza.

Pese a todo ello, poco tiempo después, subyugado por las ideas de José Antonio Primo de Rivera, se alistó en el ejército de los sublevados y entró en la Falange. El contrasentido era de tal envergadura que no había por dónde cogerlo, pese a las explicaciones que él daba para hacer pasar a aquella banda paramilitar, con sus camisas azules y sus *paseos* al amanecer, por un movimiento en beneficio de la gente trabajadora y casi por una organización antifranquista.

También aprendí en aquellas páginas —para mi sorpresa, porque ni yo lo hubiese imaginado ni él nos dijo nada al respecto— que en su larga existencia fue periodista y fundador de la agencia FIEL, y que publicó miles de artículos y casi cien libros teóricos sobre filosofía, religión y política.

Pero todo eso, como digo, lo descubriría mucho después. En aquellos días de mi infancia y adolescencia, Ceferino Maestu sólo era el marido excéntrico y algo estrafalario —con sus andares a grandes zancadas y su forma de mover continuamente la cabeza como si le ahogasen la corbata y el cuello de la camisa— de la fundadora del negocio y directora todopoderosa, Josefina Unturbe, mujer venerada por nuestros padres y temida por nosotros, que creó su Virgen de Europa anhelando seguir las huellas de pioneras como Jimena Menéndez Pidal con su colegio Estudio, María Espinosa con Nuestra Señora del Camino o Josefina Aldecoa con Estilo. Lo cierto es que por su manera de ser, su esposo parecía allí más perdido que un pulpo en un garaje.

Una mañana, al entrar a impartir su asignatura, descubrió una pisada sobre su mesa, que se veía con gran nitidez gracias a la capa de tiza que la cubría. Ceferino se quedó mirándola y empezó a respirar de forma sincopada, como hacía al alterarse, y a mascullar sus dos recriminaciones características —majaderos, mangantes...—. Tratando de conservar la calma, nos preguntó quién era el vándalo que había hecho eso. Naturalmente, hubo un silencio total.

—Muy bien, en ese caso ¡pongan todos los varones, ahora mismo, el pie derecho en alto!

Obedecimos y él empezó a revisarlos pasillo arriba y abajo, con las manos a la espalda y haciendo ademanes de general que pasara revista a sus tropas. Pero resultaba que ese día todos llevábamos el calzado de reglamento, marca Gorila, con su piel de color marrón café con leche, sus cordones a juego y, algo muy relevante en aquellas circunstancias, su suela lisa. La que estaba marcada sobre la mesa, sin embargo, tenía un dibujo geométrico que, miren ustedes por donde, resultó que se correspondía exactamente... con la del calzado que llevaba ni más ni menos que Valverde el perfecto.

Sin creer lo que veía, Ceferino Maestu, un hombre que tenía la mecha muy corta y estallaba a las primeras de cambio, abrió unos ojos como platos, se giró hacia el encerado, meditó unos segundos con las manos a la espalda y soltando bufidos de toro bravo, y de repente, mientras nosotros cuchicheábamos en espera del castigo que sin duda le caería a su protegido, él encontró la solución a aquel problema y, girándose como movido por un resorte, endureció la mandíbula, nos lanzó una mirada iracunda y gritó, entre furioso y triunfante:

—¿Quién se ha puesto el zapato del señor Valverde?

Cada mañana, un autobús que en los primeros años fue una furgoneta, la ruta 14 que conducía un señor muy amable llamado Sixto, me recogía en la puerta de casa a las ocho y media y me llevaba de vuelta, los días normales a las cinco de la tarde o, cuando tenía entrenamiento, a las ocho. Yo trataba de hacer los deberes en aquel trayecto de unos veinticinco minutos, muchos de ellos debidos a las muchas paradas que hacía en Boadilla del Monte, Majadahonda, la colonia Veracruz y algunas urbanizaciones intermedias, hasta llegar a Las Rozas, y no me daba lo que quedaba de jornada para mucho más que para merendar a la carrera lo que pillase, acabar las tareas y ejercicios que nos hubiesen puesto, darme una ducha, cenar con mi familia y acostarme. Pero el tiempo que había ganado en el viaje lo aprovechaba para devorar en la cama, forzándome hasta que el sueño me vencía, los libros que sacaba de la biblioteca del Virgen de Europa, casi todos ellos clásicos de las editoriales Cátedra y Castalia, sobre los que me lanzaba según iban llegando cada mes y que consumía en un desorden maravilloso, saltando de Galdós a Quevedo, de Moratín a Baroja o de Cervantes a Emilia Pardo Bazán. Porque debo contar que yo nací lector y que escritor me hicieron, las dos cosas en sentido literal.

La primera de esas afirmaciones no tiene explicación: sin que nadie supiese por qué, ni hiciera nada al respecto, ni se conocieran antecedentes de tal cosa en mi familia, resulta que, como ya hemos visto, sin haber cumplido aún los cuatro años, es decir, dos y medio antes de lo normal, yo leía de corrido —algo que heredaría cincuenta y tantos años más tarde mi hijo Ariel—, hasta el punto de que cuando mi madre me llevó a las escuelas San Miguel —que entonces, hasta donde yo sé, eran las únicas que había en el pueblo—, don Lope, el maestro, decidió adelantarme un año y mandarme directamente a segundo, porque le parecía absurdo tenerme en uno donde se enseñaba a juntar las letras que yo dominaba. No me hizo un favor, porque luego tuve que volver atrás y repetir séptimo en el Virgen de Europa: con año y medio menos que mis compañeros, la EGB me quedaba grande. Lloré mucho, encerrado en un servicio, el día en que fui enviado, a medio curso, otra vez a la casilla de salida; pero reconozco que pronto me sentí mejor y más seguro, hice buenos amigos y no volví a tener problemas importantes en las diferentes materias, pese a que los estudios me importaban menos que la lectura, el balonmano y, sobre todo, que Lucía Gómez de la Serna, mi primer amor, aquella obra de arte rubia con unos andares de vaquero del oeste que quitaban el sentido, la cara llena de pecas, una sonrisa demoledora y los ojos verdes que han tenido la mayoría de mis novias. Era buena estudiante, pero sin estar en el grupo de las doñas perfectas de la primera fila. Su voz se quebraba un poco al hablar, como si el final de cada frase se venciera por el peso de las palabras dichas. Jugaba al balonmano en el equipo femenino y me encantaba verla. Conmigo era todo dulzura, pero tenía tal carácter que, durante una excursión en la que uno de los gallitos del grupo quiso burlarse de mí por sentarme atrás con ella y sus amigas, saltó como una fiera y le bajó los humos con tres frases a la vez desdeñosas e hirientes. Sus labios eran lo más delicioso y adictivo que había probado y vivía pegado a ellos en los cines, en los guateques, en el Parque de Atracciones y, los fines de semana, en la casa que tenía en Los Peñascales nuestra compañera Isabel Lara, que luego moriría muy joven... ¿Cómo olvidar a la primera mujer que has besado, a la primera cuyo cuerpo acariciaste bajo la ropa? ¿Cuántos años teníamos? ¿Doce, trece, catorce...? Al acabar este párrafo la he llamado por teléfono, me ha dicho que no todos esos recuerdos son exactos y me ha contado otros que yo tenía olvidados: por ejemplo, que, aparte de las cartas de enamorado nostálgico que le mandé cuando estuvo de veraneo en Vinuesa (Soria), también le escribía unas frases parecidas a aforismos o versos sueltos que «debe de tener por alguna parte». ¿Es entonces por ella por quien tuve el primer impulso de hacer literatura? Si es así, no me digan que no apuntaba alto, teniendo en cuenta que hablamos de una pariente directa del gran Ramón Gómez de la Serna.

Lo que no me genera duda alguna es quién me modeló y dio un impulso decisivo como lector. Es cierto que para entonces ya me gustaban los libros y que me había lanzado sobre cualquier novela que se me pusiese a tiro con la voracidad de ese «león de ojos hambrientos» que describe Dante al principio de la *Divina comedia*. A veces eran los tomos de la editorial Bruguera que me compraba mi madre cada mes en la misma tienda de donde me llevaba tres tebeos cada semana y en otras ocasiones se trataba de algunas de las novelas que les servía a domicilio el omnipresente Círculo de Lectores a mis hermanas María Ángeles y María Jesús, que solían pertenecer a un tipo de literatura que no he vuelto a frecuentar muy a menudo y de la que recuerdo obras como *El graduado*, de Charles Webb; *Tiburón*, de Peter Benchley; *Madrid Costa Fleming*, de Ángel Palomino; *El otro árbol de Guernica*, de Luis de Castresana; *Hijos de Torremolinos*, de James Michener; *Rascacielos*, de Richard Martin Stern, o *Edad prohibida*, de Torcuato Luca de Tena. Cuando, con el discurrir de los años, Círculo de Lectores, ya en sus últimos tiempos, sacó mis novelas *La nieve está vacía* y *No sólo el fuego*, me hizo una ilusión muy especial.

Así que yo hacía mis primeras armas como lector de superventas ligeramente pasados de moda cuando una mañana de septiembre, recién inaugurado el nuevo ciclo escolar, se abrió la puerta del aula en la que nos acabamos de reencontrar y nos contábamos nuestras experiencias veraniegas, en mi caso localizadas, una vez más, en las playas de Asturias, en la granja de mi abuelo Vicente, y entró en clase el nuevo profesor de Literatura. Se llamaba Luis Fernández, era bastante joven y se puso a explicar a Garcilaso de la Vega con una pasión tan contagiosa, con un talento casi teatral para contarnos la historia del poeta-soldado, en una mano la pluma y en otra la espada, que al llegar el recreo corrí a la biblioteca para hacerme con un volumen de Cátedra que reunía sus poemas y esa noche y las siguientes, ya en casa, lo disfruté de lo lindo, desde el prólogo hasta el último de los poemas. Aquella historia del caballero de la Orden de Santiago que servía a Carlos I;

que lo mismo aprendía esgrima que griego, italiano y francés o a tocar el arpa y el laúd; que luchó contra turcos y franceses hasta caer en Le Muy, cerca de Fréjus, mientras escalaba una muralla al frente de sus tropas y que había revolucionado las letras españolas tras una charla sobre Francesco Petrarca con su amigo Juan Boscán en la Alhambra, en los Jardines del Generalife, cerca del palacio de su emperador, marcó mi existencia: «[...] Yo no nací sino para quereros; / mi alma os ha cortado a su medida; / por hábito del alma mismo os quiero. / Cuanto tengo confieso yo deberos; / por vos nací, por vos tengo la vida, / por vos he de morir, y por vos muero».

En un estado de fascinación obsesiva, ya no paré hasta agotar las colecciones enteras de esa editorial y de Castalia, primero todo lo que tuviese que ver con el Siglo de Oro —mi Juan Urbano, docente en un instituto, cita a menudo a sus componentes como autoridades éticas e intelectuales— y después el resto. Y el aficionarme a los ensayos críticos, estudios académicos y esbozos biográficos, que siempre situaban al personaje en su contexto y narraban meticulosamente sus peripecias, marcó para los restos mis gustos, mis referencias y mi estilo: me entusiasma saberlo todo de los autores que me interesan, busco cualquier libro sobre ellos que se haya publicado en castellano o inglés y creo que esa curiosidad por los detalles íntimos tiene un papel relevante en la construcción de mis personajes. En el prólogo a la edición inglesa de su primera novela, *Mashenka*, publicada originalmente en ruso, Vladimir Navokov afirma que lo que importa en la biografía de un escritor no son tanto sus vivencias como la historia de su estilo. Yo le diría que sí, pero al mismo tiempo añadiría lo contrario: las experiencias personales de un creador también definen su bibliografía.

Por supuesto, siempre que voy a Toledo y tengo ocasión paso a visitar el sepulcro de Garcilaso de la Vega en el convento de San Pedro Mártir, coronado por las estatuas orantes de él y su hijo —que en esa imagen parece su gemelo—, que tengo que tocar para que me den suerte y que vi por primera vez en 1987, en compañía de Rafael Alberti, en la misma excursión donde fuimos a tomar algo a la Venta de Aires, un restaurante fundado en 1891 al que iba con Federico García Lorca, Luis Buñuel —que lo cuenta en sus memorias, *Mi último suspiro*— y Salvador Dalí, que mi maestro aseguraba que los había dibujado a todos ellos, incluido él mismo, en un mural que pintó sobre una de aquellas paredes. Cuando acudimos en busca de ese recuerdo suyo, aquel fresco había desaparecido: a la dueña no le sentó bien que se hiciera sin su permiso y lo encaló. Luego fue pintado más de una vez. ¿Se imaginan el valor documental y económico que podría tener hoy esa obra? A mí aquello me sonaba un poco a mitología, pero más adelante supe que no lo era y que los técnicos del Museo del Prado habían ido allí para tratar de recuperar el tesoro, pero las sustancias químicas y el paso del tiempo habían hecho su trabajo y la restauración fue imposible. Ahora ya ni les cuento: acabo de ir allí a comer con Dylan y Ariel y Paulino, que a sus diez años han escuchado sin perder detalle esta misma historia de los ases de la Generación del 27, y el lugar está por completo irreconocible, me da la impresión de que se ha expandido con nuevos comedores y una galería, está de bote en bote y la mujer que hace treinta y ocho años salía de la cocina para hablar con nosotros y su encargado de la barra ahora son una docena de camareros, algunos de ellos jóvenes con tabletas electrónicas donde anotar los pedidos e intercomunicadores de diadema para hablar entre ellos. En el futuro no hay lugar para la nostalgia.

Ni que decir tiene que en mi primer libro, *Un caso sencillo*, había y hay un poema, ingenuo pero significativo para mí, en honor de Garcilaso, que acaba con una cita suya, recrea el momento de su muerte y desde que lo recogí en *Acuerdo verbal* consta que es «para Luis Fernández, el profesor de Literatura que me convirtió en lector». Sé que lo conoce, porque una vez Carles Francino me dio en la SER la sorpresa de haberle localizado y ponérmelo en antena. Pueden figurarse lo que me emocionó reconocer su voz. Fue como volver al pasado, a las pizarras y las tizas; como ver a Natalia Dicenta sentada delante de mí; como bajar al gimnasio a cambiarme para el entrenamiento; como dejar otra nota furtiva en el cuaderno de Lucía... «Hay un silencio, abajo, de estatuas destruidas. / Amanece. / Recuerdas / el amor con su ambiente de barco amotinado, / la vida como un sueño con tesoros y mapas, / el rocío y su lava de cristal. / Amanece y recuerdas: / los caballos rompieron la lluvia con sus cascos; / las torres eran parte de tu sangre, / tu muerte se añadía a las campanas. / [...] En su memoria azul, / río abajo, las aguas te recuerdan ahora; / [...] el carbón de la vida / se consume en tus ojos [...] / No preguntaste entonces quién movía las águilas, / quién juntó las tinieblas y los lobos, / quién sembró la semilla del árbol del ahorcado. / Cuando ardía el laurel y se quebraba el hielo. / Cuando tu corazón se asociaba a la escarcha. [...] / Cuando la luz fue parte de la noche / [...] alguien te vio dejar, / perdida junto al cisne redondo de la luna, / la dulce vida entre la hierba verde». Fui muy feliz en el Virgen de Europa, aproveché cada minuto sus majestuosas instalaciones y nunca dejé de valorar el esfuerzo sobrehumano que tuvo que hacer mi familia para costear aquel lujo que recuerdo con nostalgia, por mucho que hoy, medio siglo más tarde, entre en contradicción esa añoranza con mi defensa innegociable de la educación pública. ¿Quién podría no guardarle cariño, por ejemplo, a aquella novia inolvidable de la que siempre me acordaba cuando Rafael Alberti recitaba una copla de Dámaso Alonso que le hacía mucha gracia: «¡Ay Lucía, mi primer amor; / ay mi dulce y amada Lucía; / te has casado con un profesor / de otorrinolaringología!»?

¿Por qué vinculaba yo a Javier Marías con todo eso? No lo sé bien, supongo que era por su manera de ser o, simplemente, porque al final intentamos encajar unas con otras nuestras experiencias, por diferentes que estas sean, para tener una especie de visión de conjunto de la vida, que siempre es más anárquica y menos lógica que una buena obra de ficción. Cuántas veces nos suceden cosas que nos hacen exclamar: «¡Esto lo pongo yo en una novela y no se lo cree nadie!».

La primera noche que fui a cenar a su casa me llevó Alfredo Di Stefano. Casi siempre que nos encontrábamos, un cóctel de Alfaguara por aquí, una entrevista en la radio o una presentación por allá, había un momento en el que nos hacíamos un poco al lado, aprovechándome yo del miedo que a casi todo el mundo le daba acercársele y él para salir a la puerta a fumar, y hablábamos sistemáticamente de ciertos amigos comunes, de Bob Dylan y de fútbol. El único cargo diplomático que he ocupado nunca es el de embajador de su Reino de Redonda ante el Real Madrid, y eso que siempre me acusaba de jugar con dos barajas por ser, desde niño, hincha del Athletic de Bilbao, además de socio de su Real Madrid. Yo le respondía con una frase del artista Francis Picabia: «Tenemos la cabeza redonda para que nuestros pensamientos puedan cambiar de orientación».

—Imagino que recuerdas la final de la quinta Copa de Europa, la del siete a tres al Eintracht de Fráncfort —me preguntó una mañana, al teléfono.

—Sí, desde luego, la de Glasgow.

—Tres goles de Di Stéfano y cuatro de Puskas. Los habrás visto.

—Muchas veces, supongo. En blanco y negro.

—Pero lo que no habrás visto nunca es el partido entero, ¿a que no? Pues resulta que he conseguido la grabación. La veré esta noche, ¿te apetece venir?

Al llegar a su piso, me preguntó si me gustaban «los saladitos». No sabía qué eran. «Sí, ya sabes, esos hojaldres con cosas dentro. Yo no cocino, así que he comprado unos cuantos». Eran cinco bandejas. Le pregunté quién más iba. «Nadie, sólo tú y yo». Vimos el partido, comentando las jugadas, y sobró el noventa por ciento de la cena fría.

De repente, se oyó un traqueteo metálico. «Me está entrando un fax», dijo, como si eso fuera algo muy normal, pese a que hacía muchos años que esa máquina ya no la usaba nadie. Quien le escribía era el director de cine Francis Ford Coppola y antes de que acabase la velada lo haría el premio Nobel sudafricano Coetzee. «Oye, qué nivel —le dije—, ¿esto lo tienes preparado para impresionar a las visitas?». Lo cierto es que usaba mucho aquella pieza de museo, tanto que busqué una para mí en una tienda de electrónica de segunda mano, porque él acostumbraba a enviarte documentación de lo más variada sobre cualquier cosa que hubiéramos tratado durante una de nuestras conversaciones.

Charlamos sobre Di Stéfano y escuchamos una cinta que le había grabado con versiones raras de otros artistas interpretadas por Dylan en los últimos tiempos: Charles Aznavour, los Beatles y los Rolling Stones, Yves Montand, The Clash, Grateful Dead, Jimmy Cliff, Muddy Waters... Hacía poco me había asegurado que su disco favorito del genio era la banda sonora de *Pat Garrett & Billy The Kid*. «Hombre, Javier, ¿de verdad lo que más te gusta del mejor letrista de la historia es un álbum prácticamente instrumental?».

Las citas para cenar las repetíamos a menudo, en un restaurante cercano a su domicilio. A los postres, después de haberte contado el insomnio que padecía y que por eso siempre aplazaba la lectura de los periódicos hasta la madrugada, se pedía un café solo y una Coca-Cola. Y mientras estaba desvelado también le echaría un vistazo a internet, porque aunque alardeaba de no tener móvil ni redes, no era del todo cierto, aunque sí menos falso que las leyendas, azuzadas por él mismo, sobre su carácter supuestamente irascible y maniático: en el cara a cara, era un hombre encantador y muy divertido, ingenioso, con un sentido del humor punzante y muy dispuesto a la broma, dentro de unos límites.

La relación con él se había estrechado tras la publicación de su obra *Negra espalda del tiempo*, en 1998, un libro que me había deslumbrado y del que había escrito y dicho cosas que a él le agradaron. Alguna vez me echó en cara, de esa forma tan suya, quitándole importancia a su propio reproche, que sus obras posteriores «no parecían haberme agradado tanto». Porque es verdad que le gustaba que le hablases con detenimiento de sus creaciones, no era de los que se conforman con un «está muy bien, me ha gustado mucho». Miro algunos de sus libros ahora, en su casi totalidad dedicados por él con su hermosa letra de poeta inglés de entreguerras, como solía decirle, siempre con unas líneas cómplices, nunca hechas en serie, a base de lugares comunes o para salir del paso, y la sensación de desamparo y pérdida es inevitable.

Siguiendo en el territorio fronterizo entre el rocanrol y la escritura, cuando en el año 2003 publiqué el libro de cuentos *Jamás saldré vivo de este mundo* se me ocurrió que el volumen tuviera artistas invitados, como ocurre en los discos, y pensé en Juan Marsé, Almudena Grandes, Enrique Vila-Matas y el propio Javier Marías, que colaboraron, cada uno de una forma distinta, en cuatro relatos. Con él, que me siguió el juego sin dudarlo y me aguantó una catarata de llamadas y preguntas, yo iba imaginando y redactando escenas, se las mandaba por el susodicho fax y él me decía cómo las continuaría si fueran suyas. Por supuesto, «Hay que matar a Roco», está lleno de bromas que, una vez más, él aceptó de buen grado: uno de los personajes, Natalia, tiene mala opinión «del tal Javier Marías», que «le resultaba antipático por algunas declaraciones suyas en los periódicos y a causa de su propio aspecto: un hombre maniático, arrogante»; hasta que se entera por casualidad de que en el pasado fue inquilino del mismo piso en el que ella vive; entonces lo lee por curiosidad y admirada —«es un escritor magnífico, me encantan sus historias, son tan inteligentes, tan divertidas; qué hombre tan delicioso»— y empieza a coleccionar recortes de prensa sobre él en una caja de cartón y, los que más le gustan, en un álbum que a su pareja, Gabriel, no le hace ninguna gracia y hojea, cuando ella no le ve, con displicencia: ahí está «Marías fumando, Marías con gabardina o con gafas de sol, Marías apoyado en un coche, a la puerta de un edificio, con manos elegantes, labios golosos, mirada de chino...». Lo único que me pidió cortésmente que eliminara del manuscrito fue el adjetivo «imperioso», que se le atribuía a su carácter y que a él, según me confesó, le sonaba «a nombre de caballo de carreras».

Con Marsé lo hice justo al contrario en *Jamás saldré vivo de este mundo*: durante una de mis visitas a su casa de Barcelona me dio dos relatos suyos inéditos sin acabar y yo los seguí y los transformé en uno solo, «Las banderas son para los idiotas». Almudena escribió el principio de «Todo lo que vio Alberto» e hizo de modelo para su protagonista y Enrique hizo algo por el estilo en «Asma», al hacerse un autorretrato a base de describir una fotografía suya, la imagen de solapa de un narrador que aparece «con el gesto muy elaborado, con un cigarrillo humeante entre los dedos, una mirada de astucia y en pose de galán de cine. El escritor, por cierto, vivía en otra ciudad y en ese preciso instante, por puro azar, él también miraba su propia foto en ese libro. Y ahí empieza la descripción de puño y letra de Vila-Matas:

Me acuerdo de que pretendía aparentar ser cazado de forma inesperada por la cámara —se dijo—, cazado en el momento menos pensado. Todo menos que se notara que posaba. Posar siempre me ha parecido un tanto ridículo. Yo ese día buscaba que en la foto apareciera mi espontanea mirada de sorpresa. La sorpresa es mía actualmente cuando miro esa foto en la que voy peinado de una forma extraña: yo nunca recuerdo haber ido peinado así en mi vida. La sorpresa en mía cuando veo que estoy descaradamente posando y además —me conozco— pongo cara de no haber roto en la vida un plato, esa cara que suelo poner cuando hablo con alguien a quien detesto y busco que se confíe creyendo que soy un buen chico y así poder ir preparando el momento en que dejaré que aparezcan mis garras y mi rostro fiero, mi versión particular de Hyde, esa con la que he sorprendido a ciertos idiotas, que antes de que pudieran reponerse del susto y la sorpresa ya habían oído de mi parte cuatro o cinco verdades acerca de su insufrible mediocridad. De ahí que la camisa sea blanca y vaya abrochada en la parte de arriba, para dar una sensación de buen hombre y paleto, que aumente esa confianza que inspiro a mis enemigos, incapaces de ver que la camisa va abrochada a lo Martínez Soria en función de una peligrosa estrategia que sirve tanto para confundirlos como para vender mis libros a lectores que buscan ángeles en las fotografías de los escritores.

Yo conocía de algunas noches de farra al segundo Vila-Matas del que habla él mismo en ese párrafo: el día de la presentación de *Raro*, esta había corrido a su cargo, había escrito para la ocasión un texto fantástico que luego recogió en una de sus compilaciones de artículos y, al acabar, se vino a la fiesta que habíamos montado en la sala Morocco, que entonces comandaba la cantante Alaska. Allí daríamos un pequeño concierto —que glosaría el propio Enrique en un artículo de *El País* donde me llama «sorprendente cantante de rock al que yo he visto actuar en Madrid»— que empezaba conmigo saliendo al escenario, con una guitarra eléctrica y una armónica, para cantar «Satellite of

Love», de Lou Reed, y seguía con las actuaciones de Christina Rosenvinge y Coque Malla, primero por separado y después a dúo, haciendo, entre otras cosas, versiones de Dylan y David Bowie. Para que a todos los asistentes les encantase y se creara un aura de paz y amor, a cada uno se le entregaba al llegar un sobre en el que había un poema de *Cobijo contra la tormenta* y un cigarrillo de marihuana.

Ya a muy altas horas de la madrugada, apareció por el *after-hours* al que habíamos ido a parar un conocido periodista musical que había asistido a los dos actos, el literario del FNAC y el festivo del Morocco, agitando unos folios en la mano, que quiso entregarle a Enrique. Este no hizo siquiera ni el gesto de aceptarlos

—Tío, que es tu presentación, te la has olvidado en la sala y te la he recuperado.

—¿Y a ti quien te manda tocar mis cosas? —le cortó Vila-Matas, poniendo justo la cara de malo de la que habla en el texto que escribió para mí.

—¿Cómo? ¿Pero qué dices? Parece que no me he explicado bien: lo que te digo es que te habías dejado...

—Porque me ha dado la gana dejármelo, metomentodo. Ahora mismo te vuelves allí y pones esos papeles donde estaban.

El otro estaba tan perplejo que no pudo articular palabra. La violencia del momento se solventó interviniendo algunos de los presentes para llevarse a cada uno de los implicados a un extremo distinto de la barra.

Lo pasamos muy bien con el experimento de *Jamás saldré vivo de este mundo*, lema, por cierto, tomado de una canción de Hank Williams. Pensar hoy que, de esos cuatro amigos a los que impliqué en el proyecto, tres ya no están aquí cuando escribo estas líneas, ni Juan, ni Almudena, ni Javier, me dice que ya he llegado a ese momento de mi existencia en el que tu mundo se queda tan vacío y se vuelve tan ajeno que, para ti, como dice la norteamericana Gertrude Stein, ya no existe un «aquí-aquí».

Conmigo Javier Marías fue siempre legal y amable. En su vertiente pública era mordaz, indómito, dulce con quien quería y duro cuando tocaba, un punto distante, con esos modales un poco antiguos que impostaba y con poca paciencia para las tonterías; era sarcástico y a veces cruel con los enemigos que le salían por todas partes a causa de su bendita costumbre de decir lo que pensaba y de no atenerse a las reglas de la corrección política, y defensor a ultranza de la gente a la que apreciaba; era alguien que iba por libre, a su bola, que se consideraba extranjero en una era que ya no le parecía suya y de la que le desagradaban la zafiedad y el embrutecimiento que se extendían por estas sociedades codiciosas entregadas al dinero y dominadas por la hipocresía, a las que con tanto brío combatía en sus artículos. Al contrario, con los viejos amigos era leal hasta el punto de negarse a ver sus defectos y carencias. «No seas así, hombre, no está tan mal a grandes rasgos, y hay gente que si la miras con lupa, se hace más pequeña», me trataba de camelar Javier, que era un narrador al que le agradaba sobremanera hablar de poesía, al menos conmigo. Finalmente, el autor de *Los enamoramientos* y *Berta Isla* era una persona más nostálgica de lo que pueda parecer, un ser muy apegado a la infancia, a su padre filósofo, a su adolescencia de discípulo de Juan Benet, a los soldaditos que compartían espacio con los libros en sus estanterías... Un detalle al respecto era la llamada que me hacía siempre tras las vacaciones y antes de empezar la Liga de fútbol, para elucubrar sobre cuál sería la alineación de gala del Real Madrid para esa temporada con los nuevos fichajes que se hubieran hecho ese verano.

Todo eso, y más, lo fui descubriendo lentamente, porque era muy reservado en todo lo que no fuese la literatura y especialmente en lo referido a asuntos sentimentales, terreno en el que no soltaba prenda, tanto que prácticamente nadie se enteró de que se había casado en 2018, ni de que adoptó legalmente a los hijos de quien era su pareja desde hacía más de dos décadas, Carmen López Mercader, hasta que lo leyeron en su esquela: ¿quiénes eran esa esposa y esos hijos de los que hablaba?

Esa misma discreción la llevaron también él y los suyos con respecto a sus problemas de salud, y por eso su muerte le tomó por sorpresa a casi todo el mundo. Para mí fue un mazazo y fue absolutamente inesperado, porque llevábamos una temporada sin vernos —eso era imposible con la pandemia que en aquellos momentos aciagos se llevaba por delante a más de novecientas personas diarias, con el confinamiento que se había decretado y con las lógicas medidas de distancia social que habían impuesto las autoridades—, pero tampoco habíamos hablado por teléfono y la mala noticia me aclaró por qué. Me habían llegado algunos rumores, sabía que en algún momento había estado hospitalizado, pero eso resultaba común en los tiempos del covid; se hablaba del agravante que suponía su severa adicción al tabaco para una enfermedad respiratoria y alguien de Alfaguara me contó que había padecido una neumonía, pero muchos pacientes la tuvieron y se salvaron, sin ir más lejos el propio Carles Francino... Su viuda nos dejó ver algunos detalles de esos últimos días y algunos secretos de su intimidad compartida en un libro bello y maltratado por algunas lenguas de víbora que publicó en la editorial que llevaban entre los dos, Reino de Redonda, y tituló, significativamente, *Duelo sin brújula*.

En *La edad de los fantasmas* incluí un poema en el que, en sus últimas estrofas, imagino que su espectro se aparece en mi biblioteca:

Está sentado cerca de sus libros,
quizá sale de ellos por las noches.
Cuando el escritor muere, sus obras son su sombra
y lo mantienen vivo,
como un acueducto
finge que aún existe el imperio de Roma.

Hojeo sus novelas
y en las dedicatorias
se ve que no imagina que morirá tan joven:
el cuerpo se refleja en la caligrafía,
con los años,
la letra se vuelve temblorosa
—como si a ella también le dolieran los huesos—
y la suya está aún segura de sí misma,
avanza en dirección al Premio Nobel,
o eso se decía. En mi opinión
lo hubiese merecido.

He cerrado la puerta,
no quiero molestarle.
Que vague por el cuarto mientras todo esté oscuro
y cuando salga el sol
vuelva al olvido
igual que las palomas van y vienen
de los versos de Alberti a los tejados.

El veraneante

He publicado tres tomos de aforismos. *Pura lógica*, el primero, no lo hice yo, sino que fue un estudioso de mi poesía, el poeta Julio César Galán, quien buscó quinientas frases mías en mis libros, artículos y declaraciones, a las que sumamos otras inéditas que le busqué en mis cuadernos de trabajo. La cosa salió bien, se reeditó más de una vez y eso me animó, con el tiempo, a publicar otros dos títulos, *Doble fondo* y *Más que palabras*. Todos ellos salieron en Hiperión, pero ahora Chus Visor planea reunirlos en un solo volumen, junto a una cuarta entrega inédita. No está mal: dos mil adagios no son poca cosa.

«El paraíso no existe, pero el paraíso perdido sí», escribí en uno de ellos. No es cierto: para mí existen los dos y son el mismo, el primero dura los dos meses de verano y del segundo me expulsa la realidad cada septiembre. Por supuesto, me refiero a Rota, la ciudad de la costa de Cádiz donde compré una casa junto al océano allá por 2003. Diecinueve años más tarde, en agosto de 2022 y por iniciativa de la organización ciudadana Foro Plural, se inauguró un azulejo con un poema manuscrito mío en la calle que gracias al cronista local, Prudente Arjona, sé que antes se llamó del Castillo, de la Torre, Caballerizas del Duque, del Altozano, de Sagasta; durante la República, 14 de Abril; tras la guerra, 18 de Julio; y que desde 1979 se llama Constitución. Aquella noche calurosa, con viento de levante, acudí al lugar de los hechos escoltado por Luis García Montero y Felipe Benítez Reyes, y en presencia del alcalde, de los vecinos de mi urbanización, de medio pueblo y algunos turistas que pasaban por allí, descubrí la placa que desde entonces pueden leer quienes pasean por la zona y que tiene estos versos muy sencillos pero salidos del corazón, si se me permite el romanticismo:

Si quieres conocerme de verdad, ven a Rota:
el que está aquí dos meses soy yo; el otro es falso.
Todo lo que escribí se oye en sus caracolas;
quien se mira en sus aguas, ve mi autorretrato;

todo lo que sus vientos mueven, es mi bandera;
todas sus calles son la que lleva a mi casa;
los castillos que hicieron mis hijos con su arena
me han hecho el personaje de un cuento de hadas.

A Rota yo la miro como se mira un sueño
y cuando no la veo, es que no estoy despierto.

¿Pero y cómo llegué allí? ¿Qué decisiones y azares nos llevaron hasta esas orillas al grupo de íntimos que desde entonces hemos formado a la sombra de aquellas almadrabas una especie de colonia poco menos que legendaria, de la que se cuentan mil historias, ciertas o inventadas, que también tienen que ver con que se haya difundido que allí hemos acabado libros y discos todos nosotros, sacado Rota en nuestras novelas Almu y yo —ella en *Los aires difíciles*, yo en *Todo lo carga el diablo*—, alojado a personajes notables y tenido vivencias que han dado hasta para un libro, *Joaquín Sabina y el club de Rota*, de Francisco Sierra Ballesteros, publicado en 2019?

Todo es culpa de Felipe Benítez, natural de la villa, que es quien nos atrajo con mañas de hipnotizador y seguro de su magnetismo: todos lo queremos y admiramos, es la clase de persona con la que siempre da gusto estar, exquisita en las formas, interesante en sus razonamientos y con una gracia más de Jerez de la Frontera que de Cádiz, siguiendo la división del carácter andaluz que hacía Rafael

Alberti, distinguiendo entre el humor de litoral y el de los pueblos blancos del interior. Yo los había conocido con él, unos y otros, en los viajes en coche que hacíamos para que el maestro recuperara los paisajes de su infancia, perdidos durante los treinta y ocho años de su exilio: recorrimos aquellas sierras entre muros de cal, pasamos por Vejer, Algodonales, Grazalema, Setenil de las Bodegas, Ubrique, Arcos de la Frontera... Y ni que decir tiene que fuimos a El Puerto de Santa María más de una vez. En una de aquellas excursiones, nos acercamos a Rota, donde me contó que en 1931 había estado de incógnito con la que luego sería su esposa, María Teresa León, entonces aún casada con su primer marido, y que allí se enteraron de la proclamación de la República al ver una bandera tricolor ondear en el ayuntamiento.

Entre los viajes literarios más próximos, en los que nos desplazábamos a Segovia, Ávila, Toledo o Salamanca en busca de las huellas de San Juan, Santa Teresa, Garcilaso y Fray Luis; los que nos llevaban un poco más lejos, a Zaragoza, Soria, Cuenca o Granada, tras Bécquer, Machado, Jorge Manrique o Federico García Lorca, y que por Madrid también nos movíamos en mi zarrapastroso utilitario de tercera mano, que yo usaba para irle siempre a buscar a su apartamento de la calle Princesa, a menudo para desandar el camino e ir a la casa de Luisa y Jaime Martí en Las Rozas, lo cierto es que nos pasábamos la vida en el coche. Las carreteras eran un sitio maravilloso donde irle oyendo contar sus aventuras y empaparse de sus muchos saberes. Pero también son un sitio peligroso. Y al final, tras muchos años, pasó lo que tenía que pasar. Y las consecuencias fueron dramáticas. Habíamos ido a una fiesta anual que por entonces celebraba el diario *El País* cerca de la plaza de toros de Las Ventas. Allí estaba el quién es quién completo de la cultura, la política y el empresariado, de la a hasta la zeta, y Rafael, poco dado a semejantes reuniones sociales, se sintió obligado a ir, ya que el periódico sacaba en entregas semanales la segunda parte de sus memorias, *La arboleda perdida*. Había música en vivo y los camareros iban de un lado a otro con sus bandejas llenas de viandas y bebidas.

A una hora más o menos prudente, el maestro me susurró una de sus frases clásicas: es la hora de Ibsen; así que nos despedimos de los anfitriones y de cuantas personas le salían al paso durante la retirada y yo me quedé preocupado: una de ellas era un diputado con mala fama, sobre todo para un supersticioso como yo: se le acusaba de atraer la mala suerte y dar mal fario. Y además no me resultaban simpáticas ni sus ideas, ni su pedantería, ni su oratoria ampulosa.

El tráfico no era denso en esos inicios de la madrugada. Nos detuvimos en un semáforo de la calle de Alcalá. Íbamos haciendo planes para el día siguiente sobre otra de nuestras excursiones. Y entonces tuve un presagio, noté que estábamos en peligro y, al mirar instintivamente por el espejo retrovisor, vi un coche, aparentemente sin control o cuyo conductor se habría dormido, vayan ustedes a saber, que se nos echaba encima a toda velocidad. Me dio tiempo a soltar el freno y acelerar; nos movimos un par de metros, pero ni dio tiempo a más, ni pude apartarme, porque había otros en el carril de al lado. El golpe fue estremecedor. Vi a Alberti salir despedido hacia atrás, luego hacia delante, romper el parabrisas de un cabezazo, o eso me pareció, y caer de lado. ¿Era eso posible, con el cinturón de seguridad abrochado? ¿O eran los cristales estallando por el choque violento? No sé, pero lo que era indudable es que las puertas no abrían, estaban bloqueadas, y que una mancha de sangre se extendía por la pierna de mi amigo. Salía un humo amenazante del motor y el aire olía a gasolina. Me pregunté si habría una explosión e íbamos a arder sin remedio. Las sirenas ya se acercaban y pronto vi ambulancias, una patrulla de la policía y poco después un camión de bomberos y a dos de ellos que intentaban liberarnos con unas palancas.

—Tranquilo, Rafael —le dije, tratando de aparentar una calma que estaba lejos de mantener—. Mira, ya van a sacarnos.

Respiró hondo y me miró con ojos resignados.

—*Beniamino*, no te engañes: ya estamos muertos —respondió.

—No, no, estamos bien, saldremos de esta... Y fíjate, no podemos estar muertos, porque estamos hablando.

Pero la sangre ominosa que había empezado en su rodilla seguía creciendo y ya empapaba completamente sus pantalones.

—Bueno, vamos a hacer una cosa —dijo—, voy a intentar recitar a Rubén Darío y si no me acuerdo es que yo tengo razón y estoy muerto.

Y, efectivamente, en mitad de aquel cataclismo, mientras fuera ya cedían por las malas y con un crujido de nuez metálica las cerraduras, las luces de emergencia lanzaban sus destellos rojos y azules y las camillas nos estaban esperando, él empezó: «En invernales horas, mirad a Carolina. / Medio apelotonada, descansa en el sillón, / envuelta con su abrigo de marta cibelina / y no lejos del fuego que brilla en el salón. // El fino angora blanco junto a ella se reclina, / rozando con su hocico la falda de *Alençon*, / no lejos de las jarras de porcelana china / que medio oculta un biombo de seda del Japón [...]». Y ahí se detuvo para exclamar: «¡Pues es verdad: estamos vivos!».

Poco después, en ese mismo año 1987, el propio Alberti recreó la escena en un poema que primero dio a publicar a *El País* y después reunió, con otros cinco, en la plaquette *Accidente (Poemas del hospital)*, que dedicó al traumatólogo que le había atendido y que fue editada en Málaga por la Librería Anticuaria El Guadalhorce, de Ángel Caffarena. «Y al fin el accidente inesperado, / el golpe oscuro de la desventura, / el ciego encontronazo, la segura / clara certeza de que te han matado. / El tiempo recorrido, el resbalado / de la vida entramada a la locura, / la noche abierta, el cielo sin mesura, / con la certeza de que te han matado. [...]». Y terminaba con la misma letanía: «[...] Verterse en tierra, ya vencido el viento, / entrando al cotidiano pavimento / con la certeza de que te han matado».

A mí no se me había roto nada, aunque sí me diagnosticaron una lesión cervical que me tuvo un tiempo con mareos y problemas de equilibrio, pero esa noche me sentía mejor que él, lo acompañé en la furgoneta del Samur al hospital y lo consolé como mejor pude mientras un médico le cortaba con unas tijeras los pantalones, entre grandes protestas suyas: «¡Hombre, por favor, que son unos tejanos buenísimos!». Por supuesto, se lo llevaron para hacerle radiografías, reducir la fractura y escayolarle, y tras todo ello quedó ingresado en «el lecho del torero herido», como bautizó de inmediato su cama anatómica. Mientras le subían a la habitación, llamé a su sobrina Teresa y a Luisa y Jaime Martí, para ponerles al corriente de lo sucedido, y traté de esquivar a los periodistas que ya empezaban a juntarse en la entrada de Urgencias, porque él no quería, según me advirtió, «aparecer en la crónica de sucesos»; pero se nos coló en la habitación Rosana Torres, especialista en la información teatral de *El País* y buena amiga, que de ese modo logró sacarle una foto, consentida aunque de bastante mala gana, para publicarla al día siguiente.

La convalecencia no fue un camino de rosas y su optimismo habitual se vio contrarrestado por la lentitud de los avances y la decepción de las recaídas. De hecho, jamás se recuperó del todo ni volvió a ser el mismo. La paciencia, además, se le acababa, recluido sin poder apenas moverse en el piso de su sobrina, que lo cuidaba con mil y una atenciones. En el librito malagueño salían a modo de colofón unos versos míos en los que traté de dejar una crónica humorística pero bastante fiel de aquellos días de encierro y rehabilitación:

Se vuelve, va, se queja, se cabrea,
alza, baja la pierna, va al retrete,
se acobarda, se irrita, te arremete,
pierde estabilidad, se tambalea.

Llama a Tere, recita, se pelea,
dice un verso de Rilke, otro de Goethe,
imagina, se tumba, te promete,
escribe, habla del mar, se bambolea.

Mira el telediario, se enamora,
se desvela, se tiende, se incorpora,
ve el periódico, duerme, se despierta.

Recibe gente, sueña estar de viaje,
lleva en su corazón el equipaje:
una bandera roja, siempre alerta.

Pero aún quedaba un episodio algo carnavalesco relacionado con aquella desdicha y fue el juicio que debía celebrarse por los daños causados y el perjuicio económico que conllevaba estar en el dique seco a alguien que, básicamente, vivía de sus recitales por toda España y por medio mundo. Su abogada era Cristina Almeida, célebre defensora de causas justas, política de mil batallas y una de las supervivientes del despacho laboralista de la calle de Atocha, en Madrid, donde diez años antes, en 1977, fueron asesinados cinco compañeros suyos por dos pistoleros de la ultraderecha, en uno de los crímenes más emblemáticos de la Transición, que yo estudiaría a fondo mucho después para escribir mi novela *Operación Gladio* y que fue, junto a los asesinatos de Yolanda González —le dediqué un poema en *Un caso sencillo*— y Arturo Ruiz, el suceso que nos abrió de espanto los ojos a los adolescentes que íbamos a manifestaciones, corríamos delante de los grises y jugábamos a enfrentarnos a los exaltados de Fuerza Nueva:

aquello no era ninguna broma y esa gente, además de infame, era dañina.

Cuando llegamos al juzgado, una mujer se acercó a Alberti. «Por favor, por favor —le dijo—. Soy la madre del muchacho que por desgracia chocó contra ustedes, había tomado unas cervezas con sus amigos... ¡Perdónele, no haga que lo metan en la cárcel, no nos pida una indemnización, somos gente humilde, no tenemos casi nada!».

En un segundo, Rafael se puso de parte de la señora: «¡Yo soy un poeta del pueblo!», repetía, ante la desesperación de Cristina. «¡Yo no puedo denunciar a un joven trabajador!». Por mi parte, trataba, en la medida de lo posible, con lo exaltado que estaba, de hacerle entrar en razón: «Mira que lo que es este descerebrado es un peligro público. ¿Y si lo dejas pasar, no le retiran el carné para darle un escarmiento y mañana se lleva por delante a alguien en un paso de cebra? ¿Cómo te sentirías entonces?».

Una vez calmadas las aguas, la vista empezó con un alegato de Almeida, en el que la letrada, sin duda, quiso lucirse ante su ilustre representado:

—Señoría: Rafael Alberti es hoy una paloma enjaulada. Una paloma a la que le han atado las alas. Él, que era una paloma de la libertad y un emblema de la poesía; una paloma que volaba de forma infatigable por los cinco continentes con su mensaje de concordia y...

—¡A ver, a ver, a ver! —la cortó sin contemplaciones el magistrado de la sala, que hasta entonces había asistido al discurso con cara de aburrimiento—. Mire, señorita... Almeida, ¿verdad? Eso es... ¿Usted sabe cuántos juicios tengo yo esta mañana? Demasiados. Así que o le echa usted la llave al palomar y va directo al grano o le aseguro que no vamos a entendernos.

Luego le llegó el turno de declarar al acusado, que cuando fue requerido para contar su versión de los hechos empezó un discurso ensayado que sonaba algo cómico con su acento muy de colega, de tío enrollado.

—Pues mire usted, eminencia —comenzó, errando por elevación en el tratamiento—, resulta que yo estaba tomando unas pastillitas y al beber unas cervezas con los amigos se ve que me provocaron una reacción perversa.

—Conque una reacción, ¿eh? —le interrumpió el juez—. Pero, a ver, por ser más concretos: esas cervezas que usted admite que tomó, ¿cuántas serían?

—Pues, hombre, no sé bien, uno no lleva la cuenta de las birras, pero diría que, así a ojo, unas ocho o diez...

—¡Ocho o diez! ¡Joder con las «pastillitas»!

Al final, le retiraron un mes el permiso de circulación y Alberti sólo cobró del seguro lo que necesitaba para tirar una temporada. Pero, efectivamente, no volvió a ser el mismo y además se convirtió en otra persona tras su estrafalario segundo matrimonio. Quien quiera detalles de esa debacle, de la censura llevada a cabo en *La arboleda perdida* para quitarnos de ella a Luis García Montero y a mí, entre otros, o de la desaparición de todo lo valioso —múltiples dibujos de Picasso incluidos— del legado que el maestro le había cedido «al pueblo de Cádiz», los puede encontrar en *A la sombra del ángel*. Aquí sólo quiero recordar a la persona divertida, noble y generosa que siempre fue conmigo.

«Jesucristo ha nacido en un pesebre: / donde menos se piensa, salta la liebre». Así dicen las malas lenguas que empezaba *La Biblia en verso* del escritor y abogado catalán José María Carulla y Estrada, veterano de la tercera guerra carlista, traductor al castellano de la *Divina comedia* y director de la revista *La Civilización*, donde fue publicando por entregas sus Sagradas Escrituras con rima consonante y transformándose, a causa de sus muchos ripios, en blanco de todas las burlas y objeto de sátiras que le atribuían versos como los citados y otros por el estilo: «Y entonces Cristo se fue / a la ciudad de Betulia /

como quien entra a un café / para hablar en la tertulia»; «Y Dios sacó de la nada / la tierra confeccionada. / Formó la luna y el sol / en territorio español». Claro que los que sí eran probadamente suyos le echaban un pulso a los apócrifos: «Sobre las aguas iba / del Señor el espíritu eminente / así diciendo arriba: / —*Luz haya*. Y de repente / se hizo la luz, quedando sorprendente». Por no hablar del cuarteto de encargo que le hizo a un amigo que quería hacerle ver la fogosa castidad de sus intenciones a la dama con la que aspiraba a casarse: «Voy a estar siempre contigo / como los pies del Señor, / uno encima del otro / y un clavo entre los dos».

Donde menos se piensa salta la liebre, y para mí ese sitio inesperado fue Rota. Yo llevaba cerca de diez años veraneando en Formentera y esa isla significaba para mí el reposo y la vida jipi: ¿acaso no habían estado allí Bob Dylan alojado en un molino, Jimi Hendrix en la Fonda Pepe y los sicodélicos Pink Floy escribiendo su disco *More*? Por entonces en aquel lugar no había más que olas, arena, el mercado de los domingos en el Pilar de la Mola y una calma tan perfecta que cuando algún despistado aparecía en Caló des Mort o el faro Cap de Barbaria preguntando, con expectativas de juerguista: «Bueno, y aquí qué se hace», yo tenía una respuesta estándar: «Tú, volverte en el barco a Ibiza: aquí no se hace nada».

En aquella época, como después en Rota, la playa era una extensión de mi vida en la ciudad, dado que nos reuníamos allí, cada julio y agosto, tres de los compañeros de juerga diaria en Madrid, Ray Loriga, Borja Casani y yo, pero nos lo tomábamos con más calma: de hecho, nuestra diversión de todas las tardes era jugar al bádminton durante horas en una pista que habíamos montado en un claro del bosque. Por las noches hablábamos de futuras novelas, Christina nos cantaba alguna de sus nuevas canciones, Lola Moriarti nos cuidaba a todos y alguna semana recibíamos la visita de Coque Malla o del fotógrafo Alberto

García-Alix, cuyas mil y una historias siempre llegaban hasta el amanecer.

Tras algunas experiencias de tanteo, la casa fija en la que me alojaba cada verano la heredé del pintor Javier Mariscal, que después de alquilarla durante un tiempo decidió cambiar de aires. Los dueños de la propiedad eran un matrimonio alemán formado por dos médicos ya jubilados y me avisaron de que su hija, que pasaría por allí en un par de días, me iba a recibir para explicarme que sus padres sólo pisaban Formentera en temporada baja, de noviembre a abril o mayo, para estar más tranquilos, y que en realidad no aspiraban a tener huéspedes, sólo habían hecho una excepción por tratarse de un artista conocido, ya que eran grandes admiradores de la cultura española y les hacía ilusión tener allí a un creador de renombre. Me habían advertido, por tanto, de que iba a rechazarme con ese argumento, pero yo tenía un as en la manga: conocía la vivienda y me había llamado la atención la cantidad de libros de autores españoles contemporáneos, traducidos a su idioma, que los propietarios atesoraban en sus estanterías: Antonio Muñoz Molina, Luis Landero, Almudena Grandes, Javier Marías, Enrique Vila-Matas... Así que llamé a Raquel de la Concha y le pedí por favor que me enviase por mensajero varias novelas mías aparecidas en esa lengua, y con cuatro de ellas a modo de regalo y tarjeta de presentación crucé los dedos y me presenté ante aquella muchacha, le aseguré —porque así lo pensaba sinceramente y, de hecho, así sucedió— que en aquel refugio maravilloso, con su decoración entre rural y bohemia y su jardín con un toque selvático me inspiraría para acometer nuevas obras y también le conté que, además, casi todos aquellos narradores que estaban en sus paredes eran muy amigos míos. El ardid surtió efecto y ese lugar misterioso y salvaje se convirtió en mi cobijo contra la tormenta durante ocho años, también en un paraíso para mis hijos, Benjamín y más tarde Dylan. Pero en esto apareció Almudena Grandes en la vida de

Luis García Montero —ya diré más adelante dónde y por qué yo también estaba allí— y pronto tuvo un deseo: comprar una casa en la playa. Enterado del plan, Felipe Benítez Reyes les habló de una urbanización que se proyectaba construir en Rota y que le parecía una buena oportunidad. Desde el primer verano que se instalaron allí, Luis empezó a insistirme en que le siguiera los pasos. A mí la verdad es que me encantaba Formentera, pero también es cierto que, después de una época algo distante de ellos, enredado como estaba en aquel mundo de jarana diaria y noches psicodélicas que compartía con mis otros amigos, empezaba a echar de menos a los de siempre. Así que me trasladé a las costas mágicas de Cádiz, donde además podía llevarme una temporada a mi madre, salvándola de su miedo a los aviones o barcos que había que usar para llegar a las Baleares, y después de estar allí tres años de alquiler, reuní todo el dinero que tenía, pedí un crédito y compré el apartamento de tres habitaciones, situado a dos minutos a pie del mar, que se ha convertido en nuestro Jardín del Edén: allí dice que está mejor que en ninguna otra parte Dylan, se lo pasan en grande Ariel y Paulino y yo me junto cada mañana en la playa con un grupo de vecinas y vecinos que son gente sencilla, buena e increíble y por las tardes con Luis, con Jime y Joaquín, con los Maraña, Chus Visor y su Conchita, la editora Ángeles Aguilera y su Bienve, que en las farras suele ejercer de cocinero junto con el pintor Manolo Benítez... A quien menos vemos es al que nos llevó a todos a Rota, porque a Felipe hay que sacarlo de casa con sacacorchos; no se deja liar más que de cuando en cuando para ir a los restaurantes que nos gustan o las barbacoas que montamos cada dos por tres, imitando la manera de preparar montados de lomo que aprendimos de una taberna famosa del pueblo, macerados en limón y cerveza. Una tarde le pregunté al dueño cuál era su truco para que aquellos filetes tuvieran un sabor tan especial, tan intenso. «¿Pues qué va a ser? ¡Que nunca limpiamos la plancha!», me respondió, con la guasa incomparable de los gaditanos.

Ver a Felipe, cuyo catálogo de disculpas para evitar la vida social tendría varios tomos si lo llevase a encuadernar, no es sencillo; hay que insistir mucho para cenar con él y con su mujer, Silvia, o bien tomar el camino de en medio y presentarte en su puerta. Yo suelo optar por la segunda opción, voy en bicicleta hasta el centro, donde vive en una calle que lleva su nombre, y lo llamo desde la acera de enfrente; así suelo liarle para una cerveza a mediodía y puedo disfrutar de su conversación siempre exquisita: sus historias sobre la Rota más norteamericana, en los años en que los soldados de la base andaban a sus anchas por la ciudad, no tienen precio. Otras veces nos acercamos a buscarle Luis y yo, aunque en ese caso el paseo lo damos andando por la orilla del Atlántico; García Montero ni practica el ciclismo ni toma ensaladas: «Yo no como paisaje», dice.

Cuando llegamos a la urbanización donde está mi casa, en los primeros años yo tenía más relación con dos *vecinitas*, como siempre las he llamado, Karmela Cáliz y Maite Mateo, una de Montilla y bióloga, la otra madrileña y abogada, una que me hace tortilla de espinacas y otra *vitello tonnato*, a las que en compensación saco como personajes en *El anillo del general*, disfrazadas de altas funcionarias del Gobierno que atienden a Juan Urbano durante un viaje a Ginebra. Con las dos congenié desde el principio y lo paso siempre bien. Además, cuando tras mi primer divorcio empecé a ir a Rota solo con mi hija, me ayudaron muchísimo con Dylan, entonces aún muy pequeña. Más adelante se amplió el círculo con el matrimonio formado por la bella Lupe y Antonio, que es un pan de Dios y un manitas al que todo el mundo al que se le ha roto algo recurre, con lo cual se pasa el día de aquí para allá con la caja de herramientas, instala un toldo o endereza una valla, arregla una cañería o repara un calentador de gas, y siempre tan de buen grado que cuando le das las gracias responde, escandalizado: «¡por Dios!»; las hermanas Inma y Elena y el marido de esta, Nacho, siempre con la sonrisa en la boca; las dos Maribel, madre e hija, la primera de las cuales me hace platos de abuela que me recuerdan a la mía, con un don especial para los higaditos de pollo y los riñones... Personas que siempre ayudan, son amables, aportan una calma que cura la prisa que te impone la vida del resto del año en Madrid y están siempre dispuestas a pasarlo bien. Todos los años, Joaquín, que las considera «un cable a tierra» y adora sus diferentes acentos andaluces —porque unas son de Sevilla, otras de Jerez de la Frontera, otras de Córdoba...—, pregunta por ellas nada más llegar: «Jime, ¿cuándo vienen las chicas?». Y o bien se organiza algo en su casa, donde cada una llega con sus guisos, o vamos a comer al Lolita, que tiene un patio discreto y acogedor cuyo silencio quebramos con nuestra alegría a voces. Esa celebración suele coincidir con el final de las vacaciones y está un poco teñida de una nostalgia por anticipado que luego nos va a durar diez meses.

Eso sí, cuando llega el invierno y en uno de mis viajes de trabajo paso por la ciudad en la que vivan algunos de ellos, les llamo, comemos o se vienen al acto y luego compartimos unas cervezas. Un 1 de septiembre en que tenía que ir a Úbeda a actuar con Rebeca Jiménez y su banda me siguieron casi todas desde Rota, se mandaron hacer unas camisetas con mi nombre, llevaron una pancarta... Antes de eso, cuando estaba con los músicos en la comida previa a la prueba de sonido, le pregunté a Jesús Linares, que ejercía de mánager: «Oye, si hay una cena programada, ¿dónde será?». «Pues me dicen que puede ser aquí mismo, aunque también hay un buen *catering* en los camerinos, muy abundante». «Haz una cosa: di que nos preparen para llevar lo que tuviesen pensado darnos aquí y mandamos a buscarlo: quiero tratar como unas reinas a mis amigas». «¿No será mucho?». «Créeme: no». Se hizo tal y como yo quería y tras el espectáculo —el nuestro sobre el escenario y el de ellas en el patio de butacas— las pasaron a esa zona reservada y la ocuparon con tanto ímpetu que a la alcaldesa, quien estaba a mi lado, le salió del alma una frase de puro asombro: «¡Madre mía, pues sí que tenían hambre y sed!». Después le dije al ilustre representante: «Me contaste que nos alojábamos en un hotel rural que es sólo para nosotros, ¿no es cierto? Vale, pues hazme otro favor: pide unas cajas de cerveza, añádeles las que sobren aquí, si es que sobra alguna, y nos las llevamos en la furgoneta, que también quiero invitarlas a tomar algo allí». Varias horas más tarde, ya a las tantas, cuando me retiré a mi cuarto, eché un último vistazo al salón donde habíamos montado la fiesta, asomándome desde el corredor con barandilla de madera del segundo piso: allí seguían, riendo y fumando, rodeadas de tantas botellas vacías que pensé que haría falta una pala excavadora para recogerlas. Qué bendición de mujeres.

Y así van pasando las jornadas estivales que tanto añoramos de octubre a junio, entre vecinos y amigos, dos grupos que se han hecho uno solo desde que nos reunimos cada día en la playa —en mi caso, bajo hacia la una de la tarde, tras pasar la mañana escribiendo—, siempre con Jime, a menudo con Luis, cuando están de visita con la mano derecha de Sabina desde hace décadas y con su marido, Lena y Roberto Demartini, y en los últimos años con el novelista Juan Gabriel Vásquez y su familia, que se han sumado a la parranda. Una noche, al ver una fotografía en la que salimos Almudena y Luis, Chus Visor, Joaquín, el cantante Javier Ruibal, yo y Felipe Benítez Reyes, este último dijo, con su sorna habitual: «Hacedla pedazos inmediatamente o al menos que alguno la guarde bajo siete llaves, que como se difunda nos acusarán de felices y a ver cómo nos defendemos».

Pero sin lugar a dudas la jefa indiscutida del clan era Almudena Grandes, una fuerza de la naturaleza con energías de sobra para levantarse temprano, sentarse a trabajar cuatro o cinco horas en la novela que tuviese entre manos; preparar una de sus famosas comidas, a las que a menudo nos apuntábamos los que pasásemos por ahí; tomarse un tinto de verano en el almuerzo y un gin-tonic si era por la noche, casi siempre a la vez que uno de sus cigarrillos de tabaco negro; echarse una siesta; dedicarle a su libro otro rato; ir a la playa todas las tardes, caminar veinte minutos hasta Punta Candor, darse un baño hasta las boyas rojas que flotaban a unas decenas de metros de la orilla y desandar el camino, salir a cenar con los amigos, a veces a mi casa, otras a algún restaurante, y así cada día. Su carácter arrollador, su salud a prueba de bomba, nunca estaba mala, y su figura con perfiles de titán hicieron aún más inesperado el golpe de su enfermedad y muerte temprana.

La había conocido en 1994, en un encuentro literario que organizaba en Sitges el poeta Àlex Susanna —al que me presentó en Granada un buen amigo suyo, Jaime Gil de Biedma, que había traducido alguno de sus poemas— y cuyo propósito era estrechar las relaciones entre poetas catalanes y de Madrid, un poco lo que hacían en el hotel Suecia de Madrid Carlos Barral y el llamado Grupo de Barcelona con Juan García Hortelano o Ángel González. Pero volvamos a aquel congreso a orillas del Mediterráneo en el que también estaban Eduardo Mendoza, Pere Gimferrer o el hasta hacía poco ministro de Cultura, Jorge Semprún, y donde lo más relevante para esta historia es que otro de los invitados era Luis García Montero.

Aunque fuese ya por poco tiempo, yo aún trabajaba en *Diario 16* y a principios de esa misma semana había recibido una llamada de la editorial Tusquets animándome a que me fijara en la novela *Malena es un nombre de tango*, recién publicada aquel mes de abril y que era «una de las grandes apuestas del sello para esa primavera», según se me hizo saber. «Bueno, pero esto no sería prestarle atención, sería dedicarle media vida: ¡menudo ladrillo!», bromeé, intimidado por las seiscientas páginas de la obra.

Pocos días más tarde, ya en Sitges, estaba cenando con el resto de la gente del congreso cuando alguien a mi espalda me tocó en el hombro. Me volví y me encontré con una mujer de melena negra, ojos penetrantemente oscuros y sonrisa contagiosa que me gritó, fingiéndose indignada, pero muerta de risa: «¡Conque un ladrillo, ¿eh?». Era Almudena Grandes y nos caímos bien desde el principio, así que según fue avanzando la noche nos fuimos quedando solos ella, Luis y yo. Las copas y alguna cosa más nos habían ido poniendo eufóricos, y eso debería servirme de disculpa para justificar que, en realidad y como casi siempre, no me estaba enterando de nada, pero sobre todo de la corriente de atracción que había entre ellos dos, que a partir de cierto momento, eso lo supe después, lo único que querían era marcharse a dormir juntos. Sin embargo, incauto de mí, yo seguía parloteando y cuando las copas se vaciaban pedía otra ronda, hasta el momento en que los camareros se negaron a servirnos, usando esa frase de destrucción masiva y con aromas funerarios que es: «Lo siento, señor, pero la caja ya está cerrada».

—Bueno, pues nada, nos subimos a la habitación y mañana será otro día —dijo ella, caminando hacia los ascensores.

—¡Ah, fantástico, pues vamos! —me apunté, saboreando por anticipado las delicias del minibar y la charla hasta la madrugada.

—No, Benja, es que tú no vienes —me frenó Luis.

—Ya te quiero —dijo Almudena, lanzándome un beso, mientras se cerraban las puertas automáticas.

Y mientras ellos subían hacia su primera noche juntos, yo me fui a mi cuarto por la escalera.

Almudena, extrovertida, alegre y llena de vitalidad, no sólo entró como un ciclón en la vida de Luis, también en la de todos nosotros. Su personalidad era arrolladora; su carácter, expansivo; su simpatía, contagiosa. Estaba radiante, no podía creer su suerte; aquel poeta era su príncipe azul, se le notaba en su forma de mirarlo y presumir de él a todas horas que su futuro marido era para ella el ser más fascinante del planeta. Estaba tan embelesada que, con lo que era ella, resultaba algo muy habitual que se parase en mitad de la historia que estuviese contando y dijera: «Pero que lo cuente Luis, que lo hace mejor». Quién iba a haber imaginado oírle eso a una narradora de su calibre.

También era hospitalaria a más no poder, en eso se parecían ella y su flamante pareja como dos gotas de agua; de manera que, en cuanto tuvieron una casa común, esta se convirtió en el centro de operaciones del grupo, al que ella agasajaba noche tras noche con su legendaria destreza en la cocina y, especialmente, con una mano sobrenatural para las croquetas y mi *vitello tonnato*. Y jamás les fallaba a sus amigos, en eso también eran iguales: recuerdo que al empezar mi relación con mi segunda mujer, le di un consejo: «Si en cualquier momento yo no estoy y necesitas algo urgente, sea lo que sea y a la hora que sea, llama a Luis, que dejará lo que esté haciendo para ir a socorrerte».

Tras la boda en Granada, a la que no falté y que los bulliciosos hermanos del novio convirtieron en un jolgorio de época, el matrimonio se instaló en Madrid. Ambos ganaban dinero con su trabajo, ella encadenaba un superventas tras otro y él era catedrático universitario y un escritor cada día más prestigioso y más solicitado que daba numerosas conferencias y recitales por medio mundo, así que unieron fuerzas y pudieron adquirir un piso estupendo en el centro, que con los años se transformó en dos, cuando compraron el del vecino de arriba. Por allí pasábamos todos, invitados cada dos por tres, los habituales siempre y quien estuviera por Madrid, lo que incluía a grandes maestros de la literatura a quienes atraía a su salón García Montero. Imposible olvidar tanta conversación, tanta risa, tantas noches que acababan con Ángel González y Sabina cantando rancheras a dúo.

Otro clásico de esas farras era José Manuel Caballero Bonald, imbatible en el terreno de las ocurrencias y la ironía fina; su extraña forma de hablar, remarcando las palabras con una pronunciación líquida de erres y eses a la vez cortantes y sinuosas, unida a un acento único que nadie le ha escuchado jamás a ninguna otra persona y al uso de términos intencionadamente relamidos que dosificaba con sabiduría, le daban a sus bromas, dichas por lo general en un tono fingidamente serio, un toque singular y las hacían famosas. Algunas de sus salidas eran célebres. Por ejemplo, esta que tuvo cuando recibió una llamada en la que le proponían hacerle un homenaje.

—Buenos días, maestro. Soy el alcalde de Trebujena. Un honor saludarle.

—Mucho gusto.

—Mire, es que queríamos celebrar un encuentro con usted, que es uno de los más grandes intelectuales de Jerez de la Frontera.

—Sí, sí, bueno... Le agradezco el elogio y la iniciativa, pero en estos momentos no dispongo de fechas libres.

—Bueno, es que lo haríamos en verano, para aprovechar que está por aquí en Sanlúcar de Barrameda, con su familia.

—Ya, pero, como le digo, no me será posible. Estoy enfrascado en la redacción del segundo tomo de mis memorias y eso ocupa todo mi tiempo.

—Pensábamos invitar a hablar de su obra a quien usted nos indicara, para que se sienta a gusto y en confianza.

—Muy amable, le quedo muy reconocido. Sin embargo, ya le digo que no me es posible aceptar.

—Mire, don Pepe, si es por dinero, habíamos pensado, si le parece bien, pagarle tres mil euros.

Y el autor de *Tiempo de guerras perdidas* y *La costumbre de vivir* respondió, sin perder un segundo:

—¡Será un honor aceptar su propuesta!

Cómo iba a rechazarla alguien que en el pasado conoció las dificultades económicas y los trabajos alimenticios, al ser padre, como solía decir, haciéndose el despistado, «de cinco o seis hijos».

En otra ocasión, estábamos en Cuenca, en el almuerzo que cada primavera nos ofrecían en el restaurante de las Casas Colgadas los responsables de Cultura del Ayuntamiento a los componentes fijos del jurado del Premio Fray Luis de León. Los miembros que año tras año nos desplazábamos a aquella hipnótica ciudad, en un coche que nos mandaba la organización a Madrid, éramos Luis García Montero, Chus Visor, yo y él, que oficiaba de presidente y, aparte de coquetear con «la concejala de ojos glaucos», como él la llamaba, que nos recibía —con el tiempo hubo un cambio de gobierno y su lugar lo ocupó un joven «con modales de notario», lo que le disgustó mucho—, era también el encargado de llamar por teléfono a quien, una vez abierto el sobre donde se revelaba la identidad de la autora o autor premiados, se hubiese alzado con el galardón. En una de las ediciones, se llevó el gato al agua un joven aspirante nacido en León y ya con varios títulos publicados.

—Buenas tardes —le saludó Pepe, muy formal—, ¿el señor don Luis Artigue?

—Sí, soy yo.

—Usted se ha presentado al Premio Fray Luis de León, ¿no es cierto?

—Sí, sí —le respondió su interlocutor, ya con un deje de emoción en la voz, sin duda anticipando la buena noticia.

—Mire, le habla José Manuel Caballero Bonald, en calidad de portavoz del jurado.

—Es un honor, maestro.

—Pues nada, le llamaba para comunicarle de manera oficial...

—Sí, sí, dígame...

—... que ha quedado usted quinto.

El silencio al otro lado de la línea fue sepulcral, mientras nosotros le reíamos la gracia, realmente sorprendidos de que esa gamberrada se le hubiese pasado por la cabeza. Por supuesto, Pepe no tardó mucho en decirle la verdad al afortunado.

No puedo dejar de reconocerle a Caballero Bonald el descubrimiento del destornillador, es decir, el vodka con zumo de naranja recién exprimida, que es la única copa que tomo, más allá de algún gin-tonic esporádico, siempre y cuando el refresco sea sin azúcar y se le añada al combinado un poco de limón natural. Esas versiones que se han puesto de moda, que llevan granos de café y hasta frutas, las entiendo como un síntoma inequívoco de la decadencia de nuestra civilización. Pepe me explicó por qué esa bebida de origen norteamericano, el *screwdriver* que me recomendaba, tenía ese nombre: los albañiles polacos que participaban en la construcción de los rascacielos de Nueva York se servían un vodka para acompañar sus bocadillos en el tiempo de descanso y, para rebajar el efecto del alcohol, le añadían naranja y removían la mezcla con sus destornilladores. Hay otras versiones que atribuyen el descubrimiento a los obreros que trabajaban en las plataformas petrolíferas del golfo de México o a los soldados estadounidenses durante la Segunda Guerra Mundial, pero a mí me gusta más la suya.

Una tarde habíamos ido con Chus Visor al bar-restaurante Mazarino, en el barrio madrileño de Chamberí, y después de tomar algunas raciones a Caballero Bonald se le antojó, como él decía tras las comidas, «un digestivo». Nos acercamos a la barra y pidió «dos destornilladores». Su teoría era que nunca hay que volver a un local donde el camarero no supiera qué era eso. Naturalmente, no era el caso y el que nos atendía nos dio a elegir entre varias marcas, llenó el vaso alto de hielo, añadió el vodka, cortó las naranjas, las metió en un exprimidor, echó el zumo, lo removió con una cuchara de cóctel y lo puso ceremoniosamente ante nosotros.

—Retírelo inmediatamente —le reprendió Pepe, dejándonos a ambos de piedra.

—Pero, señor —dijo el camarero—, ¿cuál es el problema?

—¡Eso no es una copa, es una merienda! —le respondió, muy airado, el autor de *Manual de infractores*: se ve que le había parecido demasiada fruta.

Los veranos en Rota, Almudena multiplicaba su papel de madre de todo el mundo y nos pasábamos dos meses organizando barbacoas en su jardín y cenas en su terraza, que como ya he dicho solían acabar entre copas y guitarras, con Joaquín y Felipe Benítez Reyes al mando de las operaciones. También escribía disciplinadamente sus novelas, no como yo las mías, que más bien iba allí a acabar fuera de temporada, cuando a mi manuscrito le faltase ya muy poco para el punto final y en las playas de Cádiz quedaban cuatro gatos: entonces mi urbanización estaba desierta y en aquel paraíso un poco espectral de los inviernos con niebla y diluvios junto al Atlántico, el silencio para trabajar era maravilloso.

Algunas mañanas me presentaba en su casa con mi bicicleta y le pedía un café, gastándole siempre la misma broma: «Tú a lo tuyo, no te preocupes por mí, sigue escribiendo mientras te cuento mis cosas». Ella se reía, armada de paciencia. Yo pensaba que ese texto en el que trabajaba con su ordenador se convertiría en una novela de tanto éxito como todas las suyas y pronto la vería firmar cientos de ejemplares en la Feria del Libro. Por cierto, que una pluma que le robaron allí debía de ser la misma que le hice comprarle a su marido un día en el que me lo encontré, por pura casualidad, en unos grandes almacenes donde yo había entrado a por algo que me había pedido mi madre.

—¡Luis! ¿Qué haces aquí?

—Pues es que quería regalarle a Almu una estilográfica de las que le gustan y me están enseñando algunas. Mira, esta es muy bonita, ¿no?

Lo era, pero a mi lado gamberro se la habían puesto botando.

—¿Esa le vas a llevar? —dije, con tono entre sorprendido y despectivo—. ¿Cuánto vale?

El dependiente me dijo el precio.

—Hombre, Luis, ¿no te da vergüenza? Una mujer como la tuya merece lo mejor, no una pluma de tres al cuarto. ¿Cuál es la más cara que venden ustedes?

—Caballero, haber empezado por ahí. Para personas verdaderamente especiales tenemos piezas únicas —dijo el empleado, frotándose las manos. Si en lugar de un jefe de planta de El Corte Inglés hubiera sido un gato, se habría relamido los bigotes. Sacó la artillería pesada y había maravillas.

Hay que decir que Luis, puesto entre la espada y la pared se rascó el bolsillo y quedó con su esposa como un príncipe. También que le salió por una pasta.

Cuando comencé con *Mala gente que camina* la serie protagonizada por el profesor Juan Urbano, se dio inicio también a una tradición ritual: que Almudena oficiase de presentadora fija de la saga. Así se hizo con cada entrega, en cuya puesta de largo ella hacía de madrina y se sumaba, para darme el capricho, a otra de mis supersticiones, que es la de estrenar algo de ropa para la ocasión. Nada más recibir las pruebas de imprenta del quinto volumen, *Todo lo carga el diablo*, la llamé.

—Buenas noticias para las tiendas de moda —le anuncié—: saco novela, así que vas a tener que ir a comprarte un traje nuevo.

Pero ella, en lugar de las felicitaciones y parabienes habituales, empezó a poner algo que no podían ser evasivas, porque eso jamás me lo iba a hacer a mí. Entonces, ¿qué eran aquellos circunloquios?

—A ver, Benja, ya sabes de sobra que me encantaría, como siempre; lo que pasa es que en esta ocasión no estoy muy segura de poder...

—Oye, un momento... ¿Qué pasa? ¿Por qué no ibas a poder? ¿Ocurre algo?

—No, no, es simple prevención, es que tengo que mirarme unas cosas...

—¿Mirarte qué cosas? ¿Es que te sientes enferma? Me estás asustando.

Y entonces me lo contó: había ido al médico, le habían hecho unas pruebas y había aparecido un tumor. Necesitaba tratamiento urgente, quimioterapia y radiaciones, pero estaba segura de derrotar al «bicho», como lo llamaría siempre. No pudo, por desgracia; el tratamiento no logró curarla y el mal la fue venciendo, poco a poco; cada vez se la veía más desmejorada y con menos ánimo. En un chat de amigos, nos iba contando cómo se encontraba, pero según transcurrían los meses se notaba que su optimismo y sus fuerzas se apagaban sin remedio. Yo me saltaba cada semana la recomendación de comunicarse con ella de ese modo, en grupo, para no fatigarla, y hablábamos por teléfono o le hacía alguna visita. Jamás dejó sin respuesta una llamada mía. Podía ser contradictoria en privado y radical en sus opiniones, ya fueran sobre libros, autores o política, pero a los amigos nunca les fallaba; éramos para ella otra parte de esa estructura suya de la vida que, en el fondo, era bastante convencional y, desde luego, era piramidal: la familia en el vértice, sus hijos, su marido, su hermana, sus hermanos y su tía Lola; la profesión en el centro y la gente más cercana en la base.

Según las cosas empeoraban, todos intentábamos darle ánimos, cada uno a su manera y tratando de sobreponernos al pesimismo que se iba haciendo difícil de evitar, tal y como traté de reflejar en una estrofa de «El año de Almudena», de *Paradero desconocido*:

A veces le decíamos lo que se dice siempre:
—La medicina avanza; lo han detectado a tiempo;
hoy la quimioterapia ya no es lo que era...
Ninguno mencionaba
su última novela, ni a su amado Galdós:
que las cosas no estaban para literaturas
y en el mundo del cáncer nadie escribe
mejor de lo que cose el cirujano.

Ese poema, por cierto, tuvo dos finales. Cuando escribí el primero, ella aún vivía y esa versión acababa con la protagonista recordando, unos años después del drama, cómo se había salvado. Se lo mandé y me llamó a vuelta de correo, muy contenta, segura de que yo había dado en el clavo, sin duda porque aquello era justo lo que quería y necesitaba oír. No sé hasta qué punto se engañaba.

El 27 de noviembre de 2021, un día antes del cumpleaños de mis hijos Ariel y Paulino, me llamó Luis.

—Si quieres despedirte de Almudena, ven ahora a casa.

Para entonces ya estaba en cuidados paliativos y desahuciada, pero aun así la noticia de que ya se iba fue un golpe demoledor. Se me pasaron mil imágenes por la cabeza, la vi riendo a carcajadas en Columbus, donde fuimos un grupo de amigos, entre ellos Ángel González; la vi nadando en las aguas de Rota; la vi salir de su cocina, armada con una espumadera, para regañarnos a Joaquín y a mí, que la provocábamos desde la terraza poniéndole pegas a algunos de sus libros favoritos; la vi en su boda, irradiando felicidad, y en una de las mías, disfrazada de una de mis tres viudas, junto a Ángeles Aguilera y Rosana Torres, todas de negro e inconsolables; la vi con mis hijos, siempre tan cómplice de Dylan, tan cariñosa con Ariel y Paulino; la vi en tantos actos públicos que habíamos compartido y el día en el que nada más llegar a la caseta de la Feria del Libro de Madrid, donde íbamos a firmar los dos, se acercó un lector mío a que le dedicase mi última novela y en cuanto se fue le dije a ella: «¿Lo dejamos así, uno a cero, y ya no contamos más?». Y luego me torturé pensando que ya no iba a verla nunca más.

Llegué lo más rápido que pude hasta aquel piso donde tantas veces había sido feliz. Me abrió la puerta su hermana Luli y me dijo, mientras la abrazaba, que Almudena acababa de morir en ese instante. Subí la escalera hasta su habitación, Luis estaba junto a ella, en una silla, al lado de la cama. Le di un beso a mi amiga querida en las manos que siempre me habían gustado; se las miraba cuando rubricaba un libro, cuando fumaba su tabaco negro o cuando cocinaba.

El país quedó conmocionado y también, una vez más, dividido en dos: el entonces alcalde de derechas de Madrid, de cuyo nombre no quiero acordarme, declaró que Almudena no merecía ser hija predilecta de la ciudad, como pedían desde la oposición y reclamaban ya asociaciones culturales y vecinales. Partidarios y detractores cruzaron sus espadas en la prensa. Y hubo un movimiento popular que convirtió su sepelio, al que acudieron desde el presidente del Gobierno hasta un nutrido grupo de compañeros del mundo de la cultura, el arte y el espectáculo, en una apabullante manifestación de dolor y gratitud.

> *La gente fue a su entierro con sus libros,*
> *los hacía ondear igual que si quisiera*
> *que pudiesen decirle adiós sus personajes,*
> *y por todos cruzaba la sombra del dolor*
> *de esa forma en que pasa*
> *un lúgubre murciélago delante de la luna.*

Mi hermano del alma Luis García Montero, que había dejado dentro de la tumba de su mujer, tras darle un beso en la portada, un ejemplar de *Completamente viernes*, el libro que le dedicó para celebrar el comienzo de su amor, publicó otro estremecedor, titulado *Un año y tres meses*. Ella continuó siendo leída por sus fieles, que cuando se lanzó algún volumen inédito con artículos o relatos, lo compraron con devoción y nostalgia. Se le puso su nombre a numerosas bibliotecas y hasta a la principal estación de trenes de alta velocidad de Madrid, que ahora se llama Atocha Almudena Grandes. Para quien anda con tanto viaje como yo, es muy emocionante salir de o llegar a esos andenes del AVE y encontrarse con las letras gigantes que mantienen vivo el recuerdo de una persona a la que se quiso tanto.

Ahora, cuando voy a su casa a ver a Luis —y escribo estas líneas después de comer juntos hoy en su cocina—, siempre paso como una exhalación y con los ojos cerrados por delante del que era el despacho de Almudena: temo mirar y que no esté allí.

No es un adiós, es una despedida

Mi vida, en estos momentos, se tambalea en lo personal y se consolida, dentro de un orden, en lo profesional. Sobre lo primero doy muchas pistas acerca de mi salud, mis miedos y mi corazón malherido en *La edad de los fantasmas*, que es un libro que habla, entre otras cosas, de cómo con el tiempo las posibilidades de irse quedando solo se reducen a dos: que quienes más querías se mueran o que te abandonen. Por suerte, hay otras personas que continúan a tu lado de forma leal e inquebrantable, benditos sean.

A la hora de dar por concluidas estas memorias, por mucho que me parezca increíble tengo sesenta y cuatro años y una enfermedad neurológica a día de hoy incurable que, por ahora, no me impide seguir en la brecha ni se me nota a simple vista, pero que dependiendo de la velocidad a la que se multiplique y de la eficacia o inutilidad del tratamiento que me han prescrito, definirá cuáles y cómo serán los últimos años de mi vida. Por supuesto, estoy asustado. Y tendré que aprender a ocuparme de mí, algo en lo que nunca he sido muy bueno.

Muchas de las personas de las que se habla aquí ya no están y yo me siento, al menos en parte, superviviente de un mundo ya extinguido que ha sido suplantado por otro que no entiendo, cuyos valores no comparto y que además no me interesa. Sin embargo, me quedan tres cosas: la primera, mis hijos Dylan, Paulino y Ariel, que son mi razón para seguir adelante; la segunda, mi trabajo, que me acompaña y me salva; la tercera, los amigos de siempre, que me han vuelto a dar todo su apoyo cuando ha salido cruz y las cosas han venido mal dadas.

En cuanto ponga a este libro su punto final, me volcaré con toda la energía que me quede en intentar acabar la serie del profesor Juan Urbano, aunque llegar a los diez tomos prometidos no será fácil. Tampoco es imposible, porque soy perseverante y da igual si estoy en mi despacho, en un tren, un avión o un hotel; escribir y contar historias continúa siendo mi gran pasión, acrecentada en esta última etapa por la certeza de estar ya en una cuenta atrás. Sigo peleando contra el silencio, buscando la inspiración, algo nuevo, original, no dicho, sin caer en la tentación de renunciar a mis ilusiones y ambiciones. Uno de los poemas de *La edad de los fantasmas*, el titulado «Proceso de creación», lo explica a las claras en sus primeras estrofas:

Estoy en un hotel, igual que tantas noches,
y trato de escribir este poema.
La lectura de hoy ha resultado un éxito
—sé que en esta ciudad hay gente que me quiere—,
han ido bien la firma de ejemplares
y la cena con la organización.

Me siento agradecido.

Pero necesitaba volver a mis papeles,
al mundo en el que siempre soy feliz.
—Todo lo que he amado lo he amado solo,
dice de mí un verso de Edgar Allan Poe.

Así que aquí estoy yo, al final de este viaje,
cambio una palabra
igual que quien coloca un hueso dislocado,
quito un adjetivo como si succionase
el veneno de una mordedura...
y la serpiente
baila
otra vez
para mí.

Unos versos más adelante y de forma predecible, dada la temática de esa obra, aparece un espectro que, en esta ocasión, es una metáfora de esa voz que a menudo nos invita a rendirnos: está sentado en la cama del cuarto y trata de distraer al narrador, le advierte de la inutilidad de sus esfuerzos, asegura que la posteridad es una entelequia y el único futuro es el olvido... Pero el otro no tira la toalla y acepta el combate contra la desmoralización:

Sé que me enfrento a un ser astuto y poderoso,
hecho de mis temores y mis dudas.
Sin embargo,
conozco la forma de vencerle,
la manera de entrar a la casa que arde
para salvar al fuego:
tacho una de estas líneas y él sonríe triunfal,
con dientes de vampiro;
pero vuelvo a ponerla donde estaba y el rostro
se le llena de ira; invento otra y ruge
—tiene ahora la forma de un diablo entre las llamas—
y a la tercera
empieza
a desaparecer.

Mi soledad es parcial, sin embargo: fuera de la literatura y las sílabas contadas, en el mundo real, mientras Dylan, Paulino y Ariel endulzan mis días, hago todos los esfuerzos habidos y por haber para transmitirles buenas enseñanzas —el cuarto, Benjamín, reside en Dinamarca con su madre—. Mis hermanas viven cerca, los tres seguimos en Las Rozas (Madrid), que es donde nacimos. Y cuando las muchas obligaciones a las que ellos y yo estamos atados nos lo permiten, sigo disfrutando de los buenos compañeros de viaje: la cita de cada lunes con Chus Visor nunca falla y tampoco lo hacen las visitas al estadio Bernabéu con Luis ni a la casa de Jime y Joaquín. Cuando hay testigos, combato con mi carácter alegre mi carácter melancólico.

De puertas afuera, el periodismo sigue ocupando una parte de mi tiempo; continúo con mis columnas de opinión y con mis colaboraciones semanales en la radio y la televisión, donde a las tertulias de actualidad he añadido, desde hace algún tiempo, el salir de vez en cuando en el programa *Cine de Barrio,* donde se puede ver lo mejor y lo peor del séptimo arte de nuestro país. Cuando me lo propuso su hiperactiva y simpática directora, la periodista Machús Osinaga, que quería darles a las mesas de debate previas a la proyección de cada obra un enfoque más analítico y nada folclórico, le dije que sí por dos razones: mi madre y Almudena Grandes, que no se lo perdían ningún sábado. La primera hubiese estado feliz de verme en la pantalla con algunas de las figuras más habituales del cuadro de actrices y actores que salían de manera recurrente en sus amados *Estudio 1* y *Novela.* En cuanto a la autora de *Los aires difíciles,* sostenía, con su vehemencia habitual, que esos largometrajes, casi siempre rodados entre los años cincuenta y setenta del siglo xx, eran «el mejor catálogo de sociología español de la posguerra». No seré yo quien la desmienta.

El cine, además, me interesa, y no sólo como espectador. También me gustaría hacer algo más en ese ámbito. Supongo que participar en aquel rodaje, *Los años nuevos,* despertó mi curiosidad. Mi única experiencia previa había sido hacer un anuncio de cervezas con el actor Javier Rey, un tipo extraordinario a los dos lados de la cámara, cariñoso como sólo pueden serlo los gallegos, que tiene la rara virtud de saber escuchar y con el que, desde que coincidimos en aquella grabación, mantengo una muy buena amistad, nos llamamos para ver qué tal está el otro, voy a sus preestrenos, viene a mis presentaciones, quedamos a comer de vez en cuando y nos contamos nuestras vidas.

Lo de entrar en el mundo de la publicidad había venido, una vez más, de la mano de Joaquín Sabina, a quien, como puede imaginarse, a lo largo de su carrera le habían llegado muchos cantos de sirena para usar sus canciones o su imagen con fines comerciales, pero siempre había dicho que no. «Hombre, pues si pagan muy bien yo me lo pensaría», le había comentado, más en broma que en serio, en alguna ocasión: «Si hasta Bob Dylan anuncia coches de la marca Chrysler, lencería Victoria's Secret y su propio güisqui Heaven's Door, es que se ha abierto la veda...».

Una mañana me llamó Jimena para contarme que Estrella Galicia le había propuesto a su marido que protagonizase una campaña que consistía en ir a cinco o seis bares de Madrid y hablar de lo que quisiera, literatura, música, sus viajes o cualquier otra cosa, con la única condición de que al final se mencionase el poder de la cerveza para propiciar y potenciar una charla relajada y en buena compañía. Ni siquiera era obligatorio pronunciar el nombre de la marca. Esas conversaciones se grabarían con unos aparatos de alta precisión que registraban el sonido con una gran calidad y, cuando la clientela entrase al local, podría escucharlas a través de unos auriculares. Joaquín respondió que sólo lo haría si era conmigo como interlocutor y, por supuesto, cobrando lo mismo los dos. La cantidad, cuando me la hizo saber Jime, era más de lo que yo ganaba en un año con mis múltiples trabajos. ¿Qué he hecho yo para merecer amigos así?

Hicimos lo que nos pedían, nos tomaron unas fotos de estudio muy historiadas y llenaron las calles y las paradas de autobús de la ciudad de carteles enormes con esa imagen, junto a los que yo pasaba a toda prisa y lleno de vergüenza, poco acostumbrado a ese tipo de exposición. Qué raro se me hace evocar todo eso justo hoy, que es el día en que asistiré en Madrid al que se supone que es su último concierto, con el que se despide de los escenarios o, al menos, de las grandes giras. Acabo de hacer un par de entrevistas para la televisión y la radio, de las muchas que me han pedido sobre este adiós a su público de mi hermano del alma y me temo que he defraudado sus expectativas de tristeza o nostalgia: «Este es un entierro en el que el único que no está triste es el muerto —he declarado—, porque Joaquín tendrá sus momentos de melancolía, no lo dudo, pero le veo en paz y encantado de quedarse en su casa escribiendo canciones y sus sonetos, pintando y recibiendo amigos».

Tras aquella primera incursión en la publicidad, Estrella Galicia volvió a llamarme para otra promoción que consistía en protagonizar tres cortometrajes que se proyectarían en salas de cines y más adelante se colgarían en la red, sobre el proceso creativo, con el fin de realzar el carácter artesanal de su producto. En uno de ellos, debía escribir el guion y acudir al rodaje en la playa de O Grove (Pontevedra). Habían contratado para interpretar el papel principal al actor de moda, Javier Rey, famoso ya entonces por algunas series de gran impacto y que empezaba a hacerse también imprescindible en las carteleras. Me cayó bien al instante.

Tras las presentaciones, me enseñaron la terraza junto al mar donde se situaría la escena y se encontraban por azar sus dos protagonistas. Le pregunté al director quién era el otro y dónde estaba.

—¿Qué otro?

—El otro personaje, con el que dialoga Javier.

—¿Te estás quedando conmigo? Eres tú.

—¿¡Qué!? Pero eso no puede ser. ¡Yo me comprometí a escribir el texto, nada más!

—No, no, léete el contrato: tu eres uno de los dos actores.

—¡Que yo no soy ni un actor ni medio!

—Pues espabila. Te doy media hora para que te conviertas en Marlon Brando.

Ahí apareció Javier Rey para echarme una mano. Nos fuimos aparte, robamos un par de botellas que estaba prohibido tocar hasta que se acabase la faena y me estuvo dando consejos, ensayando los diálogos una y otra vez conmigo, haciéndome ver qué entonación era la que le convenía a cada párrafo y contándome algunos trucos. Me propuso también que corrigiéramos algunas frases, para que yo pudiera hacer de mí y en lugar de ser un hombre anónimo perdido en un bar fuese un escritor que trata de inspirarse en aquel paraíso natural, al que un bebedor solitario reconoce y con el que entabla conversación sobre el tema convenido. Y así salimos del paso, yo con el susto en el cuerpo, pero convertidos en amigos. Y luego, una cosa llevó a la otra y, aunque me han contado diferentes versiones al respecto, una de ellas dice que alguien de la productora Caballo Films vio ese anuncio y se acordó de mí cuando buscaban a alguien para hacer de padre en *Los años nuevos*, de Rodrigo Sorogoyen. La vida es una tómbola, dice la canción.

Los viajes siguen su curso, porque las propuestas no cesan; hago encaje de bolillos con el fin de llevar a cabo, en mis días sin niños, un par de ellos por semana, dar conferencias y recitales o salir algunos viernes con la SER, que monta el programa *La Ventana* en directo en numerosas ciudades, con un éxito magnífico: no hay teatro, pabellón o sala que no se llene hasta la bandera. Trato de aprovechar el movimiento para experimentar la belleza de esta España preciosa que te sorprende vayas donde vayas: hoy he despertado en Pamplona, caía una nevada polar y, sin embargo, lucía el sol, así que he renunciado al transporte que me ofrecían y he ido dando un paseo de media hora desde mi hotel en el centro de la ciudad hasta la estación del tren, y ha sido una experiencia renovadora, me ha llenado de vitalidad. Que me quiten lo bailado.

Suelo hacer esas cosas, salir a andar por el sitio en el que estemos, sea de día o de noche, con Carles Francino, en las mencionadas excursiones con la radio, en las que hay que decir que hacemos jornadas maratonianas pero lo pasamos realmente bien: imperan en ellas, con sus retrasos en los aeropuertos, sus ferrocarriles impuntuales, sus agotadores desplazamientos en furgoneta, cuando no hay otra combinación posible, o sus cenas y desayunos comunes, la risa y el compañerismo, pero el trabajo nos lo tomamos muy en serio. Por supuesto, tanta ida y venida genera su anecdotario. Un episodio célebre, que llevo como un sambenito que certifica mi despiste, ocurrió una vez en que nos tocaba ir a Zaragoza. Yo había tenido que salir hacia allí una hora más tarde que el resto del equipo, porque venía de dar una charla en Sevilla y no llegaba a tiempo para sumarme a la caravana, así que según llegué a Madrid me bajé de un AVE y me subí a otro. Ocupé mi asiento. Comprobé en el billete la duración del trayecto: una hora y dieciocho minutos. Saqué mi libro, me puse unos auriculares para escuchar música y poderme aislar de los ruidos del vagón, especialmente de las insoportables conversaciones telefónicas de los maleducados, y me sumergí en la lectura. Cuando había pasado un buen rato, oí de fondo un aviso por la megafonía que anunciaba la próxima parada, que tenía que ser forzosamente la mía, porque al mirar la hora vi que había pasado hora y media desde que salí: «Vaya, vaya —pensé—, ¡y luego alardea Renfe de la puntualidad de estas líneas y dice que no se retrasan ni un segundo! Pues aquí, doce minutos». Sabía que me estaban esperando, porque desde allí íbamos en coche a Alcañiz, a una hora y media por carretera, así que recogí a toda prisa mis cosas, al ver que ya nos deteníamos, y bajé al andén. Entonces sonó mi móvil: era Francino.

—Oye, ¿dónde estás?

—Aquí, acabo de llegar en este mismo instante a Zaragoza.

—¿Sí o qué? Pues no te vemos.

—Paciencia, ahora apareceré, estoy yendo para allá.

—Pero ¿por dónde?

—¿Y por dónde va a ser? Por donde pone «salida». De hecho, ya estoy en la puerta.

—Pues nosotros también estamos aquí, en la calle, y seguimos sin verte.

—Os habréis confundido. Estoy justo en la entrada, debajo del cartel donde pone —respondí, mirando hacia arriba, hacia el letrero de la estación—: «Bienvenido a...». Un momento, ¿cómo es posible? «Bienvenido a...».

—Benja, ¿seguro que estás en Zaragoza?

—Yo sí, pero debe de haber algún error, porque aquí pone: «Bienvenido a Albacete».

Había vuelto a hacer lo mismo que en otra ocasión en la que iba a Granada a dar una lectura y me metí en el avión equivocado, del que escapé en el último instante cuando apareció el entonces seleccionador nacional de fútbol, Vicente del Bosque, al que había entrevistado hacía poco, y empezamos una conversación surrealista:

—¡Hombre, poeta!

—¡Míster, qué alegría!

—¿Qué? ¿Vienes a Italia a ver el partido?

—Yo no. ¿Usted va a Granada?

—Voy a la final de la Copa de la UEFA. ¿Tú no?

—¿Es en Granada?

—En Turín. La juega el Sevilla.

—¿Pero este avión, entonces, cuál de los dos es?

La azafata me informó de que el mío era el de al lado. Bajé gritando excusas, cuando ya iban a retirar la escalera, y me subí al otro en el último suspiro. Menos mal que no llevaba nada más que el equipaje de mano.

Eso sí, las dos veces llegué a tiempo a mi destino: en la segunda ocasión tiré de orgullo y vergüenza torera y no falté al programa, donde yo, como cada lunes y viernes, intervenía de seis a siete de la tarde: me volví a Madrid en el siguiente AVE, al llegar a Atocha busqué otro a Zaragoza —a la segunda fue la vencida— y de ahí me llevaron en coche a Alcañiz devorando kilómetros en menos que canta un gallo, con un conductor que se fue jugando su vida y la mía en las curvas para que yo pudiera sentarme delante del micrófono... unos segundos antes de que diera principio la emisión. Salvé los muebles.

Llevo quince años con Carles Francino, primero en la franja matinal y después en la tarde, disfrutando de largas conversaciones con él, sobre todo en los regresos de los viajes, pero también a veces en las sobremesas que compartimos a menudo, con una buena copa de vino en la mano; o en alguna escapada, al acabar la radio, para tomar un par de cócteles en un local de los alrededores de la Gran Vía —él, *pisco sour*; yo, *gin fizz*, que es lo que tomaba en ese mismo sitio con Ángel González— y siento tanto respeto, admiración y cariño hacia él —que además es un entregado lector de poesía— que le dediqué un poema en *Paradero desconocido*, el que habla de mis hijos pequeños, y el libro entero *La edad de los fantasmas*. Una persona que cuando te vienen mal dadas te mira a los ojos y te dice que pase lo que pase él siempre estará allí para lo que necesites no se merece menos.

A punto de concluir este relato de mis aventuras y desventuras, me siguen pasando cosas: de hecho, para cerrar el círculo, acaban de llamarme de otra productora de campanillas para ofrecerme un papel de actor en la segunda temporada de una de las series más populares de la televisión, que en la primera triunfó por todo lo alto con su mezcla de cine de terror y de humor: he dicho que sí, siempre dispuesto a meterme donde no se me esperaba. Sin embargo, esta autobiografía me produce sentimientos encontrados. Por una parte, es la demostración de que ya no me queda tanto margen de maniobra y, en consecuencia, ha llegado el momento de poner a salvo los recuerdos, sobre todo aquellos que, de algún modo, sirven para representar una época y contar la historia más humana de algunas estrellas de nuestra literatura y nuestro arte cuyas peripecias creo que divertirán a sus seguidores y a los míos. Por otro lado, siento que me estoy despidiendo, que he sacado bandera blanca y acepto que ya se trata más de resistir que de existir.

No sé bien si nos estoy diciendo adiós a ustedes y a mí mismo.

Acabo igual que empecé, dándole las gracias a mi destino por la fortuna que he tenido en muchas cosas; no en todas, desde luego, porque en otras he fracasado, y entre ellas alguna de las más importantes. Por ejemplo, no he tenido suerte ni buen ojo al elegir pareja, nunca han salido bien mis relaciones más largas, que vistas con la perspectiva que da el tiempo no han merecido la pena; su fuego se apagó pronto y, en resumen, han causado un diez por ciento de alegría y un noventa de dolor. Lo que cuentan los poemas de *Marea humana* y *Ya no es tarde* fue cierto y lo volverá a ser cada vez que los lea alguien enamorado, pero en lo que a mí respecta le da la razón al verso famoso de Luis Rosales que tanto le gustaba a Gabriel García Márquez: «el amor es eterno mientras dura».

Si pudiese corregir el pasado, cambiaría, desde luego, ciertas decisiones, ciertos errores, ciertos comportamientos... Sería más desconfiado, menos inocente. Pero, en general, no querría haber sido otro ni haberme dedicado a otra cosa. Si es que tal entelequia fuera posible, porque a mí siempre me ha hecho gracia la expresión «cambiar de vida», como si tuviésemos más de una donde escoger. No es así, de modo que debemos conformarnos con la que nos toca y sobrellevarla lo mejor posible, entre otras cosas alejándonos de quienes no nos aportan más que conflictos y sufrimiento. «He cometido el peor de los pecados / que un hombre puede cometer. No he sido / feliz. Que los glaciares del olvido / me arrastren y me pierdan, despiadados». Así comienza un célebre soneto de Jorge Luis Borges que, en mi opinión, no sirve para definirme a mí: es innegable que he recibido golpes que provocaron caídas de las que no fue sencillo levantarse; he frecuentado malas compañías; he tocado el fondo oscuro de la pérdida y me ha hecho todo el daño que ha podido alguna persona en la que confiaba. He alimentado a monstruos. Me han traicionado y engañado. «Sé que mejorarían mis recuerdos / si borrase / mis huellas / del camino / a la boca del lobo / —ya lo dice Adrienne Rich: no hay nada más sencillo / que despertar al lado de un extraño— / y cambiar, por ejemplo, el haber compartido / todo lo que tenía / con quien después usó su mitad contra mí», se dice en otro de los poemas de *La edad de los fantasmas*. Pero a cambio de tanto error, he disfrutado de gente extraordinaria, mi obra ha encontrado en estos cuarenta años lectores que han hecho que mereciese la pena escribirla y he visto maravillas allí por donde he ido, y ha sido medio mundo. En general, si miro a mi alrededor, me siento respetado y querido, y aunque soy consciente de lo que me falta, también valoro lo que tengo y lo disfruto. No niego que me hubiera gustado encontrar un amor real, alguien que me entendiera y me cuidase... Aún lo pienso a veces, pero tal vez ya sea imposible. ¿O no?

A esa pregunta también le dará respuesta el azar: dependerá de con quién me cruce y en qué circunstancias. Quizá ahora mismo ella y yo estemos caminando hacia el sitio en el que nos vamos a encontrar. Quizá uno de los dos no llegue o esa mujer ni siquiera exista. ¿O sí y será, por fin, después de tanto haberla confundido con otras, la compañera de viaje que siempre soñé y nunca he tenido? No se preocupen: si hay algo relevante que contar, en ese terreno o en cualquier otro; si la rueda no se para; si de aquí al final me suceden cosas dignas de ser salvadas del olvido, quién sabe si escribiré la segunda parte de estas memorias. Sólo hará falta que un día haya vuelto a meterme en camisas de once varas y, de pronto, en medio de aquello que sea lo que tenga entre manos, me pare un instante y me diga: pero y yo, ¿qué estoy haciendo aquí?

Dedicado a Ariel, Dylan y Paulino

Índice

Este libro se terminó
de imprimir en
Móstoles, Madrid,
en el mes de
mayo de 2026